防災の法と社会
―― 熊本地震とその後 ――

林秀弥・金思穎・西澤雅道　著

本書は「一般財団法人住総研」の 2017 年度出版助成を得て出版されたものである。

はしがき

　本書は，2016年4月に発生した熊本地震の教訓を踏まえ，『災害対策基本法』に基づく地域コミュニティの住民等を主体とした共助による「地区防災計画制度」等に関する調査分析を通して，防災分野の法と社会の在り方について，法学，社会学，行政学等の学際的な観点から考察を行うことを目的としている。

　筆者の一人である西澤は，2016年4月から東京から福岡に赴任したが，赴任から2週間後に熊本地震が発災し，福岡市中心部にある自宅のマンションが破損した。その後，他の筆者である林及び金とも連携して，被災地出身の大学の教え子の案内で，熊本市，益城町，西原村等の被災地に入り，支援活動及び調査活動を行った。

　そのような中で，阪神・淡路大震災，東日本大震災等で指摘されてきた防災分野の問題が，再び同じように発生しているのを目の当たりにした。

　例えば，行政や住民の防災意識を向上させ，建物の耐震化を進め，備蓄，避難所の整備等を適切に行うことが重要であるということは，何回も国から発信されており，それを知らない人はいないはずであるが，九州の多くの行政官，住民，企業等に対してインタビュー調査を行うと，「東日本大震災等で防災が重要だというのは知っていたが，九州には無縁だと考えていた。」という回答が圧倒的に多かった。

　熊本地震では，耐震化の不十分な家屋が倒壊し，そのために亡くなられた方が多い。また，本来発災時の拠点となるべき市役所や避難所自体が地震で倒壊した。さらに，避難所に行っても満員で入れない人や，備蓄が尽きて支援物資をもらえない人が多数出たりした。

　一方で，地域コミュニティの共助に関する取組では，すばらしい事例も多数見ることができた。避難所の子供たちがとても落ち着いており，大人と一緒に自ら進んで助け合った。災害ボランティアのマニュアル等では，子供と遊んであげることによってストレスを小さくしてあげるべきであるというようなことが書かれているが，九州の子供たちは，大人とその意識が変わらず，立派なボランティア活動を行った。

　ある避難所では，お年寄りに手洗いや洗面によって，身体を清潔にして健康

はしがき

を保ってもらおうと，子供たちがヤカンに水を汲んで，洗面器を持って，お年寄りの間をまわっていた。病気になりがちなお年寄りの力になりたいと，子供たちが自分たちで発案して自発的に行っていた。

　大規模な災害の発災時には，本来被災者を支援すべき行政の機能が限界を迎える「公助の限界」に直面し，被災者は，特に発災直後に行政からの十分な支援を受けることが難しくなることがある。このとき自分自身の努力（自助）で対応できることには限界があるわけだが，公助に頼ることが難しい中で，頼りにできるのは，被災者が居住している地域コミュニティや所属している企業等の共助である。そのことは，阪神・淡路大震災でも，東日本大震災でも，そして，熊本地震でも変わっていない。

　東日本大震災の教訓を踏まえた2013年の「災害対策基本法」改正では，地域コミュニティの住民や企業が，自ら主体となって地域の特性に応じて共助による防災計画を作成し，それを市町村の地域防災計画に規定するように提案（計画提案）できるボトムアップ型の「地区防災計画制度」を創設した。この制度の狙いは，地域コミュニティの共助と市町村の公助を連携させることで，大規模広域災害に備えて，地域防災力の底上げを図ることにある。

　法改正を受けて，内閣府は，2014～2016年度に全国44地区で「地区防災計画制度」のモデル事業を実施した。しかし，熊本地震の発災前には，九州では宮崎県に2つのモデル地区があっただけであり，熊本地震の被災地では，地区防災計画づくりは，全く手つかずであった。なお，熊本地震発災後に，熊本市中央区向山地区でモデル事業が実施された。

　このモデル事業自体には，新しくできた「地区防災計画制度」を普及させるという意味で一定の成果があったものの，制度創設直後で全国的な普及が進んでいなかったとはいえ，熊本地震で計画づくりに未着手の地域で大きな災害が発生した事実を重く受け止めなければならないと考えており，制度の企画立案に携わってきた者として，大変遺憾に思っている。

　九州地方では，熊本地震に続き，2017年7月には九州北部豪雨が発生し，福岡県等で大きな被害が出た。熊本地震や九州北部豪雨では，日頃の地域コミュニティの防災に関する基礎力や事前の準備や体質が，被害の大きさに影響を与えたと言われている。もし，これらの被災地の地域コミュニティで事前に地区防災計画づくりが行われていれば，被災地での災害対応や被害の大きさも変わったのではないだろうか。

この点，本書の最終校正中であった2018年6月18日に，大阪北部地震が発生し，電気，水道，ガス等のライフラインが止まり，交通にも大きな混乱が生じた。震度6弱の直下型地震によって，小学校のブロック塀が倒壊し，下敷きになった9歳の女児が死亡したり，石積みの塀が崩れて80歳の男性が死亡する等死者が出たほか，多数の負傷者，住宅損壊等の被害が出た。地震発生時のブロック塀の倒壊については，熊本地震等でも死者が出ており，以前から問題が指摘されてきたが，対応の遅れが脆弱性を拡大させ，このような被害につながったところもある。従来，建物の耐震化が優先され，ブロック塀対策は，後回しになってきた面もあるが，行政だけでなく，地域住民等も，地区防災計画づくりの際の防災まち歩き等を通じて，このような危険な問題を正確に把握し，行政とも連携して，早急に脆弱性を減らすための活動を実施する必要性が指摘されている。なお，大阪府での地区防災計画づくりは，その大半が大阪市で実施されていたものであり，他市では，取組があまり進んでいなかったように思われるが，いずれにしても，この大阪北部地震において，地区防災計画づくりの取組が，地域コミュニティにおいて，防災の観点からどのような効果を発揮したか，または，どのような課題を残したかについて，今後検証することが求められる。

　さらに，大阪北部地震の直後には，6月28日から記録的な豪雨である西日本豪雨（平成30年7月豪雨）が発生し，大きな被害が出た。気象庁は，数十年に一度の重大災害時に出す大雨特別警報を11府県で発表したが，特別警報が出てからの避難では間に合わないこともある。地域コミュニティの特性に応じた地区防災計画づくりを通じ，早期に地域コミュニティの住民が，連携して避難することの重要性が改めて指摘されている。

　ところで，内閣府の『平成26年版防災白書』等によれば，地域コミュニティの住民等が主体となって地区防災計画づくりに取り組むことは，地域住民のネットワーク，信頼感，互酬性（お互いさまの意識）等を主な要素とする「ソーシャル・キャピタル」を豊かにし，地域コミュニティの活性化やまちづくりにもつながっていく可能性が指摘されており，本書で紹介する事例もそのことを裏付けている。地区防災計画づくりには，地域コミュニティの住民や企業が主体となって，未知なる災害に備えるだけでなく，地域コミュニティを活性化させたり，住民主体のまちづくりのための効果的なツールとなっている面がある。

はしがき

　本書の特徴としては，このような考え方を背景に，①東日本大震災以降の行政及び社会の変化を踏まえつつ，2013年の「災害対策基本法」の改正で導入された地域コミュニティの住民や企業を主体とした防災計画である「地区防災計画制度」等に焦点をあて，②法律学，社会学及び行政学の3人の研究者による実務的・参与観察的な観点も取り入れた学際的な研究を行い，③アメリカで創始された社会科学の方法論である「グラウンデッド・セオリー・アプローチ」等を踏まえつつ，日本で近年開発され，看護学，医学，教育学，心理学等の各分野で注目されている質的データ分析手法であるSCAT（Steps for Coding And Theorization）によるテキストデータ分析を初めて法律学，災害社会学及び行政学に関する学際的な研究で採用していることがあげられる。

　また，地区防災計画学会，情報通信学会，日本社会学会等での研究報告を踏まえつつ，研究者，行政関係者，地域住民，企業等にとって意義のある事例を取り上げ，社会実装の観点にも配慮した。なお，本書の各章間には，若干議論が重なる部分があるほか，文献についても重複があるが，読者の理解の助けになると思われることから，あえてそのままにした。

　最後に，本書における分析・意見等は，筆者らがこれまでに所属していた組織及び現在の所属組織の見解とは無関係であり，インタビュー調査結果等における誤解や誤り等は全て筆者らの責任に帰す。

2018年7月吉日

　　　　　　　　　　　　　　　　　　　　　　　　　　筆　者　一　同

目　次

はしがき（iii）

◆第1章　防災の法と社会の分析視角 …………………………………… 3

〈要　旨〉…… 3
1　地区防災計画の社会哲学的含意──ワイズナーモデルと防災のパラダイム転換論…… 4
2　インタビュー調査の手法及び質的データ分析手法──半構造化面接法（semi-structured interview）と SCAT（Steps for Coding And Theorization）…… 5

◆第2章　日本の災害と戦後の主な防災法制 ………………………… 11

〈要　旨〉…… 11
1　はじめに…… 11
2　法改正の歴史…… 14
3　災害対策基本法の概要…… 21
4　内閣府の防災に関する役割…… 24
5　地区防災計画制度について…… 25
6　事業継続について…… 28

◆第3章　東日本大震災と地区防災計画制度の創設 ………………… 30

〈要　旨〉…… 30
1　はじめに…… 30
2　地域コミュニティと制度創設の背景…… 40
3　横須賀市のマンションのモデル地区での半構造化面接法によるインタビュー調査と SCAT を用いた質的データ分析…… 62
4　結びにかえて…… 73

目次

◆第4章　熊本地震と地区防災計画 …………………………… 83

　　〈要　旨〉…… 83
　　1　はじめに…… 83
　　2　熊本地震について…… 87
　　3　熊本市中央区砂取校区での半構造化面接法によるインタビュー調査とSCATを用いた質的データ分析…… 90
　　4　結びにかえて…… 93

◆第5章　北九州市の地区防災計画 …………………………… 98

　　〈要　旨〉…… 98
　　1　はじめに…… 98
　　2　北九州市の地区防災計画づくり…… 104
　　3　北九州市の防災担当者に対する半構造化面接法によるインタビュー調査とSCATを用いた質的データ分析…… 115
　　4　結びにかえて…… 129

◆第6章　地域コミュニティと企業等の多様な主体との連携 …… 135

　　〈要　旨〉…… 135
　　1　はじめに…… 135
　　2　地域コミュニティと企業等との新しい連携関係──内閣府BCPガイドライン…… 141
　　3　内閣府の防災担当官に対する半構造化面接法によるインタビュー調査…… 150
　　4　結びにかえて…… 166

◆第7章　グリーンコープの支援活動と地区防災計画 ………… 173

　　〈要　旨〉…… 173
　　1　はじめに…… 173
　　2　発災直後の避難所の物資不足と被災地域外からの支援の難しさ…… 177

3　被災者の評価の高いグリーンコープ……*179*
　　　4　緊急時のリアルタイムな支援の重要性……*181*
　　　5　結びにかえて……*182*

◆第8章　消費者安全とコミュニティ防災……………………… *187*
　　〈要　旨〉……*187*
　　　1　は じ め に……*188*
　　　2　消費者三法……*189*
　　　3　消費者安全法の改正……*194*
　　　4　施 行 状 況……*197*
　　　5　結びにかえて……*199*

◆第9章　総括──熊本地震，九州北部豪雨，大阪北部地震，西日本豪雨
　　　　　を踏まえて ……………………………………………… *208*

◆ 執筆者紹介 ◆

林　秀　弥（はやし・しゅうや）

名古屋大学大学院法学研究科教授，同・アジア共創教育研究機構教授

1975 年生まれ。1997 年同志社大学法学部卒業，2002 年京都大学大学院法学研究科博士課程単位取得認定退学。京都大学助手，神戸市外国語大学講師，名古屋大学准教授を経て，2013 年より現職（2017 年よりアジア共創教育研究機構教授を兼任）。京都大学博士（法学）。日本経済法学会理事，情報通信学会常務理事，地区防災計画学会理事。

〈主要著作〉

『企業結合規制─独占禁止法による競争評価の理論』（単著）（商事法務，2011 年），『リーガルクエスト経済法（第 2 版）』（共著）（有斐閣，2015 年），『オーラルヒストリー電気通信事業法』（共著）（勁草書房，2015 年），『情報法概説』（共著）（弘文堂，2015 年），『独禁法審判決の法と経済学──事例で読み解く日本の競争政策』（共編著）（東京大学出版会，2017 年）

金　思　穎（きん・しえい）

専修大学大学院博士後期課程社会学専攻在学中
日本学術振興会特別研究員(DC2)・福岡大学法学部非常勤講師

2016 年専修大学大学院文学研究科修士課程修了（修士（社会学））。専修大学社会知性開発研究センター客員研究員。2014 年度地区防災計画学会奨励賞，2016 年度同論文賞を受賞。地区防災計画学会幹事・青年部長。

〈主要著作〉

『法と行政と市民社会』（共著）（地区防災計画学会，2016 年），『日中のコミュニティにおける防災活動の実証的比較研究』（単著）（地区防災計画学会，2017 年）

西澤　雅道（にしざわ・まさみち）

内閣官房企画調整官（執筆時 福岡大学法学部准教授）

1973 年生まれ。1999 年中央大学法学部卒業。総理府・総務庁に入り，総務省総合通信基盤局事業政策課長補佐，内閣府大臣官房総務課企画調整官，福岡大学法学部准教授（公法・行政学）等を経て，内閣官房企画調整官に帰任。東日本大震災後の災害対策基本法改正で地区防災計画制度を企画立案。地区防災計画学会会長代理，情報通信学会災害情報法研究会幹事。

〈主要著作〉

『地区防災計画制度入門』（共著）（NTT 出版，2014 年），『法と行政と市民社会』（共著）（地区防災計画学会，2016 年）

防災の法と社会
―― 熊本地震とその後 ――

第1章

防災の法と社会の分析視角

要 旨

　本稿は，法律学，社会学及び行政学の関係研究者による学際的な分析を特徴としていることから，最初に，社会哲学的な視点から，「災害対策基本法」の改正によって創設された「地区防災計画制度」の位置付けを考える。そこには，脆弱性（vulnerability）を小さくし，自然現象による被害である「災害」を小さくするための社会的な仕組みの創設という考え方がある。

　また，本稿では，法律学及び行政学による法制度の分析枠組みを踏まえつつ，地域コミュニティ等の現場で実際に法制度がどのように運用され，どのような問題点をはらんでいるのかという点にも注目した。

　具体的には，防災担当官や地域コミュニティの住民等に対するインタビュー調査を実施し，その調査を受けてテキストデータを作成し，近年，看護学，医学，教育学等多くの分野で注目されているSCAT（Steps for Coding And Theorization）の手法によって質的分析を行った。データ採取のための手法の詳細については，各章を御覧いただきたいが，データ分析手法であるSCATは，社会学の分野での利用が極めて限られているほか，法律学や行政学で利用された例は管見の限り見当たらない。

◆ 第1章 ◆　防災の法と社会の分析視角

◆ 1　地区防災計画の社会哲学的含意——ワイズナーモデルと防災のパラダイム転換論

　社会哲学的観点から，社会現象としての自然災害（Disaster）をみると，自然現象としての加害力（Hazard）が，社会の災害に対する脆弱性（Vulnerability）と遭遇することによって発生し，脆弱性は社会構造や防災対策の在り方に影響を受ける（Wisner et al. 2004）。

　つまり，Hazard（例：地震）の大きさだけで Disaster（例：死者数）は決まらない。そこには，Vulnerability（例　危険な立地）が大きな影響を与えている。そのため，Vulnerability を下げるための仕組みに注目が集まっている（図1-1参照）。

　本書で取り上げる地域住民主体のボトムアップ型の共助の仕組みを採用した「地区防災計画制度」は，東日本大震災以降，この脆弱性を小さくするため，地域住民等による自発的な共助による防災計画づくりを推進するために「災害対策基本法」を改正する形で導入された。

　同制度は，地域住民等が，計画の素案を作成し，それを市町村の地域防災計画の中に位置付けることを計画提案できる。この仕組みを通して，地域住民等がボトムアップ型で地区の防災活動を主体的に進める（西澤・筒井 2014）。

　社会学者である田中重好が提唱した「防災のパラダイム転換論」（田中 2014）は，従来の行政中心の中央集権的な防災政策等が転換され，脆弱性克服のためトップダウン型からボトムアップ（地方分権，地域住民からの発案である都市計画法等における「計画提案制度」等）型へと変化していることを指摘し，自助・共助に注目した（西澤・田中 2015）。

　「災害対策基本法」改正で創設された地区防災計画制度は，住民から市町村に対する「計画提案制度」の仕組みが導入された住民参加型のボトムアップ型のコミュニティ防災制度である。行政中心で中央集権的な「戦後日本の防災対策」の「パラダイム転換」（田中 2013・室井 2016）に当たる画期的な制度である（西澤・田中 2015）。

　そして，社会学者である大矢根淳や矢守克也は，コミュニティ防災に係る制度の普及のためには，日常的な地域活動を結果的に地域防災力の向上につなげる「結果防災」（大矢根 2012）や「生活防災」（矢守 2011）の考え方の導入が重要であることを指摘している。

◇2　インタビュー調査の手法及び質的データ分析手法

```
【ワイズナーのモデル】
Disaster（災害）
　例：死者数，負傷者数，倒壊家屋数
=Hazard（自然現象）　　+　　Vulnerablility（脆弱性）
　例：地震，台風，洪水，火災等　例：危険な立地，防護されていない建物
```

図1-1　ワイズナーモデル（Wisner et al.(2004)を参考に筆者作成）

◆2　インタビュー調査の手法及び質的データ分析手法──半構造化面接法（semi-structured interview）とSCAT（Steps for Coding And Theorization）

（1）半構造化面接法（semi-structured interview）

　本書でのインタビュー調査の大半は，ある程度質問内容は決まっているが，状況に応じて質問を変更したり，追加したりして，目標とするデータを収集する方法である「半構造化面接法（semi-structured interview）」で実施した。

　この面接法は，事前に検討作業を通じて質問項目や質問内容をあらかじめ準備する点では，「構造化面接法」と共通しているが，調査対象者（インフォーマント）に対して対話形式で向かい合い，相手の反応やその場の状況に応じて質問の順番や質問内容を変更したり，追加・削除したりすることが想定されており，インフォーマントは，質問に自由に回答することが期待されている。そして，調査者は，インフォーマントとやり取りをしながら，臨機応変に質問を進めることになる（佐藤 2008）。

　本面接法は，質問に対して自由な回答を求め，積極的に調査への参加を求めるという特徴がある。

（2）実験的研究と質的研究

　ところで，本書で扱う研究は，質的研究である。

　過去，実験科学系を中心に扱う研究者から，質的研究に対して，インタビューやフィールドワークのような調査手法が，主観的で厳密性に欠けることから，研究的でないと批判される場合があった。

　その背景には，誰が研究をしても同じ方法を用いれば同じ結果が得られることが研究の条件であると考え，研究者が変われば研究結果が変わるのは，研究

◆第1章◆　防災の法と社会の分析視角

ではないという考え方（客観主義）が存在している。これは実験科学と社会科学が別分野であった時代は，特段問題にならなかった研究における文化の違いであったが，近年は，医学，疫学等から発展した保健医療学分野等では，当事者本位の保健医療サービスの提供を重視する研究者が増加し，当事者研究やケア研究等において，計測された数値データではわからない社会科学的な視点からの研究が増加している。例えば，精神障害者が知覚する世界を理解するための病棟でのフィールドワークであるとか，高齢者の介護施設での生活の適応プロセスに関する利用者へのインタビュー等があげられる（松原 2011:23）。

　質的研究では，人間の意識，主観，認識等を捉えるために，データ（記録）の採取がなされることが少なくないが，調査対象者が少数で，研究者により作成されるテキストデータが利用されることから，実験科学系の研究者から研究者の「主観」がデータに反映されると指摘されることがある。

　一方，実験科学においては，機械等を利用してデータ計測を行う場合が多いことから，研究者の「主観」が入らないように見えるが，そもそも，何故そのようなデータを採取し，計測するのかというデータ採取の判断には，当然のことながら，採取を行う研究者自身の「主観」が入る。また，どの部分を，どの時期に，どの方法で計測するのか等に関する主観的な判断によっても違いが出る。例えば，バイタルサインの計測の時間ということを考えても，対象となる患者の脈拍，血圧，体温等は，朝と夜では違いが出たりもするわけで，どの時間に計測するのかについては，研究者のなんらかの「主観」が入るわけである。また，全数調査でないのであれば，なぜその患者を対象にするのか等にも「主観」が入る。

　この点について，実験科学では，結果が数字で表示され，計測方法等が詳細に記述されているため，どの研究者がどの対象を選択しても，同じ結果が得られるはずであると説明されるが，いくら数字で表現しても，計測方法について詳細な説明をしても，あくまでも「限られた条件」の下での「主観」的な判断であることには変わりがないであろう。

　こう考えてくると，実験的な研究における「客観主義」を重視する立場から，質的研究に向けられている批判——例えば，各研究者による個人的印象や直感による主観性の強い印象批評が中心で，データの処理方法や具体的な分析手法が十分に確立されておらず，結果を記述することのみを重視しているという批判——は，「客観主義」を主張している実験的な研究にもあてはまる場合があるように思われる。

◇ 2　インタビュー調査の手法及び質的データ分析手法

このような状況の中でも，実験科学系の研究者の中には，誰がやっても，対象をかえても同じデータが取れて，同じ結果を得られるのが，結果の客観性や研究の普遍性を示すと主張し，質的研究に対しては，主観的で普遍性がないと主張し続けたことから（研究の客観性論争），実験科学と社会科学における分野間での文化の違いによって，大きな混乱が起こった。そして，実験科学分野における質的研究を用いた論文の評価は不安定なものとなったが，一方で研究の進化に伴って，異なる文化を背景とした研究者同士が，相互に対等に建設的に議論するためには，どのような研究認識が必要であるかが問題になった（松原 2011:23）。

この実験的研究と質的研究に関する議論は，社会科学の中でも経済学等の量的分析を専門とする研究者からの質的研究に対する批判にもあてはまる場合があるであろう。そして，この量的分析にも，実験的研究と同様に，例えば，調査対象の範囲であるとか，属性であるとか，調査の時期，分析手法等については，必ず研究者の「主観」が入ることに留意する必要がある。

（3）グラウンデッド・セオリー・アプローチ（Grounded Theory Approach; GTA）

ところで，量的研究の場合は，対象の測定を通して数値的なデータを得た上で，統計的手法等で分析して結論を得ることが多いが，質的研究の場合は，インタビュー等によって言語記録である質的データを作成し，分析をして結論を得る。つまり，質的研究では，インタビュー等がデータ採取方法であり，量的研究でいう「測定」に当たり，得られたデータを分析することから，経験科学的な研究である（大谷 2011: 155）。

この点，インタビューをテキスト化することで言語データを得ることができたとしても，質的研究で大きな問題になるのは，それを分析するための手法である。質的研究においては，量的研究における統計的手法ほど包括的かつ一般的なデータ分析のための定式的手続が確立されていないことから，争いがある。

例えば，社会学者であるバーニー・グレイザー及びアンセルム・ストラウスによって提唱された「グラウンデッド・セオリー・アプローチ」（Glaser and Strauss 1967: Grounded Theory Approach; GTA）は，データ採取から理論化まで研究デザイン全体を規定するフレームワークであり，1960年代から，看護学から始まりあらゆる領域で活用された。

GTA は，1960年代の社会学で主流であった社会全体をカバーする大きな物

◆第1章◆　防災の法と社会の分析視角

語を理論として設定し，その物語に沿うデータを集めて論理を裏付けようとする「Grand Theory」（大理論）に対抗する考え方であり，おおまかに，以下のように整理できる。まず，①収集した質的データ（文字，音声，写真等数値に変換できない対象データ）をテキスト化する。そして，②テキストに含まれた意味の切片の切り出し（コード化）を行う。その後，③切り出されたコードを数段階のステップでカテゴリー化し，概念カテゴリーを生成する。さらに，④数段階のステップで上位概念を生成し，理論（仮説）導出を進める。最後に，⑤生成された理論に，さらに新たなデータを加え続け，コード化・カテゴリー化し，以前の理論に組み込んで修正し，観察者の主観を排除し，普遍性のある理論を構築する（松原2011:25）。

　GTAの利点は，実験的な研究で得られるようなサンプリング等を含む均質なデータ収集による量的な分析が困難な対象であっても研究素材にすることが可能であり，得られるデータの質が異なる多様な集団の比較検討が可能であることがあげられる。また，データに依拠しながら理論を洗練させていくことで，論理的に対象を見る訓練を受けた研究者が陥りがちな，自分の持っている論理（認識）の枠組みの中からデータを理解しようとする思考パターンを逃れて，現実を捉えた理論を生成することが可能である。そして，コード化・カテゴリー化には研究者の主観が含まれるが，生成された仮説に新たなデータを加えて理論の修正を繰り返せば普遍化の程度は高まり，新しく生成された仮説の客観性が担保されるとされている。GTAは質的研究ではあるが，社会現象を説明するための実証的で明確な理論作成を目的としており，データのテキスト化後の分析方法を提示し，個人の印象批評ではなく，データに基づき確信的な結果を得ることを重視している（松原2011:25）。

　このようなGTAは，実験的な研究と同じように分析や理論構築を目指す特徴を有することもあり，広く注目を集めたが，GTAの提唱者であるグレイザーとストラウスが，分析手法の違いから鋭く対立するようになり，また，そのような対立を反映して，研究者によって関係手法も細分化した（Strauss 1987; Glaser 1992, 1998; 戈木2016，木下2014）。

（4）SCAT（Steps for Coding And Theorization）

　GTAの説を巡る対立については，本書では詳述しないが，GTAは，一般に，比較的大規模なデータの採取と長期間の研究期間を要する大型の研究向きであり，小規模な調査や単発の調査には向かないといわれていたが，そのよう

な問題点を補った SCAT（Steps for Coding And Theorization）の分析手法が名古屋大学等で研究・開発された。

SCAT は，エクセル表等を利用して実施することから，定式的・明示的で，単発のインタビュー調査の分析にも適している分析手法であり，インタビュー記録等の言語データをセグメント化し，①データの中の着目すべきキーワード，②それを言いかえるためのデータ外のキーワード，③それを説明するためのキーワード，④そこから浮き上がるテーマ・構成概念の順にコードを付していく4ステップのコーディングとテーマ・構成概念を関連付けてストーリーラインを作る手続からなる分析手法である（大谷 2008: 27-44; 大谷 2011: 155）。

（5）法律学，社会学及び行政学における学際的な研究での SCAT の活用

日本で開発された手法としては，かつて文化人類学者の川喜田二郎が考案したフィールドワークで得たデータをカードを使用してまとめていく KJ 法があったが（川喜田 1967，1970）SCAT は，日本で開発された分析手法で，ここ10年の間に，看護学，医学，教育学，心理学等多くの学問分野で活用されており，学際的な研究でも活用されている。しかしながら，管見の限り，SCAT を使った先行研究の中で，法律学及び行政学での活用の事例は見当たらない。社会学では，いくつかの先行事例があるものの，本書が射程とする防災に係る地域コミュニティの活動を対象としたものはないように思われるが，隣接する研究分野では，例えば，都市コミュニティにおけるボランティア活動の継続に関する永井論文（永井 2013: 47-53）がある。

本書で取り扱った関係者に対するインタビュー調査等の事例分析は，学際的な観点から実施されており，いずれも小規模（単発）で調査期間も限定されていることから，調査結果に係るストーリーラインの作成に当たっては，上述のように，GTA よりも仕組みが明示的・定式的で，手法に関する争いが少ないほか，単発のインタビュー調査の分析にも適しているといわれている SCAT の分析手法を採用した。

なお，分析結果を取りまとめるに当たっては，複数の異なった視点から検証を行い，インフォーマント及び同席した研究者のチェックを経ることとした。

〈文　献〉（アルファベット順）

 Glaser, B.G. and Strauss, A.L. 1967, The discovery of grounded theory: Strategies for qualitative research. Aldine Publishing Company.

Glaser, B.G.（1992）, Basics of grounded theory analysis. Mill Valley, CA: Sociology Press.
——（1998）, Doing Grounded Theory - Issues and Discussions. Sociology Press.
川喜田二郎（1967）『発想法』中公新書.
——（1970）『続・発想法』中公新書.
木下康仁（2014）『グラウンデッド・セオリー論』弘文堂.
松原弘子（2011）「質的研究における客観性に関する論考——GTA 法と写真表現との比較を素材に」『（大阪経済法科大学）アジア太平洋研究センター年報 2010-2011』23 頁.
室井研二（2016）「巨大地震被害想定下のコミュニティ——高知市の事例より」社会分析 43 号 45 頁.
永井拓己（2013）「都市コミュニティにおけるボランティア活動の継続に関する一考察——SCAT 法によるテキストデータ分析の試み」日本福祉大学健康科学論集 16 号.
西澤雅道・田中重好（2015）「東日本大震災後の地域コミュニティにおける住民主体の防災計画の課題」災後の社会学 3 号.
西澤雅道・筒井智士（2014）『地区防災計画制度入門』NTT 出版.
大谷尚（2011）,「SCAT: steps for coding and theorization ——明示的手続きで着手しやすく小規模データに適用可能な質的データ分析手法」感性工学 10 巻 3 号 155 頁.
——（2008）「4 ステップコーディングによる質的データ分析手法 SCAT の提案——着手しやすく小規模データにも適用可能な理論化の手続き」名古屋大学大学院教育発達科学研究科紀要（教育科学）54 巻 2 号 27 頁.
大矢根淳（2012）「地域防災活動におけるレジリエンス——川崎市多摩区中野島町会「防災マップ」づくりの事例から」かながわ政策研究・大学連携ジャーナル 3 号 66 頁.
戈木クレイグヒル滋子（2016）『グラウンデッド・セオリー・アプローチ（改訂版）』新曜社.
Strauss, A.L.（1987）. Qualitative analysis for social scientists. Cambridge, England: Cambridge University Press.
佐藤郁哉（2008）『質的データ分析法 —— 原理・方法・実践』新曜社.
田中重好（2013）「東日本大震災を踏まえた防災パラダイム転換」社会学評論 64 巻 3 号 366 頁.
Wisner, Ben, Piers Blakie, Terry Cannon, and Ian Davis（2004）, At Risk: Natural hazards, people's vulnerability and disasters, 2 ed, Routledge.
矢守克也（2011）『〈生活防災〉のすすめ——東日本大震災と日本社会』ナカニシヤ出版.

第2章

日本の災害と戦後の主な防災法制

要 旨

　本章では，日本の地理的な特性や被災経験等を整理しつつ，戦後の防災法制の変遷についてふりかえるとともに，東日本大震災後の「災害対策基本法」の改正に基づく「事業継続」の概念や「地区防災計画制度」の法制化の経緯について，制度の企画・立案者側の立場から紹介し，制度創設者によって，それらコンメンタール等を踏まえて整理した。

◆ 1　はじめに

　日本は，アジア大陸の東側に太平洋に面して南北に細長い国土を持っており，地震及び火山活動が活発な環太平洋変動帯に位置している。日本の国土面積は，世界全体の 0.25% にすぎない。しかし，世界で発生するマグニチュード 6.0 以上の地震の 18.5% は日本で発生している。また，世界の活火山のうち，7.1% は日本に集中している（図 2-1・図 2-2・2-3 参照）。そのため，火山の噴火や地震による被害を過去何度も受けてきた歴史がある。

　また，南方の海上で発生し発達する台風の進路に位置しており，地形的に山地が多く平野が少ないほか，河川の勾配が急であることから，大規模な降雨によって河川氾濫等が起きる場合も多い。このように，日本では，地理的，地形的及び気象的諸条件の影響で，地震や津波に加え，台風，豪雨，豪雪等の自然災害が発生しやすい国土となっており，世界の災害に占める日本の災害の割合が高くなっている（内閣府 2017a; 防災行政研究会 2016: 1-2）。

◆第2章◆　日本の災害と戦後の主な防災法制

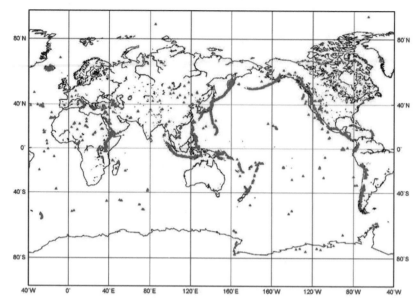

図2-1　世界のマグニチュード6以上の震源分布（内閣府 2018: 付属資料2）

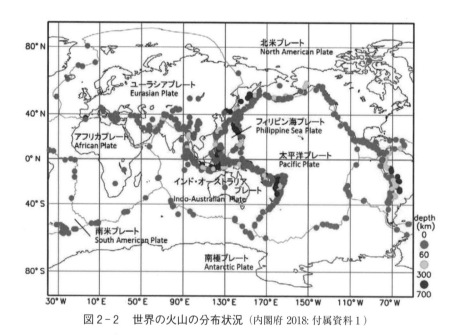

図2-2　世界の火山の分布状況（内閣府 2018: 付属資料1）

◇ 1　はじめに

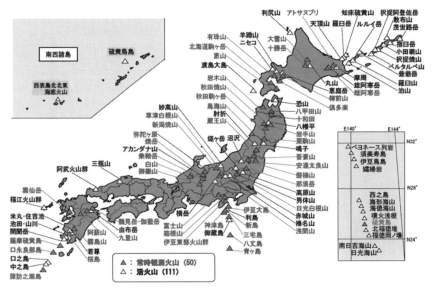

図2-3　日本の活火山（内閣府 2018: 付属資料4）

　1945年以降の日本での主な災害を振り返ってみると，1945年の枕崎台風（死者・行方不明者3,756人）や1947年のカスリーン台風（死者・行方不明者1,930人）のような大型台風をあげることができる。
　それから，1945年の三河地震（死者・行方不明者2,306人），1946年の南海地震（死者・行方不明者1,443人），1948年の福井地震（死者・行方不明者3,769人）のような大規模地震をあげることができる。
　1959年の伊勢湾台風（死者・行方不明者5,098人）以後は，「災害対策基本法」等の防災体制の整備・強化，国土保全の推進，気象予報の向上，災害情報の伝達手段の充実等により，日本の災害対応能力が向上し，自然災害による被害は減少した。
　しかし，1995年の阪神・淡路大震災により6,400人以上の死者・行方不明者が発生し，また，2011年の東日本大震災では，22,000人以上の死者・行方不明者が発生した（図2-4参照）。
　そして，現在，南海トラフ地震や首都直下地震等大規模地震の切迫性が指摘されており，自然災害は国の安全・安心に関わる大きな脅威となっている。

13

◆第 2 章◆　日本の災害と戦後の主な防災法制

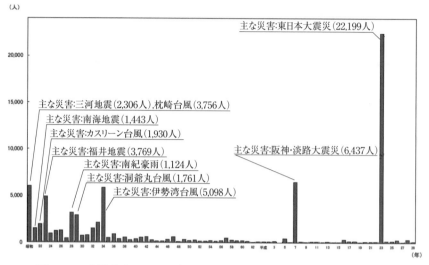

図 2-4　自然災害による死者・行方不明者数（内閣府 2018: 付属資料 8）

◆ 2　法改正の歴史

（1）災害対策基本法制定以前

　ところで，このような日本の置かれた状況を受けて，日本では，独自の防災法制の体系が形成されてきた。第二次世界大戦後の防災法制等について整理したものとしては，内閣府の防災白書や法案作成等に携わった防災担当経験者による著作があるが（内閣府 2017a; 内閣府 2015）[1]，本章では，これらの文献を踏まえ，「災害対策基本法」（昭和 36 年法律 223 号）を中心に，日本の戦後の災害対策法制の変遷について簡単に振り返ってみたい。

　1945 年以降には，1945 年の枕崎台風や 1947 年のカスリーン台風等の大型台風，1945 年の三河地震，1946 年の南海地震，1948 年の福井地震等の大規模地震で多数の死者が出たわけだが，これらは，もともと災害を受けやすい自然環

---

[1] この他に，防災法制を体系的に解説した元国土庁防災局長による生田（2013）がある。また，東日本大震災以降の改正については，当時の内閣府の防災担当者等が執筆した災害対策法制研究会（2014），消防庁の担当者が取りまとめた防災行政研究会（2016），2013 年法改正の担当室長が東日本大震災後の防災法制・復興法制について解説した佐々木（2017）等参照。

境の中で，戦時中の山林の濫伐等による国土の荒廃の影響や国家の疲弊による災害対策や復興の遅れ等の影響があった。また，災害関係の法律が一本化していなかったことから，行政事務について，各府省の縦割りの問題から，防災行政が，総合的な制度として機能しない状態であったことも，被害の拡大につながった（防災行政研究会 2016: 1）。

法制度面では，枕崎台風及びカスリーン台風の教訓を踏まえて，1949 年に水防計画等の水防組織，水防活動，水防団等について定めた「水防法」（昭和 24 年法律 193 号）が制定された。また，南海地震の教訓を踏まえて，1947 年に災害時の国による応急的な救助と被災者の保護等について定めた「災害救助法」（昭和 22 年法律 118 号）が制定されている[2]。さらに，福井地震の教訓を受けて 1950 年に建築物の敷地，構造，設備，用途等に関する最低基準を定める「建築基準法」（昭和 25 年法律 201 号）が制定されている。

（2）伊勢湾台風と災害対策基本法の制定

1959 年に中部地方を襲った伊勢湾台風では，その速度，大きさ，コース等の自然的な条件が悪かったこともあるが，都市開発に際する防災上の配慮の不足，水防体制の未整備，不適切な警報伝達指示等の人災的な問題が重なり，甚大な被害が発生した。また，この当時は，災害のたびに関連法律が制定されていたことから，新しく作られる法律は，他の法律との整合性について十分考慮されておらず，それが原因で，防災行政は十分効果をあげることができなかった。

このような状況を踏まえ，行政管理庁が行政審議会に防災関係行政の改善を諮問し，災害発生後の事後処理に泥縄的に追われることが多かった防災行政の再検討が進められた（防災行政研究会 2016: 2-9）。

そして，それまでの防災体制の不備を改めるため，1961 年に，自然災害から国土並びに国民の生命，身体及び財産を保護することは国の最重要課題であり，総合的かつ計画的な防災体制の整備を図るため，防災分野の基本となる法律である「災害対策基本法」が制定され，防災行政の責任の明確化や総合的かつ計画的な防災行政の推進等についての規定が置かれ，防災法制の体系化が図

---

[2] 同法による救助は，市町村や都道府県の人口の一定数以上の住家が滅失した場合等に限定されており，全ての災害において適用されるものではない。また，救助の内容としては，収容施設，食品，飲料水の供給等のほか，医療，被災者の救出，住宅の応急修理，埋葬等が規定されている。

られた。
　この法律は，国土，国民の生命・身体・財産を災害から保護し，社会の秩序の維持と公共の福祉の確保に資するための多様な規定を有している。また，予防，応急，復旧・復興という災害のあらゆる局面に応じ，国や地方公共団体等の権限と責任が明確化されており，官民の関係主体が連携して対策を講じることとしている。
　なお，伊勢湾台風の教訓を受けて，この他に 1960 年に治山治水事業の計画的な実施による国土の保全と開発について定めた「治山治水緊急措置法」（昭和 35 年法律 21 号）[3]が，1962 年に激甚災害時の国の地方公共団体に対する特別の財政援助や被災者に対する特別の助成措置について規定した「激甚災害に対処するための特別な財政援助等に関する法律」（昭和 37 年法律 150 号）が制定されている。

（3）阪神・淡路大震災の教訓を踏まえた改正
　1995 年に淡路島北部を震源に発生した阪神・淡路大震災は，震源が都市の直下であったことから，住宅，ライフライン，交通システム等が破壊され，甚大な被害が生じた。この大震災の教訓を踏まえ，1995 年 6 月に「災害対策基本法」の改正が実施され，災害時の緊急通行の確保に関して，都道府県公安委員会による災害時における交通規制に関する措置を拡充するほか，車両運転者の義務，警察官等による緊急通行車両の通行確保のための措置等について定めた。
　また，阪神・淡路大震災後には，内閣総理大臣が主催して「防災問題懇談会」が設置され，防災体制の在り方について 6 回の審議を行って提言を行ったが，これを受けて 1995 年 12 月にも「災害対策基本法」の制定以来の大改正が実施され，①緊急事態の布告がなくても著しく異常かつ激甚な非常災害の場合は，内閣総理大臣を本部長とする緊急災害対策本部を設置できること，②緊急災害対策本部長が，指定行政機関の長等に指示をすることができること，③非常災害対策本部及び緊急災害対策本部に現地対策本部を置くことができること，④自主防災組織の育成，ボランティアによる防災活動の環境の整備，⑤高齢者，障害者等への配慮，⑥地方公共団体の相互応援に関する協定の締結等が規定さ

---

[3]　2003（平成 15）年の同法の廃止に伴い，治水事業は，社会資本整備重点計画に一元化され，森林整備事業計画と統合されて，2004 年度から森林整備保全事業計画に再編された。

れた（防災行政研究会 2016: 16-19）。

　なお，「災害対策基本法」の制定以後も，日本の防災法制には，大規模な災害が起こる度に，問題となった事象を解決するために対症療法的な改正を繰り返してきた面も指摘されており，例えば，1995年の阪神・淡路大震災の教訓を踏まえ，多くの法改正が実施されたにもかかわらず，それらのほとんどが防災の基本法である「災害対策基本法」以外の部分で実施され，「災害対策基本法」も2回改正されたものの，基本構造に変化がなかったという指摘がある（生田 2016: 41）。

（4）東日本大震災の教訓を踏まえた改正

　2011年に三陸沖を震源として発生した東日本大震災は，日本の観測史上最大のマグニチュード9.0の地震であり，広範囲での揺れと大津波により，東北地方沿海部等で甚大な被害が発生した。東日本大震災は，地震による津波による大規模広域災害であるとともに，その被害が大変大きく，また，原子力災害が発生したことが大きな特色である（防災行政研究会 2016: 34-54）。

　東日本大震災における津波による災害の教訓を受けて，津波に関する観測体制，調査研究，教育訓練，施設の整備等を推進する「津波対策の推進に関する法律」（津波対策推進法・平成23年法律77号），市町村による津波防災地域づくりの推進計画の作成，津波災害警戒区域等について定めた「津波防災地域づくりに関する法律」（平成23年法律123号）が制定されたほか，大規模広域災害の教訓を受けて，市町村を主体とした災害対策に，大規模広域災害時の国等による応急対策の仕組みを導入するため，「災害対策基本法」が2012年（平成24年法律41号）及び2013年（平成25年法律54号）に改正された。

　また，復興面に注目すると，復興資金の確保，復興特別区域制度，復興対策本部，復興庁設置に関する基本方針等を定めた「東日本大震災復興基本法」（平成23年法律76号），復興特別区域基本方針，復興推進計画の認定，復興整備計画の実施，復興交付金事業計画等について定めた「東日本大震災復興特別区域法」（平成23年法律122号），大規模な災害を受けた地域の復興の基本理念，復興対策本部の設置，復興基本方針の策定等について定めた「大規模災害からの復興に関する法律」（平成25年法律55号）等が制定された。そして，原子力災害の教訓を受けて，原子力利用の安全確保に必要な施策を一元的につかさどる原子力規制委員会の設置に関する「原子力規制委員会設置法」（平成24年法律47号）等が制定された。

◆第2章◆　日本の災害と戦後の主な防災法制

　これらのうち，防災法体系に最も大きな構造変革をもたらしたのは，「災害対策基本法」の中に災害対策の基本理念を盛り込んだ2013年の「災害対策基本法」改正である。

　従来の防災政策では，発生頻度の高いいわゆる中規模一過性の災害を想定して堤防やダムといったハードウェアの整備を中心に対策が講じられており，法制度もそれにあわせて作られてきたが，東日本大震災の教訓を踏まえ，そのようなハードウェアでは対応ができない1000年に一度といわれるような滅多に発生しないレベルの大規模広域災害であっても国民の生命を守る仕組みづくりが重視されるようになってきた。

　つまり，従来の防災政策では，滅多に発生しないような大規模広域災害に対する仕組みの構築については，防災体制の整備や維持に多くの予算や人員が必要になることから，現実的ではないと考えられていたが，それが大きく改められた。

　そして，従来から重視されてきたハードウェアに加えて，防災計画の整備等のソフトウェアを組み合わせた防災対策に重点が置かれるようになった。例えば，「津波防災地域づくりに関する法律」でも，両者を組み合わせた多重防御の仕組みによって住民の生命を守るという考え方が盛り込まれた（生田 2016: 41-42）。

　一方で，阪神・淡路大震災時にも指摘されたことであるが，東日本大震災のような大規模広域災害時には，本来被災者を支援すべき行政自体が被災する場合もあり，また，行政の対応能力を超えた「公助の限界」を迎えることが強く認識され，自助及び共助の重要性が強調されるようになった。特に共助については，2013年の「災害対策基本法」の改正によって，地域コミュニティの住民及び企業による自発的な共助による防災計画に関する「地区防災計画制度」が導入され，地域住民等による市町村防災会議に対する計画提案の仕組みが，防災法制の中で初めて導入され，地域住民等が主体となって自らの地域コミュニティの防災力の強化を図る制度が整備された（西澤・筒井 2014）。

　以下，東日本大震災後の2012年及び2013年の「災害対策基本法」の主な改正点を紹介する。

　まず，2012年改正は，東日本大震災での以下のような教訓を踏まえて実施された。

　①住民避難や被災した地方公共団体への支援等に関し，広域的な対応が有効

に行える制度が必要である。また，そのための事前の備えが必要である。②東日本大震災の教訓・課題を防災教育等で後世にしっかり伝承することが重要である。③災害対策に当たっては，速やかな避難が重要である。ハードウェアとソフトウェアによる対策を組み合わせ，災害による被害を最小化する「減災」に向け，行政のみならず，地域，市民，企業の取組を組み合わせることが重要である。

そして，以下のような規定が新たに置かれることになった。

①発災時における積極的な情報の収集・伝達・共有の強化について新たに規定された。具体的には，市町村が被害状況の報告ができなくなった場合に，都道府県が情報収集等のための必要な措置を講ずべきとされた。

②地方公共団体間の応援業務等に係る都道府県・国による調整規定が拡充・新設された。また，そのための対象業務が拡大された。具体的には，従来は，消防・救命・救難等の人命に関わるような緊急性の極めて高い応急措置に限定されていた対象業務を，避難所運営支援，健康相談，施設の修繕等の応急対策一般に拡大した。

③地方公共団体間の相互応援等を円滑化するための平素の備えの強化について規定した。具体的には，国・地方公共団体，民間事業者等は，地域防災計画等に相互応援や広域での被災住民の受入れ等に関する努力義務について規定した。

2013年改正では，中央防災会議（2012）で示された東日本大震災での教訓を踏まえ，以下のような点が追加で改正された。

①大規模広域災害に対する即応力の強化が図られた。具体的には，以下のような事項がある。災害緊急事態の布告があったときは，災害応急対策，国民生活や経済活動の維持・安定に関する政府の方針を閣議決定し，これに基づき，内閣総理大臣の指揮監督の下，対処する。また，災害により地方公共団体の機能が著しく低下した場合には，国が災害応急対策を応援し，応急措置を代行する仕組みが設けられた。さらに，大規模広域災害時に，臨時に避難所として使用する施設の構造等平常時の規制の適用除外措置について規定された。

②住民等の円滑かつ安全な避難の確保に関する規定が定められた。具体的には以下のような事項がある。市町村長は，一定期間滞在するための「避難所」と緊急時に一時的に避難するための「緊急避難場所」を指定する。市町村長は，高齢者等の災害時要支援者の名簿を作成し，本人からの同意を得て，消防等の

◆第2章◆　日本の災害と戦後の主な防災法制

関係者にあらかじめ情報提供する。

　③被災者保護対策の改善に関する規定が定められた。まず，市町村長が災害の被害に関する「罹災証明書」を遅滞なく交付しなければならないほか，被災者に対する支援状況等の情報を一元的に集約した「被災者台帳」を作成することができることとされた。また，市町村長は，台帳の作成に際し必要な個人情報を利用できることとされた。なお，「災害救助法」について，救助の応援に要した費用を国が一時的に立て替える仕組みを創設し，所管を厚生労働省から内閣府に移管した。

　④平素からの防災への取組の強化に関する規定が定められた。まず，「減災」の考え方等災害対策の基本理念を明確化した。また，災害応急対策等に関する事業者について，災害時に必要な事業継続に努めることを責務とした。そして，最も重要なのが，地域コミュニティの住民及び事業者が，地区防災計画を提案できることとしたことである（防災行政研究会 2016: 34-54）。

（5）東日本大震災後の主な災害対策基本法の改正

　2013～2014年の北日本から西日本にかけての日本海側での豪雪災害（2013年11月からの雪害等）では，大雪等の災害時に被災地や被災地に向かう道路上に大量の放置車両や立ち往生車両が発生し，消防や救助活動，緊急物資輸送等の災害応急対策，除雪作業に支障が生じたことから，2014年の「災害対策基本法」の改正では，大規模地震や大雪等の災害時における緊急車両の通行ルート確保のための放置車両対策等の緊急時の災害応急措置を明確に位置付けることとした。具体的には，災害応急措置として，緊急車両の通行ルート確保のための放置車両対策ができること，沿道での車両保管場所の確保のため等に道路管理者が他人の土地等を一時使用できること，これらを目的とした関係機関及び道路管理者等の連携・調整に関する規定が置かれた。

　2015年改正では，東日本大震災等の教訓を踏まえ，災害により生じた廃棄物について，適正な処理と再生利用を確保した上で，円滑かつ迅速にこれを処理すべく，平時の備えから大規模災害発生時の対応まで，切れ目なく災害対策を実施・強化するための法整備が行われた（「廃棄物の処理及び清掃に関する法律」及び「災害対策基本法」の一部を改正）（大嶋 2015: 51；防災行政研究会 2016: 55-58）。

　2016年改正では，大規模災害発生時における臨海部の緊急輸送ルートの円滑かつ迅速な確保のため，港湾・漁港管理者による災害時における放置車両の

移動等を地方公共団体等の権限とした（「地域の自主性及び自立性を高めるための改革の推進を図るための関係法律の整備に関する法律」（第6次地方分権一括法）による「災害対策基本法」の一部改正）[4]。

　2018年改正（2018年6月19日成立・通算60回目の改正）では，被災都道府県からの応援の求めを受けた都道府県が，その区域内の市町村に対して被災市町村への応援を求めることができることを明確化し，応援職員の派遣根拠や費用負担・指揮監督権の在り方を規定することにより，地方公共団体間の広域応援体制の強化を図った（「地域の自主性及び自立性を高めるための改革の推進を図るための関係法律の整備に関する法律」（第8次地方分権一括法）による「災害対策基本法」の一部改正。なお，この第8次地方分権一括法の法改正により，「災害弔慰金の支給等に関する法律」の改正も行われ，災害援護資金の貸付利率（3%）について，市町村が条例で設定できるよう見直しが行われた）[5]。

◆ 3　災害対策基本法の概要

　災害対策基本法等の災害対策法制においては，予防，応急，復旧・復興という災害のあらゆる局面に応じて，国，地方公共団体等の権限や責任が明確化されており，官民の関係主体が連携して対策を講じることとされている。

　そして，「災害対策基本法」は，制定後に軽微なものも含めると60回の改正が行われているが，改めて現行の「災害対策基本法」の章立てをみると，「1章　総則」には，国，都道府県，市町村といった行政の責務に関する規定が置かれている。また，「2章　防災に関する組織」には，中央防災会議，地方防災会議，都道府県及び市町村の災害対策本部，国の非常災害対策本部及び緊急災害対策本部等の防災に関する平常時及び非常時の組織に関する規定が置かれている。さらに，「3章　防災計画」には，国の防災基本計画，都道府県及び市町村の地域防災計画，地域コミュニティ等の地区防災計画等の防災計画に関する規定が置かれている。これらは，防災対策の推進体制に関する根本的な規定であり，災害対策の総論的な部分である（生田 2013:11-12; 防災行政研究会 2016: 65-274）。

（4）　内閣府防災HP「最近の主な災害対策基本の改正」http://www.bousai.go.jp/taisaku/kihonhou/kaitei.html 参照。

（5）　内閣府HP「地方分権改革」http://www.cao.go.jp/bunken-suishin/kakugiketteitou/kakugiketteitou-index.html 参照。

◆ 第2章 ◆　日本の災害と戦後の主な防災法制

「4章　災害予防」には，防災教育，防災訓練等に関する規定が置かれている（なお，東日本大震災を受けた改正によって，指定緊急避難場所及び指定避難所，避難行動要支援者名簿等の規定が追加された）。また，「5章　災害応急対策」には，災害に関する情報の収集及び伝達，警報の伝達，市町村長の避難指示等に関する規定が置かれている。そして，東日本大震災を受けた改正によって，被災者の保護に関する規定が追加された。さらに，「6章　災害復旧」には，災害復旧の実施責任や災害復旧事業費等に関する規定が置かれている。これらは，防災対策の根本的な規定であり，災害対策の各論的な部分の中でも重要な規定である（生田 2013:12; 防災行政研究会 2016: 275-597）。

「7章　被災者の援護を図るための措置」には，罹災証明書，被災者台帳の作成等に関する規定が置かれている。この章は，東日本大震災を受けた改正によって追加されたものである。その他，災害対策に関する費用負担等について定めた「8章　財政金融措置」，災害応急対策の例外として，災害緊急事態の布告等について定めた「9章　災害緊急事態」，防災功労者表彰等について定めた「10章　雑則」，そして，罰則規定について定めた「11章　罰則」が置かれている（生田 2013:12; 防災行政研究会 2016: 598-694）。

ここで，「災害対策基本法」の要点を改めて7点に分けて整理したい（内閣府 2015: 6）。

1点目は，防災に関する責務の明確化である。災害対策の基本理念について規定し，減災の考え方等災害対策の基本を明確しているほか，国，都道府県，市町村，指定公共機関等は，防災に関する計画を作成し，それを実施する責務を有する。また，彼らは，相互協力の責務を負っている。さらに，住民等も自ら災害に備え，生活必需品を備蓄し，自発的な防災活動に参加する等の責務を負っている。

2点目は，総合的防災行政の整備・推進のための防災に関する組織である。この法律では，防災活動の組織化のほか，計画作成の総合調整機関として，国の中央防災会議，都道府県防災会議及び市町村防災会議の設置について規定されている。また，災害発生又はそのおそれがある場合には，総合的かつ有効に災害応急対策等を実施するため，都道府県又は市町村に災害対策本部を設置することとされている。非常災害発生の際には，国においても，非常災害対策本部や緊急災害対策本部[6]を設置し，的確かつ迅速な災害応急対策の実施のた

めの総合調整等が行われる。

 3点目は，計画的防災行政の整備・推進のための防災計画である。国の中央防災会議は，防災基本計画を作成し，防災に関する総合的・長期的な計画を定める。また，防災基本計画は，指定行政機関や指定公共機関が定める防災業務計画，都道府県や市町村の防災会議が作成する地域防災計画の重点事項等を明らかにする。また，市町村住民及び事業者（居住者等）は，地区防災計画を作成することができる。

 4点目は，災害対策の推進である。この法律では，災害対策を災害予防，災害応急対策及び災害復旧という各段階に分けている。そして，各段階で市町村等の実施責任主体の果たすべき役割や権限が規定されている。具体的には，この法律は，防災訓練義務，市町村長の警戒区域設定権，応急公用負担，災害時における交通の規制等について定めている。また，市町村は，防災対策の第一次的責任を負っており，市町村長による避難指示等の一義的な災害応急対策の実施等に関する規定がある。さらに，大規模災害時における都道府県・指定行政機関による応急措置の代行に関する規定が置かれている。

 5点目は，被災者保護対策である。要支援者名簿の事前作成，災害時における避難所，避難施設に係る基準，罹災証明書や被災者台帳の作成を通じた被災者支援策，広域避難や物資輸送の枠組み等に関する規定が置かれている。

 6点目は，財政金融措置である。災害予防・災害応急対策に関する費用の負担については，原則として市町村等の実施責任者が負担する。しかし，激甚な災害については，地方公共団体に対する国の特別の財政援助，被災者に対する助成等の制度がある（1962年制定の「激甚災害に対処するための特別の財政援助等に関する法律」）参照)。

 7点目は，災害緊急事態に対する措置である。国の経済・社会の秩序の維持に重大な影響を及ぼす異常かつ激甚な災害が発生した場合には，内閣総理大臣は「災害緊急事態の布告」[7]を発することができ，政府による対処基本方針が閣議決定されることになる。また，「緊急災害対策本部」を設置し，国の経済の秩序を維持し，公共の福祉を確保する緊急の必要がある場合には，内閣は，

---

(6) 東日本大震災の際に初めて設置された。
(7) 国の経済及び公共の福祉に重大な影響を及ぼすべき異常かつ激甚な災害時に応急対策の推進のため発せられるものであり，関東大震災に類する又はこれを超える災害時に発布が想定されているが，未だ適用実績はない。

◆第2章◆　日本の災害と戦後の主な防災法制

生活必需物資の配給制限，金銭債務の支払いの延期等について緊急政令を制定する。さらに，「特定非常災害の被害者の権利利益の保全等を図るための特別措置に関する法律」（特定非常災害特別措置法・平成8年法律85号）が自動発動されることになる[8]。

◆ 4　内閣府の防災に関する役割

　2001年の中央省庁再編では，防災に関して行政各部の施策の統一を図る特命担当大臣として，防災担当大臣が新設された。そして，内閣府では，防災について，政府全体の見地から関係行政機関の連携の確保を図るため，局長級のスタッフ職である政策統括官（防災担当）と防災担当の職員が，防災に関する基本的な政策，大規模災害発生時の対処に関する企画立案及び総合調整を担っている。

　内閣府の主導の下，政府の防災政策は，内閣総理大臣を長とし，全閣僚等を構成員とする「中央防災会議」において決定され，それを踏まえ，各府省庁において関係施策を実施・推進している。同会議は，内閣の重要政策に関する会議の一つで，「災害対策基本法」に基づき内閣府に設置されている。会議は，内閣総理大臣を会長とし，全閣僚，主要な公共機関の長及び学識経験者で構成されている。会議の役割としては，「防災基本計画」の作成や防災基本方針の策定等がある。また，内閣総理大臣や防災担当大臣の諮問に応じて防災に関する重要事項を審議している。このように，総合的な災害対策を推進する役割を担っている。

　大規模災害発生時においては，内閣府は，正確な情報の迅速な収集と発信，総理大臣への報告，政府の「災害対策本部」の設置等の応急対策活動体制の確立，広域的災害応急対策の実施に係る総合調整を行う。

　「災害対策基本法」で規定されている防災計画には，以下のようなものがある。

　「防災基本計画」は，日本の災害対策の根幹となる防災分野の最上位計画で

---

[8]　運転免許証（道路交通法92条の2）のような行政上の権利利益に係る満了日の延長，薬局の休廃止の届出義務（医薬品医療機器等法10条）のような期限内に履行されなかった義務に係る免責，債務超過を理由とする法人の破産手続の決定の特例，相続の承認又は放棄をすべき期間に関する民法の特例措置等が特定非常災害に適用すべき措置として規定されている（2条2項）。

ある。「災害対策基本法」に基づき，内閣総理大臣を長とする中央防災会議が作成する。「防災基本計画」は，後述の「防災業務計画」や「地域防災計画」の基になる防災対策の総合的・長期的計画であり，防災体制の確立，防災事業の促進，災害復旧の迅速適切化，防災に関する科学技術の研究の推進等を定めている。

1995年の阪神・淡路大震災の教訓を踏まえ，同年に全面的に改正され，国，地方公共団体，公共機関等の責務を明確に定め，災害の種類別に，予防，応急，復旧・復興の各段階に沿って，講ずべき対策を記述した。その後，2011年の東日本大震災の教訓を踏まえ，2011年に津波災害対策編を新設し，2012～2015年に災害対策基本法改正を踏まえた修正，放置車両対策の強化に係る修正，原子力防災体制の充実・強化のための修正を行った。

「防災業務計画」は，「防災基本計画」に基づき，指定行政機関（国の行政機関）及び指定公共機関（独立行政法人，日本銀行，NHK，日本赤十字社，電力会社，ガス会社，NTT等公益事業を営む機関）が作成する計画である。

「地域防災計画」は，「防災基本計画」に基づき，都道府県及び市町村の防災会議が，地域の実情に即して作成する防災計画である。

「地区防災計画」は，地域コミュニティの住民及び地元の企業が，自発的に共同して行う自助・共助による防災活動に関する防災計画であり，住民等による計画提案制度が導入されている。そして，上記3つの計画とは異なり，住民等主体のボトムアップ型の特色を有している。

◆ 5　地区防災計画制度について

ここで，本書で焦点をあてている地区防災計画制度について，法制的な観点から簡単に整理をしておく（災害対策法制研究会 2014: 14-15; 防災行政研究会 2016: 262-263; 西澤・筒井 2014）。

（1）制度趣旨

2013年改正前の「災害対策基本法」では，防災計画として，国レベルの総合的かつ長期的な計画である防災基本計画，地方レベルの計画である都道府県及び市町村の地域防災計画を定め，それぞれのレベルで防災活動を実施するものとしていた。一方，東日本大震災等を契機として，市町村の一定の地区内の居住者及び事業者（地区居住者等）が，自助・共助の精神に基づき，市町村等と連携して，自発的に地区における防災活動を担う例も見られるようになった。

これらの自発的な防災活動を促進し，ボトムアップ型で地域における防災力を高めるため，各地区の特性に応じて，コミュニティレベルでの防災活動を内容とする「地区防災計画」を市町村地域防災計画に定めることができることとした（42条3項・42条の2）。

つまり，地区防災計画は，地域コミュニティの住民や企業が，行政と連携しつつ共同して自発的に行う防災活動に関する計画であり，市町村等が活動の中心となる市町村地域防災計画とコミュニティが中心となる地区防災計画とが相まって地域防災力の向上を図ろうとするものである。

（2）地区防災計画の内容

地区防災計画の内容は，コミュニティレベルで地区居住者等が自ら実施することができる防災活動を想定しており，計画の対象範囲及び活動体制のほかに，地区居住者等が共同して行う防災訓練，物資及び資材の備蓄，地区居住者等の相互の支援等，各地区の特性に応じて地区居住者等によって行われる防災活動が挙げられる。

地区防災計画の内容については，法定計画としては珍しく，極めて緩い内容になっており，地区居住者等が主体となって地域の実情に応じて，自ら決めることができるようになっている。これが，地区防災計画の一つの特徴である。

これは，従来の自主防災組織等による地域の防災計画が，消防庁の「自主防災組織の手引き」等に沿って整備された結果，地域の災害経験，想定災害，防災活動の実績等を十分に踏まえることなく，全国で画一的な防災計画が形式的に作成され，十分な地域防災力の強化につながらなかったことを踏まえたものである。

（3）地区防災計画の主体と対象範囲

地区防災計画の主体については，実際に防災活動を行う活動主体である地域コミュニティの住民や事業者が予定されている。

また，地区防災計画に基づく防災活動の対象範囲である地区については，マンション単位，自主防災組織単位，町内会単位，小学校区単位，事業者・学校を中心とした単位，事業者の事業継続計画と連携したもの等多様な計画が想定されており，対象地区の特性に応じて地区居住者等が主体となって決めることができるようになっている。これも法定計画としては珍しい点で，地区防災計画のもう一つの特徴である。

◇5 地区防災計画制度について

(4) 地区防災計画の計画提案
(ⅰ) 計画提案の趣旨
　地区防災計画は，市町村等と連携して，自助・共助の精神に基づく自発的な防災活動を促進し，各地区の特性に応じて，ボトムアップ型で地域における防災力を高めることを目的としている。そして，その内容は，コミュニティレベルでの防災活動を内容としていることから，地区居住者等がより主体的に，計画策定段階から積極的に参加することが求められる。
　そこで，地区居住者等は，共同して，市町村防災会議に対し，市町村地域防災計画に地区防災計画を定めることを提案（計画提案）することができることとした。

(ⅱ) 計画提案の主体
　計画提案の主体については，実際に防災活動を行う地区居住者等が共同して計画提案を行うのが原則である。
　これは，計画が形骸化することがないように，計画に基づく防災活動を実際に行う実施主体を明確にする必要があるという考え方に基づいている。
　なお，便宜上，自主防災組織の役員等が，共同して，当該地区の計画提案を行うことも可能である。実際の運用でも自主防災組織の代表が計画提案を行っている例がみられる。ただし，その場合には，当該自主防災組織等のメンバーが，計画に基づき実際に防災活動を実施できる体制にあることが必要である。特に，従来の形骸化した自主防災組織の防災計画をそのまま名称のみ地区防災計画にするようなことは，制度の趣旨から考えて避ける必要がある。

(ⅲ) 計画提案書の提出
　計画提案に当たっては，共同して計画提案を行おうとする者は，その全員の氏名及び住所（法人の場合は法人の名称と主たる事務所の所在地）を記載した提案書に，①地区防災計画の素案，②居住者であれば住民票，事業者であれば登記事項証明書等の地区居住者等であることを示す書類（計画提案を行うことができる者であることを証する書類）を添えて，市町村防災会議に提出しなければならない（「災害対策基本法施行規則」（昭和37年総理府令52号）1条）。

(ⅳ) 市町村防災会議での判断
　計画提案の趣旨を踏まえ，市町村防災会議においては，地区居住者等からの発意を積極的に受け止めていく姿勢が望まれている。そのため，市町村防災会議は，計画提案が行われた場合には，当該計画提案で示された地区居住者等の

自発的な防災活動の内容を最大限尊重して，当該地区に係る地区防災計画を市町村地域防災計画の中に定めるよう努めることが期待されている。

具体的には，計画提案が行われた場合には，添付された地区防災計画の素案の内容が市町村地域防災計画に抵触する場合等を除き，当該計画提案で示された地区居住者等の自発的な防災活動の内容を最大限尊重し，各地区の特徴を踏まえた上で，市町村地域防災計画に当該地区防災計画を規定する必要性の有無を判断することが想定されている。

（ⅴ）市町村地域防災計画への規定方法

市町村地域防災計画に地区防災計画を規定するに当たっては，市町村防災会議の判断で，提案された地区防災計画の素案をそのまま市町村地域防災計画の一部として規定する方法のほか，当該素案を踏まえて，その要素（概要等）を市町村地域防災計画の中に規定する方法等を想定しており，各地区防災計画の名称を規定したり，市町村地域防災計画の別冊に規定する方法等もあると思われるから，その規定方法は，各市町村の状況に応じて柔軟に対応することが想定されている。

◆ 6　事業継続について

本書では，多様な主体との連携の観点から，企業の事業継続計画等についても焦点をあてていることから，事業継続部分の改正について，簡単に紹介をしておきたい（災害対策法制研究会 2014: 14; 防災行政研究会 2016: 97）。

2013年改正前の「災害対策基本法」では，電気，ガス，水道，通信等のライフラインを保有する指定公共機関・指定地方公共機関に指定されるような事業者は，各事業者の定める防災業務計画や各地方公共団体の地域防災計画に基づき，災害からの早期復旧のための事業継続の取組が実施されていたが，それ以外の事業者については，住民（本規定上の住民には，自然人のみならず法人も含まれている。）としての責務を有しているに過ぎなかった。

東日本大震災では，災害応急対策等に関して，指定公共機関・指定地方公共機関に指定された事業者以外の多くの事業者からの協力が大きな役割を果たした。また，今後の大規模広域災害に備える観点からも，広く事業者の協力を得ることが不可欠であり，事業者の事業活動の継続的実施の必要性が強く認識されるようになった。

そのような点を踏まえ，2013年の改正では，スーパーマーケット，コンビ

ニエンスストア，飲食料品メーカー，医薬品メーカー，医療関係者，旅客運送事業者，貨物運送事業者，建設業者，セメント・鉄鋼・重機等の資機材を取り扱う事業者のような災害応急対策等に関する事業者の責務として，災害時における事業活動の継続的実施，国及び地方公共団体が実施する防災に関する施策への協力に努めることが規定された（7条2項）。

本規定は，既に指定公共機関・指定地方公共機関に指定された事業者が行っている取組についてもその対象に含むものであり，官民が一体となって災害対策に取り組むことを明らかにした規定である。

なお，災害応急対策等に関する事業者が協力する国及び地方公共団体が実施する防災に関する施策とは，国や地方公共団体等との事前の協定締結，行政と共同した防災訓練，災害時の協定に基づく食品，飲料水等の物資提供，指定場所への物資輸送，道路啓開のための重機提供等が想定されている。

〈文　献〉（アルファベット順）

防災行政研究会（2016）『逐条解説災害対策基本法第三版』ぎょうせい.
中央防災会議（2012）『防災対策推進会議最終報告』.
生田長人（2013）『防災法』信山社.
――（2016）「防災法制度の構造的課題と展望」日本不動産学会誌29巻4号41頁.
内閣府（2015）『日本の災害対策』
――（2017a）『2017年版防災白書』.
――（2017b）「災害対策基本法の概要」（内閣府HP掲載資料）.
――（2018）『平成30年版防災白書』.
西澤雅道・筒井智士（2014）『地区防災計画制度入門』NTT出版.
岡本正（2018）『災害復興法学の体系――リーガル・ニーズと復興政策の軌跡』勁草書房.
大嶋健志（2015）「災害廃棄物処理体制の強化――廃棄物処理法及び災害対策基本法の改正案」立法と調査364号51頁.
災害対策法制研究会（2014）『災害対策基本法改正ガイドブック――平成24年及び平成25年改正』大成出版社.
佐々木晶二（2017）『最新防災・復興法制――東日本大震災を踏まえた災害予防・応急・復旧・復興制度の解説』第一法規出版.

第3章

東日本大震災と地区防災計画制度の創設

要 旨

　本章では，東日本大震災の教訓を受けて，2013年の「災害対策基本法」の改正で創設された地域コミュニティの住民や企業による共助による防災計画である「地区防災計画制度」について，制度創設の背景，法制度の内容，国会での議論，モデル地区における代表的な実践例等に焦点をあてる。

　戦後日本のコミュニティ防災は，町内会等を中心とした自主防災組織に大きな期待がかけられたが，阪神・淡路大震災等では十分に機能せず，その後も改善を重ねてきたものの，その効果は十分ではなかったため，東日本大震災の教訓を受けて住民主体の「計画提案制度」を導入した「ボトムアップ型」の共助による「地区防災計画制度」が創設された。

　地区防災計画制度は，中央集権的な行政中心の「トップダウン型」の戦後日本の防災体制を大きく転換する可能性がある。

◆ 1　はじめに

（1）背　景

　日本は，地震，台風等災害の多い国であるが，特に多くの死者を出すのは，地震やそれに伴う津波であり，古くから地域コミュニティの災害時の助け合いが行われ，災害時の地域コミュニティにおける共助の文化が形成されてきた。

　この点，欧州は地震等がほとんどないことから，災害対策における想定災害

◇ 1　はじめに

等も異なっている。そのため，地震，津波，火災等で6万2,000人～9万人の死者を出したポルトガルの1755年のリスボン地震は，地震経験の少ない欧州全体に大きな衝撃を与え，後の啓蒙主義につながった（合田 2015: 46-56）。

　ところで，1995年の阪神・淡路大震災及び2011年の東日本大震災で，行政による被災者支援が限界を迎える一方で，地域コミュニティにおける共助による防災活動が注目されたことを受けて，2013年には「災害対策基本法」が改正され，地域コミュニティの住民等による自発的な共助による防災活動を促進するための「地区防災計画制度」が導入された。同制度は，町内会等を母体とした自主防災組織の共助による防災活動を強化すること等を目的とした制度である。なお，地域コミュニティ関係の組織には，自治会，部落会，隣組等多様な呼び方があるが，本章では原則として，「町内会等」とした。

　代表的な基層組織としてあげられる町内会等であるが，慶弔，お祭り，スポーツ，環境，福祉，防犯，防災等多様な活動を行っており，住民の親睦，自治，行政補完等の多様な機能を持つとともに，行政と効果的に連携し，その補完的機能を担っている場合もある。

　この町内会等は，古くより日本の伝統的な文化に根差した組織であり，地域住民に対しても大きな影響力を持っている。例えば，戦前には，1940年に制定された内務省訓令である「部落会町内会等整備要領」に規定され，戦争遂行にも大きな役割を果たした。そのため，戦後，GHQは，1947年に同訓令を廃止し，ポツダム政令を出すことにより，強制的に部落会及び町内会を廃止したが，1953年の「サンフランシスコ条約」締結後に同政令が効力を失ってからは，地域住民等によって，町内会等が自然に復活した。その後は，町内会等が，法令に明確に位置付けられたことはないが，1991年の「地方自治法」改正では，町内会等の「地縁による団体」が法人格を取得できる旨規定された（同法260条の2～260の39）。

　町内会等の復活については，学界でも大きな議論があるが，政府の中でも，経済企画庁国民生活審議会小委員会等は，町内会等とは異なった「コミュニティ」の形成の必要性を唱えた時期もあったが，同時期に，消防庁は，町内会等を母体とした自主防災組織の形成を進め，地域防災力の向上を進めていた。具体的には，経済企画庁国民生活審議会（1969）では，都市化の進展が町内会等の地域共同体を崩壊させ，防災を含めた社会問題を生み出しているとし，これを解決するため，市民としての自主性と責任を自覚した個人及び家族を構成

◆第3章◆　東日本大震災と地区防災計画制度の創設

主体とし，地域性と共通目標を持った開放的で相互の信頼感のある集団である「コミュニティ」が求められるとした。一方，この時期に，消防庁は，町内会等の地域で果たす役割，組織形態，資金運用等を踏まえ，町内会等が，防災活動を行う最も現実的な組織であることから，町内会等を自主防災組織の母体として地域防災力の強化を図った（消防庁 1996; 黒田 1999: 252-257）。なお，経済企画庁国民生活審議会（1969）及び自治省（1971）を契機として，コミュニティ形成の取組が全国に広がったといわれている。

戦後，日本の国土が伊勢湾台風等相次ぐ巨大災害によって荒廃したことを受けて，1961年に成立した「災害対策基本法」では，町内会等が母体となって住民が自発的な防災活動を行う任意団体である自主防災組織について，「住民の隣保協同の精神に基づく自発的な防災組織」として規定し（2条の2），阪神・淡路大震災後の1995年改正では，「自主防災組織」という用語を法律上に明記した。そして，学術的にも，町内会等の防災活動と福祉活動のような他の地域活動との関係に関する分析も行われるようになったほか，2011年の東日本大震災を契機に，再び町内会等の防災活動に注目が集まっている。

次に，近年，居住者が増加したマンションとそのコミュニティについては，マンションが普及し始めた80年代くらいから，行政側からは，人間関係が希薄で，コミュニティが育ちにくい場所であるとみなされ，長く消極的に捉えられていた。その防災活動についても，マンションは主要な居住形態となっているが，マンション住民と地域住民による地域コミュニティの形成は容易ではなく，連携や共助が進んでいないと指摘されていた。しかし，堅牢な躯体，管理に関する人材と組織等を有するマンションは，災害時に地域に貢献できる要素を備えている場合も多く，東日本大震災ではマンションが地域住民の受け入れ等に活躍した事例もみられた（国土交通政策研究所 2015）。そして，「地区防災計画制度」が成立したことにより，地域コミュニティの実態を踏まえ，若いマンション住民と長くその地域に住む伝統的な町内会等の住民の防災活動を連携させ，地域防災力を向上させる取組もみられるようになっているが，首都直下地震や南海トラフ地震の危険性が指摘されている中で，その取組の遅れが危惧されている。

（2）従来の研究成果の意義と視点
（ⅰ）地域コミュニティに関する先行研究
ここで伝統的な地域コミュニティやマンションのコミュニティに関する先行

◇ 1　はじめに

研究についてみておきたい。以下は，倉田（1987），横田（2008, 2014, 2017）等を踏まえ，先行研究を整理した。

　地域社会学における地域コミュニティの基層組織に関する理論的・実証的な研究としては，まずは，社会学者である高田保馬，奥井復太郎，鈴木栄太郎，磯村英一の4氏が，「日本都市問題会議」において展開した町内会の自然な復活後の議論があげられる。

　高田は，町内会の隣組に焦点をあてて分析を行った。そして，大都市における人間相互の作用は，合理性と自己の利益を求める故に情誼を離れ利益社会的なものになること，家族は機能を減退させており，これに代わる共同社会が必要であること，隣組は，都市の人々に家族とは別の拠り所を与え，自治体と住民の間を媒介していることを指摘した（高田 1953: 1 -11）。

　鈴木は，近代化や利益社会化に伴い，地区集団が衰退したこと，職域集団が優勢になっている時期に，隣組や町内会等の制度を施行するのは文明の方向や都市発展の方向に逆行することを指摘した（鈴木 1953: 13-22）。

　奥井は，都市化の進展によって町内の近隣集団・近隣社会は崩壊に瀕していること，近隣の組織化を進めることは，社会生活の改善のために重要であること，自由で明朗で，土地柄に応じた，ボス支配ではない近隣組織が重要であることを指摘した（奥井 1953: 23-33）。

　磯村は，流動性の高い大都市では，町内会等・隣組は必要なく，伝統的な組織の復活は不要であること，地域集団を再検討する可能性があるとすれば，個人の主体性や自発性に基づく町内会等・隣組とは別の「コミュニティ」を形成すべきであることを指摘した（磯村 1953:35-50）。

　政治学の分野から，松下圭一は，町内会等は政治的には旧中間層による地域支配の伝統を温存する基盤であること，地域民主化の立場から，町内会等の保守的な役割をしていることを指摘し，保守政治の基底であるムラと対決するため，地域での民主主義を確立すべきことを指摘した（松下 1962:216-218）。

　一方で，政治学・行政学の分野では，町内会等については，従前は，国や行政の強制的な下部組織であるとする見解もあったが，現在は，行政と連携して自主的な活動を行っており，行政の介入やコントロールは認められないことから，市民組織として理解されていることに留意が必要である（今村ほか 2010: 153; 辻中ほか 2009: 28-29・34; Pekkanen 2006）。

　その後，都市化の進展により，ニュータウンが建設され，環境も大きく変化

した。

　安田三郎は，個人が社会層や諸集団にどのような役割を通して参与しているかの生活構造研究を行った（安田 1964）。

　中村八朗は，日本の都市における町内会等の形成過程をみると，単一機能の集団が融合して包括的機能を持つ町内会等へと発展しており，スペンサー以来の仮説であった近代化の発展に伴い，包括的機能を営む前近代的集団は単一機能を持つ集団に分化するという仮説とは正反対であることと指摘した（中村 1980: 34-59）。

　倉田和四生は，戦後の部落会及び町内会の廃止に伴い生まれた衛生組合，自警団，募金組織等の単一機能集団が再度合体して町内会等が作られたことを指摘し，都市コミュニティ研究のパラダイム，近隣関係と地域住民組織，ニュータウン（近隣住区）とコミュニティ活動，町づくり運動のダイナミックプロセスの4部に分けて都市化の意味の考察を行った（倉田 1985: 176）。

　奥田道大は，地域社会の分析の枠組みとして「コミュニティモデル」を提示し，住民が地域全体のことを考えるための広い視野を持っているか，それとも閉鎖的・排他的な意識を持っているかという「意識面」と，地域活動を住民自らが主体的に行うか，行政に依存するかという「行動面」の二軸から演繹的に住民を類型化し，①住民の閉鎖的・排他意識が強く，地域活動を主体的に行う「地域共同体モデル」，②都市化の進展等による地域共同体の解体を経て，住民が地域の帰属対象や帰属意識を失っている「伝統的アノミーモデル」，③住民が権利を意識し主体的な権利の取得を追求するが，関心が自らに関係する問題に限られる「個我モデル」，④地域住民が地域全体のことを考える広い視野を持ち，地域社会に対して積極的な参加を行う「コミュニティモデル」の四つのモデルを提唱し，①→②→③→④と移行することが理想であるとし，逆に，③→①への移行を退行であるとした（奥田 1983:28）。

　鈴木広は，奥田モデルについて，開放的相互主義である奥田の「コミュニティモデル」は，ユートピア的で，現実の地域社会ではあり得ず，コミュニティの大半は，よほどのことがない限り住民参加には志向しないと指摘した（鈴木 1986）。

　岩崎信彦は，町内会について，住むことを縁起として形成される「住縁アソシエーション」であると指摘し，住むことは，人間の基本的な営みであり，一般的な関心を多く含み，多くの行為及び意志から成り立つとした（岩崎ほか編

◇ 1　はじめに

1989:11)。

　倉沢進及び秋元律郎は，町内会等の組織・機能の特性について，①排他的地域独占性（一つの地域（区画）に一つの町内会が存在），②世帯単位加入性（加入名義は世帯主であるが，世帯が加入単位で，世帯主は世帯の代表者たる資格において加入），③全戸自動加入性（地域内の全世帯が加入することを規範とした組織），④包括機能性（活動目的が多岐にわたり，包括的で機能は無限定），⑤行政末端補完性（行政事務事業の末端的業務を組織として遂行）をあげた。なお，町内会等の強制加入説もあるが，③で全戸自動加入であるとしたのは，町内会等には，実質的拘束性がないと考えたためであった（倉沢・秋元 1990; 倉沢 2004: 85-86）。

　菊池美代志は，地縁団体の機能を生活充足，住民交流，合意形成，規範維持，地域代表等の地域統合機能である「対内機能」と行政業務の補完，行政への圧力・参加等の機能である「対外機能」に分けた（菊池 1990: 223）。

　ところで，初期シカゴ学派に分類されるルイス・ワースは，都市が第一次的紐帯を喪失させ，無力感や孤立感を増大させて規範の崩壊を招き，アノミーや逸脱につながるとして，都市をネガティブに捉える「社会解体論」を唱えた（Wirth 1945）。これに対して，クロード・S・フィッシャーは，都市は，人口が集中していて社会的制約が少なく，そのため，選択制の高い都市では接触相手を選択でき（Fischer 1975），そこから，意見と価値を共有する者との快適なネットワーク（同類結合）が発達し（非親族的な親密な紐帯のネットワーク），親族や近隣とのネットワークが衰退することから，それらが多様な文化制度（下位文化）の発展を促すとして，都市化をポジティブに捉えた（アーバニズム下位文化理論，Fischer 1982）。

　このアーバニズム下位文化理論の検証のため，大谷信介は，「コミュニティ解放論」の立場から，中国・四国地方の5都市（広島，岡山，松山，宇和島，西条）を対象に都市化がパーソナル・ネットワークに及ぼすかを実証的に検討し，都市の規模が異なっても住民のパーソナル・ネットワークはほぼ一定で，規模が大きいほど親族等のネットワークが衰退し，同類の友人のネットワークが発達することを指摘した。また，アーバニズム下位文化理論を創造的・革新的行動といったプラス面を含んだ概念であると指摘した（大谷 1992:311-330）。

　松本康も同様の観点から，名古屋市の都心と郊外で調査を行い，東海3県（愛知，岐阜，三重）の出身者には，アーバニズム下位文化理論があてはまるが，親族が日常的に接触できる場所に居住していない流入者の場合には，この理論

があてはまらないことを指摘した（松本 1992:161-185）。

なお，奥田は，アーバニズム下位文化理論に関連して，地域社会を射程に入れつつ，都市（社会構造）に重点を置き，大都市化という都市（社会構造）の変容とそれに伴う都市住民の意識の変容に関して論じ，都市コミュニティの現状について，民族，エスニシティ，階級・階層等に系統の差異性を伴いながら，複雑にばらけているとし，社会的多様性の拡大を踏まえ，都市化による社会関係の希薄化を検証する際には，地域の枠を超えた議論が必要であると指摘した（奥田 1999）。

町村敬志は，グローバル化が進めば進むほど，ローカルなものへの関心が高まることを指摘し，環境や福祉等コミュニティをベースにした活動が注目されると指摘した（町村 1999）。

名和田是彦は，住民の福祉の基盤となる公共サービスを協働によって組織していくため，改めて小学校区を単位としたローカル・コミュニティの必要性を指摘した（名和田 2006）。

なお，コミュニティ論の変容の関連では，佐藤慶幸は，生活クラブ生活協同組合の活動を例に，地域の自主的サークルであるボランタリー・アソシエーションの代表をコミュニティの役職のメンバーに加え，それらが重層的に形成され，相互にネットワークを結ぶことによって，コミュニティが形成されるとした（佐藤 2002）。

一方，越智昇は，横浜市の地域福祉活動やまちづくり活動を行うボランタリー・アソシエーションに関する実態調査を行い，彼らは，町内会等とかかわらざるをえないと指摘した（越 1990）。

海外との比較研究では，以前は，日本の町内会のような組織は欧米には存在せず，日本固有の形式であるとする見解があった（近江 1958）。

しかし，その後，東アジアや東南アジア等での町内会等に類似する組織に関する研究が出てきている。倉沢進は，中国の居民委員会，韓国の班常会，台湾の保甲，香港の街坊会，フィリピンのバランガイ，タイのカナカマカンチムチョン等の地域住民組織が存在することを指摘した。また，町内会類似組織の国際的比較研究の観点から，イタリアのシエナの地域住民組織コントラーダを例に，非政治的・非行政的な領域での情意的結合組織，日常的・私的な相互扶助組織についての検討を行った（倉沢 2004）。

幡谷則子らは，欧米文化圏に属するとされるコロンビアの首都ボゴタの大衆

◇1　はじめに

居住区の官製的都市住民組織であるコミュニティ活動協議会JACを例に，ラテンアメリカの都市化の特徴や大衆居住区の形成過程と住民像について考察した（幡谷1999）。

中田実らは，地方制度論的な立場から，広くアジアと欧米の主要国の住民組織の比較を行い，公行政も含めて地域管理機能を担う主体として考え，総合的な分析を行い公行政も含めて地域管理機能を担う主体として考え，総合的な分析を行った（中田2000）。

地域社会学からの防災に関する研究としては，以下がある。まず，今野裕昭は，インナーシティである神戸市真野地区等を対象にした阪神・淡路大震災後の事例研究をもとに，災害時における地域社会の役割に注目し，災害時の共助を前提としたコミュニティの防災活動の研究の発展につながった（今野2001）。

倉田は，地域コミュニティの防災活動と福祉活動を接合した神戸市の「防災福祉コミュニティ」[1]について，コミュニティ論の観点も踏まえて分析した（倉田1995, 1999）。

浦野正樹や横田尚俊は，阪神・淡路大震災を受けて，災害時における近隣との結びつきやコミュニティの意義を強調した（浦野1999，横田1999）。

奥田は，震災前のコミュニティの成熟さが復旧・復興の速さに影響するとした（奥田1997）。

大谷は，災害対応への期待をコミュニティに過度に負わせることを批判した（大谷1995）。

岩崎は，震災時に町内会等が中心になって避難所を運営したケースが少ないことを指摘した（岩崎1995）。

鈴木広は，雲仙普賢岳災害の被災地である島原市での研究を踏まえ，集中過密型の都市の脆弱性と都市の成長主義の限界を指摘した（鈴木1998）。

この他に，都市防災の歴史を災害と法律改正の関係も踏まえて分析した吉井（1996）等[2]，防災の観点から地域コミュニティと町内会等の関係について分

---

(1) 現在は，神戸市内全域191地区でコミュニティが結成されており，自治会，婦人会，事業者，消防団等によって組織され，平常時の福祉的な活動を重視しつつ，災害時も活動できる組織である。1995年に神戸市が『神戸市復興計画』第5章に「防災福祉コミュニティ」を近隣生活圏の安心コミュニティとして位置づけたのがきっかけとなって広まった（倉田1999: 299）。

(2) 災害弱者との関係，町内会や自主防災組織との関係，ボランティアとの関係等に焦

◆第3章◆ 東日本大震災と地区防災計画制度の創設

析を行った吉原（2009），町内会等や自主防災組織のような防災コミュニティの基層組織としての役割について，東北の6都市で調査を行い分析した吉原（2011）及び岩崎ほか（2013）もあるが，東日本大震災前の町内会等に係る分析を基にした研究である。さらに，東日本大震災後の研究としては，災害想定を前提として街づくりが進められた結果，住民自身の災害への備えが衰退し，想定外に対応できなくなったと指摘する田中（重）ほか（2013）及び田中（重）（2013）等があるが，いずれも「地区防災計画制度」の施行前の状況を前提にしている。

（ⅱ）地区防災計画制度に関する先行研究

「地区防災計画制度」は，2013年に創設されてから日が浅いことから，同制度に関する研究史になってしまうが，防災社会工学等の観点からの「地区防災計画制度」に係る研究としては，制度の制定過程を関係研究会の経緯，国会審議等を含めて，参与観察に基づいて分析した金・西澤ほか（2015），及び西澤・筒井ほか（2015），同制度によって促進される共助という用語の法的な位置づけについて，公助と対比させることによってその意義を明らかにするとともに，同制度の法設計の意義について考察を行った井上ほか（2014）及び西澤・筒井（2014c），同制度の創設に関わった内閣府の担当官による解説書である西澤・筒井（2014a），内閣府が東日本大震災での支援側及び受援側の双方に対して実施した調査[3]を踏まえ，同制度について論じた守ほか（2014）及び西澤・筒井（2014b），同制度によって，防災活動をきっかけに，地域コミュニティ内の人間関係が良好になり，また，防災活動と連携する形で防犯活動や福祉活動等の地域活動が活発化すること，それらを通じたソーシャル・キャピタルの醸成や地域活性化・まちづくりの可能性について論じた内閣府（2014a）及び金（2014）がある[4]。そして，社会学の立場からの同制度に関する研究としては，

　点をあてて，防災における地域コミュニティの在り方について研究したものとして，吉原（2012）がある。なお，横田（1999）では，大震災は，コミュニティ機能の意義の再認識やコミュニティ研究の発展につながったとしている。

(3)　2013年3月に内閣府は，支援側3,000人及び受援側3,000人に対してインターネット調査を行い，支援側の誠意が受援側に高く評価されており，受援側の満足度が高いこと，ICT等による情報発信が支援側及び受援側の双方にとって大きな役割を果たしたこと，東日本大震災後，支援側及び受援側ともに支援活動への参加の意思を持つ者が増加していること等を明らかにした（内閣府 2013b）。

(4)　その他，同制度とICTの関係について論じた西澤ほか（2014）及び金・筒井ほか

◇1　はじめに

同制度は地域防災力強化の観点から地域住民にとって必要であるが，同制度をどこの地区でも実際に活用することが可能であるのかという，必要性と可能性のギャップがあることを指摘し，その課題を明らかにした西澤・筒井・田中（2015），岩手県安渡町の計画づくりの過程等を参与観察に基づき分析した大矢根（2015a），吉川（2013）及び Yoshikawa（2015），原発防災に係る計画づくりについて論じた大矢根（2015b），日中の地域コミュニティにおける防災活動について，同制度の創設者に対するインタビュー調査等を踏まえて，両国の地域コミュニティの防災活動について比較検討を行った金（2015a）及び金（2015b），マンションのコミュニティとの関係で同制度について論じた金・筒井ほか（2015）等がある。

（3）本章の位置付け

従来の先行研究では，東日本大震災後の地域コミュニティの基層組織に関して，災対法の改正や「地区防災計画制度」の創設といった防災面の重要な制度の変化やその実態関係に焦点をあてて研究を行った例はほとんどない。

そこで，日本の町内会等が果たしてきた役割や関連研究の動向を踏まえつつ，東日本大震災後の町内会等の防災活動について，「地区防災計画制度」との関係に留意しつつ考察を行う。その際には，比較的新しい居住形態であるマンションで実施されている地域コミュニティの共助による防災活動に焦点をあてて分析を行う。

具体的には，関係する文献の調査に加え，実際にマンションの居住者に対するインタビュー調査を実施し，その内容を分析しつつ，両国の地域コミュニティにおける共助による防災活動の現状と課題について考察を行う。その際には，対象となる地域コミュニティの状況について分析しつつ，実際に法に基づく制度が，どのように地域コミュニティで利用されていくべきかについても考察を行う[5]。

（2015），経済学的な立場から同制度について考察した川脇（2015），工学的な立場から計画作成について考察した加藤（2015）がある。

[5]　社会学的な考察は法律学による立法にも重要な役割を果たしうる。アメリカ社会学を法律学に持ち込み法社会学の先鞭をつけた末弘厳太郎氏は，実用法学は，法社会学が発見した法に関する社会法則を利用して，立法や裁判の合理化を図るべきであり，社会学等の発達は，法の社会法則の発見を目指す科学としての法社会学を可能ならしめ，それによって法学が発展し，立法や裁判も合理的なものになるとしている。末弘（1951）参照。

◆第3章◆　東日本大震災と地区防災計画制度の創設

（4）調査手法

本章では，文献調査及びマンション住民に対するインタビュー調査（質的調査）を基に考察を行うが，インタビュー調査については，地域コミュニティにおける個々人の生活にまで立ち入るものであり，インフォーマントのプライバシーに対する配慮が重要になる。

そのため，インフォーマントに対して事前に十分な説明を行い，調査の進め方や情報の取扱い等について同意を得たほか，調査結果の分析に当たっても，個人情報の取扱いに十分な配慮を行い，人権の保護及び法令等の遵守に係る問題が生じないように徹底した。

具体的には，関係者に対するインタビュー調査では，各調査対象者の立場に配慮して，事前に調査の意義や位置付け，調査結果の取扱い等について文書を配布して十分な説明を行い（インフォームド・コンセント），調査者との間で信頼関係（ラポール）を築いた。

また，インタビュー調査に当たっては，事前リサーチで収集したインフォーマントの所属や被災経験等に関する情報を踏まえつつ，質問項目についておおまかな計画（インタビューガイド）を作成し，事前にインフォーマントにそれを提示して，インタビューに臨んだ。当初は，質問数，質問内容，質問順等を固定した「構造化面接法」（structured interview）で実施する予定であったが，インフォーマントの希望も踏まえ，インフォーマントが積極的に調査に参加できるように，質問項目についておおまかな計画（インタビューガイド）を作成し，質問の流れに応じて柔軟に質問項目を変えることができる「半構造化面接法」（semi-structured interview）を採用した[6]。

なお，インタビュー調査の内容の分析に当たっては，ノート及び録音を踏まえ，インフォーマントの回答をテキスト化した後，新しい質的データ分析手法であるSCAT（steps for coding and theorization）の手法で分析を行った（第1章参照）。

◆ 2　地域コミュニティと制度創設の背景

日本において自然災害が多いことは世界中に知られている。例えば，1854年11月5日の安政南海地震の際に津波到来に気づいた和歌山県の庄屋が稲む

---

[6]　手法については，佐藤（2008）を踏まえた。

ら（稲束）に火をつけて村人を高台に無事に避難させた「稲むらの火」の逸話はよく知られているが，同日は，国連の定める「世界津波の日」とされ，津波の早期警戒や住民避難等の啓発運動が行われている[7]。

また，20 世紀以降に 1,000 人以上の死者・行方不明者を出した地震・津波だけをみても，1923 年の関東大震災（死者・行方不明者 10 万 5,000 人余り），1927 年の北丹後地震（死者 2,925 人），1933 年の昭和三陸地震（死者・行方不明者 3,064 人），1943 年の鳥取地震（死者 1,083 人），1944 年の東南海地震（死者・行方不明者 1,223 人），1945 年の三河地震（死者 2,306 人），1946 年の南海地震（死者 1,330 人），1948 年の福井地震（死者 3,769 人）があり，このほかに後述の 1995 年の阪神・淡路大震災（約 6,400 人）及び 2011 年の東日本大震災（死者，行方不明者約 2 万 5,000 人）があげられる[8]。

このような大規模災害の発災時に大きな役割をはたしてきたのが，町内会等の地域コミュニティであるが，その防災活動のルーツについて，最初に簡単にまとめておきたい。

（1）戦前及び戦後の町内会等

町内会等における防災活動のルーツは，日本の伝統的な地域コミュニティである「むら」における相互の助け合いの関係にある。その関係は，明治時代にも受け継がれ，町村制に基づき，町村の下に旧来の「むら」単位で置かれるこ

---

[7] 「稲むらの火」とは，1854 年 11 月 4 日に安政東海地震，翌 5 日に安政南海地震が発生し，伊豆から四国まで死者数千人，倒壊家屋 3 万以上という大きな被害をもたらした。その際に，紀州藩広村（現在の和歌山県広川町）の豪商である浜口梧陵が，いち早く危険を知らせて津波から村人を救った逸話に基づいた話である。簡単に逸話を紹介しておくと，沿岸の高台に住んでいた庄屋の五兵衛は，長い地震が収まった後に，波が沖に引いて海岸に広い砂浜や黒い岩底が現れたことから，津波の襲来を察知したが，村では，地震の後片付けや豊年を祝う宵祭りの準備に気をとられ，誰も津波の前兆に気付いていなかったことから，五兵衛は，収穫したばかりの自分の田の全ての稲むらに火をつけた。この燃え上がる稲むらの火に驚いた村人が，火事を消そうと高台にある五兵衛の家に集まり，村人は津波の難を逃れた。なお，稲むらとは，刈り取った稲を乾燥させるために野外に積み上げたものである。この話は人命の大切さと献身的な救命活動を今日に伝えており，後日の堤防建設を含む村の復興活動とともに，不朽の防災教材となって世界中に伝わっている（内閣府 2005: 14-15）。なお，この逸話を踏まえ，2015 年 12 月の国連総会で 11 月 5 日が「世界津波の日」として定められた。なお，日本では，同日は「津波防災の日」として法定された。

[8] 内閣府（2014a），気象庁 HP，警察庁資料等参照。

とが多かった区は，社会生活上，自律的な一体性を保ち，地縁団体として，長くその機能を維持していた。

その後，1940年9月の内務省訓令「部落会町内会等整備要領」では，町村の区等の単位での地縁組織を行政制度として整備することとし，部落会及び町内会は，①全市町村に設置され，②全戸を構成員とし（強制加入），③市町村の補助的下部組織となること等が規定された。そして，部落会及び町内会は，戦時中には，物資配給等を担い，統制経済が機能するに当たり大きな役割を担った。

戦後，GHQは，部落会及び町内会の戦争での役割を踏まえ，1947年1月の内務省訓令4号及び政令15号により内務省訓令「部落会町内会等整備要領」を強制的に廃止させることで，部落会及び町内会の制度を廃止させた。しかし，1947年の地方選挙では，部落会及び町内会の有力者が躍進したことから，再びGHQの命令でポツダム政令「町内会部落会又はその連合会等に関する解散，就職禁止その他の行為の制限に関する件」（1947年5月3日）が出され，部落会及び町内会並びにその連合体の長の職にあった者が，関係する職に4年間就くことを禁止し，部落会及び町内会の財産の処分等を規定した。これにより，部落会及び町内会の活動は強制的に禁止された[9]。

しかし，1953年のサンフランシスコ条約の締結に伴って廃止政令の効力が失われると[10]，法令に規定されることこそなかったものの[11]，自然に地域コミュニティの住民によって町内会等の活動は復活した。

この点について，前述のように，「日本都市問題会議」では，①高田は，家族が機能を減退させる中で，隣組は，都市の人々に家族とは別の拠り所を与え，自治体と住民の間を媒介しているとし，②鈴木は，隣組や町内会等のような制度を施行するのは文明の方向や都市発展の方向に逆行するとし，③奥井は，都市化の進展によって町内の近隣集団・近隣社会は崩壊に瀕しており，近隣の組

---

[9] 地方自治研究資料センター編（1977）14頁以下参照。

[10] ポツダム緊急勅令の廃止により，部落会及び町内会を禁じていたポツダム勅令が失効し，地域コミュニティにおける町内会等の活動が自然に復活し，戦前からの部落会及び町内会の活動は，切れ目なく続いた。岩崎ほか（1989）123頁以下参照。

[11] ただし，前述のように，1991年の地方自治法改正では，町内会等の「地縁による団体」が法人格を取得できる旨規定されたほか，1961年に制定された災対法では，町内会等が母体となった自主防災組織（住民の隣保協同の精神に基づく自発的な防災組織）について規定された。

織化を進めることが重要であるとし，④磯村は，流動性の高い大都市では，町内会等・隣組は必要ないとし，個人の主体性や自発性に基づく別のコミュニティを形成すべきとした。

その後の日本の都市における町内会等の形成過程をみると，前述のように，単一機能の集団が融合して包括的機能を持つ町内会等へと発展しており(12)，また，部落会及び町内会の廃止に伴い生まれた衛生組合，自警団，募金組織等の単一機能集団も再度合体している(13)。町内会等の性格については，①排他的地域独占性，②世帯単位加入性，③全戸自動加入性，④包括機能性，⑤行政末端補完性があげられる。なお，コミュニティ解放論の立場に立ち，コミュニティをパーソナル・ネットワークとして捉える見解も出てきている(14)。

（2）町内会等を母体とした自主防災組織の共助による防災活動

地域コミュニティにおける防災活動は，数百戸程度の町内会等や複数の町内会等で組織される小学校区を母体として組織された「自主防災組織」による自発的な防災活動が中心となっている。また，近年は，マンション単位での数千戸（数千人）単位の町内会も出現しており(15)，後述のように，その防災活動にも注目が集まっているが，「建物の区分所有等に関する法律」に基づきマンション所有者によって作られるマンション管理組合と任意団体である町内会等が別々に作られる等煩雑な仕組みになっている(16)。

ここで，町内会等を母体にした自主防災組織について，災対法との関係を中心に遡ってみると，1947年のキャサリン台風，1948年のアイオン台風及び福井地震，1953年の集中豪雨等（いわゆる「（昭和）28年災」）のような災害の教訓を受け，1959年の伊勢湾台風を契機として，災害対策の基本理念と個別対策の総合化を図るため，1961年に災対法が制定され，市町村長の責務として「住民の隣保協同の精神に基づく自発的な防災組織」の充実が努力義務として盛り込まれた（5条2項）。なお，当時は自主防災組織の芽生えの時期であり，

---

(12) 中村（1980）34頁以下参照。
(13) 岩崎ほか（1989）11頁以下参照。
(14) 大谷（1992），松本（1992）参照。
(15) 例えば，2008年に完成した東京都中央区勝どきにある2棟の58階建ての超高層マンションと複合施設で構成される「ザ・トーキョー・タワーズ」は，防災活動でも有名であるが，2,794戸で7,000人以上が居住している。
(16) なお，管理組合も町内会等も法人である場合もある。

その活動状況は明らかではないが，大都市の震災対策推進の流れの中で，都市部の地震災害を想定して，自主防災組織づくりが進められた。

伊勢湾台風以後は，大規模災害がなかったこともあり，社会全体として，防災に対する意識が弱まったが，1976年に東京大学地震研究所助手であった石橋克彦氏による駿河湾地震説（後の東海地震説）の発表をきっかけに自主防災組織の結成が進み，地震だけでなく風水害を含めた災害全般に対策が広がったほか，地方でも自主防災組織が作られるようになった。ただし，同説と関係の深い静岡県等の活動カバー率は上がったものの，それほど変化のない県もあり，地域間格差が存在した。

その後，東海地震が発生しなかったこともあり，再び防災に対する意識が弱まっていたが，1995年の阪神・淡路大震災で地域防災力の重要性が再認識され，災対法の1995年改正で，行政の配慮規定に自主防災組織の育成に関する規定が盛り込まれた（5条2項，8条2項13号）。そして，神戸市の防災福祉コミュニティのような防災活動と福祉活動等との連携にも注目が集まった。

また，その後も時間の経過とともに防災に対する意識が弱まったが，2011年の東日本大震災で再び共助による防災活動に注目が集まり，2012年の災対法改正では，都道府県防災会議の委員に自主防災組織のメンバーが加入できるようになり（15条5項8号），2013年の改正では，新たに設けられた基本理念に自主防災組織に関する規定が盛り込まれた（2条の2 2号）[17]。

（3）マンションの登場とマンション住民の共助による防災活動

80年代以降に，地方から都市部への人口流入によって，マンションが急激に普及したが，当時は，行政が主導して公団住宅等への入居を促進していたこともあり，行政からは，マンションは，都市計画と対立するものであり，一般に人間関係が希薄であり，単身者等も多く，各々が自由な生活を好む傾向があるので，そのような場所にコミュニティは育たないとか，既存の町内会等との

---

[17] 消防庁（2011）10頁，黒田（1999），西澤・筒井（2014c）参照。なお，大都市だけでなく，過疎で高齢化した集落における災害時要援護者対策等にも注目が集まっている。例えば，2014年の長野県神城断層地震では，高齢化した村において，地域住民たちが助け合って，倒壊した家屋から被災者を救出する等により死者・行方不明者を出さなかった（白馬の奇跡）。なお，その際には，地域コミュニティのボランティア活動が早くから機能し，行政と社会福祉協議会も連携して受援体制を整え，被災者のニーズに応じたサポートを実施した。新建新聞社（2014）60頁以下参照。

◇ 2　地域コミュニティと制度創設の背景

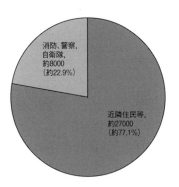 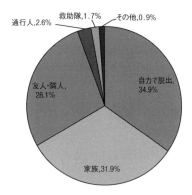

図3-1　阪神・淡路大震災における救助の主体（左）と生き埋め等の救助の主体等（右）
（左：河田（1997）・内閣府（2014a）参照，右：日本火災学会（1996）・内閣府（2014a）参照）

連携は難しいとみられていた。

　そのため，マンションが法令等に登場するのは，2000年代くらいまで待たなければならない。例えば，マンション標準管理規約，マンション管理組合，マンション管理適正化法（2000年成立）等が登場したのも，その頃からである。

　そのような中で，兵庫県の加古川グリーンシティ等のマンションにおける共助による防災活動に注目が集まった。約2,000人が住む加古川グリーンシティが完成したのは，1986年であるが，1995年の阪神・淡路大震災の教訓を踏まえ，1998年に加古川市からの呼びかけにより同マンションの自衛消防隊及び防犯防災委員会が一体化され，加古川グリーンシティ防災会が設立された。そして，その会が中心になって，積極的な地域活動や高度な防災活動を展開し，全国的に有名になった[18]。

　一方，都市化や少子高齢化の進展の中で，伝統的な地域コミュニティにおいても，マンションと連携した形での地域活動の強化の必要性が感じられるようになった。例えば，東京都東大和市の団地では，1戸建てに住む比較的裕福な高齢者の多い地域の伝統的な町内会等と隣接する比較的若者が多いマンションの地域コミュニティが連携して，防災活動に取り組む事例等もみられるようになっている[19]。

---

[18]　同防災会 HP http://www.greencity.sakura.ne.jp/greencity_bousaikai/ 参照。

◆第3章◆　東日本大震災と地区防災計画制度の創設

そして，防災活動が伝統的な町内会等と新しいマンションにおける地域コミュニティとのネットワークをつなげ，実際に地域防災力の向上へと導く手段となることも指摘されるようになった。

（4）阪神・淡路大震災と東日本大震災の教訓

1995年の阪神・淡路大震災では，6,400人以上の死者・行方不明者[20]が出ており，地震に伴うマンションを含む家屋の倒壊や火災によって亡くなった人が多かったが，大規模広域災害であるため，行政が全ての被災者を救出することが難しく（公助の限界），助かった人の大半は，家族や近隣住民等によって救出されていることが明らかになり，共助の重要性が強調されるようになった（図3-1参照）[21]。

また，2011年に発生した東日本大震災では，1万8,000人以上の死者・行方不明者が発生した。そして，本来災害時に被災者を支援すべき行政自体も大きな被害を受けた。例えば，岩手県大槌町では町長以下の多くの職員が津波によって亡くなった。そのため，行政が被災者を支援することが難しくなった（公助の限界）。このような厳しい状況の中で，生き残った住民等は，地域コミュニティの人間関係を利用して，相互に助け合い，連携して避難したり，避難所の運営を円滑に行う等により危機を乗り切った。このような地域コミュニティにおける共助の活動は，復旧・復興にも大きな役割を果たした。

また，釜石市は，昭和三陸地震（1933年）やチリ地震（1960年）等の津波で大きな被害を受けた経験があったことから，海岸で大きな揺れを感じたときは，肉親にもかまわず，各自一刻も早く高台に避難し，津波から自分の命を守れという「津波てんでんこ」[22]とよばれる防災教育を実施してきたが，こうした

---

(19) 内閣府（2013a）35頁参照。東京都東大和市の「南街・桜が丘地域防災協議会」は，南には新しい高層マンションが多く若い世代が居住する「桜が丘地域のマンション管理組合」があり，北は戸建て住宅が多く高年齢者が居住する「南街地域の自治会」があった。このような特性の異なる両地区は，地域内の学校や行政機関とも連携して地域活動，防災活動を活発に実施しており，2012年度に東京都防災隣組の第一回認定団体となっている。

(20) 本書では，内閣府（2015a）付属資料8の整理に従って，阪神・淡路大震災と東日本大震災については，（震災）関連死を含んだ死者数を記載している。なお，阪神・淡路大震災での関連死は919人である。

(21) 内閣府（2014a）4-5頁参照。

(22) 「てんでんこ」とは各自の意味の方言である。釜石市では，小中学生に対する防災

◇ 2　地域コミュニティと制度創設の背景

　防災教育が効果を発揮し，例えば，全校児童の9割以上が下校していた釜石小学校では，児童全員が無事に避難することができた。さらに，児童の中には，自宅にいた祖母を介助しながら避難を行ったり，津波の勢いの強さを見て，避難してきたまわりの人々とともに，指定避難所よりもさらに高台へ避難したりする例がみられたほか，小中学生の行動の影響を受けて，地域コミュニティの人々の中にも一緒に避難をして助かる人が多く，自助だけでなく，共助としても注目された（釜石の出来事）[23]。

　つまり，津波から自らの命を守るための小中学生の「津波てんでんこ」に基づく自助の行動が，地域コミュニティ全体の避難につながったという点で，結果として共助の活動につながった事例であり，阪神・淡路大震災におけるいわゆる互助的な共助とは，性格が異なっていることに留意する必要がある[24]。

　なお，本書で焦点をあてているマンションの問題については，東日本大震災では，帰宅困難者に関しては，職場や帰宅路の近隣のマンションが避難場所となる場合もあり，マンションと周辺コミュニティとの間で新しい共生の形が生まれたという指摘もある[25]。ただし，エレベーターが停止して多くの地域住民が長時間閉じ込められたり，断水のために，マンションの最上階まで住民自らが水を運ばなければいけなかったり等マンション特有の課題も指摘されてい

　　教育で，地震発生時には，一刻も早く高台に避難し，津波から自分の命を守ることを教えていた。内閣府（2014a）6頁参照。
(23)　この他，内閣府が2014年2〜4月に仙台市，大船渡市，気仙沼市で被災経験のある30〜80代の男女18名に対して実施した「東日本大震災の被災地における共助による支援活動に関するヒアリング調査」では，市町村や自衛隊等による公助のほか，地域コミュニティにおける助け合いによる共助が，被災者の生活の維持に特に大きな役割を果たしていることが判明しており，「①共助によって倒壊した自宅から救出された事例」，「②共助によって助け合って避難を行った事例」，「③共助によって助け合って避難所の運営を行った事例」，「④共助によって隣近所の住民が助け合って在宅避難を行った事例」等が報告されている。内閣府（2014a）6-7頁参照。
(24)　矢守（2012）44頁では，「てんでんこ」は，一見自助のみを強調するかにみえるが，家族やコミュニティといった事前の社会の在り方，事後の人身の回復やその結集にも大きな意味を持つものであり，実は共助の重要性を強調する要素を有していると指摘している。
(25)　都市防災美化協会・防災都市計画研究所（2015）1章参照。品川区等では帰宅困難者に対してマンション等の住民が支援を行い，「沿道コミュニティ」がうまれたといわれている。

る(26)。

(5) 地区防災計画制度の創設とその特徴

　ここで，日本の災害対策法令を振り返った上で，阪神・淡路大震災及び東日本大震災の教訓を踏まえた共助に関する災対法の改正の経緯について整理してみたい。

　吉井（2007）等では，災害関係法令の制定過程を4つの時期に分けている。最初が，1946年の南海地震等の教訓を踏まえ(27)，1947年の「災害救助法」(28)の制定により，被災者救助の仕組みが創設された時期である。2つ目が，その後，大災害が頻発する中で，毎回，特別措置法が作られていたが，1959年の伊勢湾台風を契機として集大成され，1961年に災対法が制定された時期である(29)。3つ目が，東海地震の切迫性に関する東海地震説等の指摘と直前予知の可能性を受け，災害対策の中心が風水害から地震へとシフトし，1978年に「大規模地震対策特別措置法」が制定された時期である(30)。4つ目が，阪神・淡路大震災を契機として，1998年に「被災者生活再建支援法」が

---

(26)　2015年9月2日『リスク対策.com』「「マンション"防才"アイデアコンテスト」募集開始」参照。http://www.risktaisaku.com/sys/news/?p=1213

(27)　1946年の南海地震では，大津波によって，四国や紀伊半島が大きな被害を受けた。その際には，救助水準に関する地域差，関係機関相互の連絡の不統一，罹災救助基金の資金不足等の問題が明らかになった。吉井（1990）50頁，吉井（2007）58頁参照。

(28)　同法は，従来は都道府県に任されていた救助活動を国の責務とし，実際の救助を法定受託事務として都道府県知事に行わせることとしたほか，具体的な救助内容及び水準の明確化，必要な物資の収用，医療関係者，土木建築工事関係者，輸送関係者等の動員のような強い権限を知事に与えている。吉井（2007）58頁参照。

(29)　1947年のキャサリン台風，1948年のアイオン台風及び福井地震，1953年の集中豪雨等（いわゆる「（昭和）28年災」）のような災害の教訓を受け，1959年の伊勢湾台風を契機として，災害対策の基本理念と個別対策の総合化を図ったのが同法である。同法が制定されるまでは，大災害が発生するたびに特別措置法が制定されていた。例えば，「（昭和）28年災」の際には，25件の特別措置法が制定され，「災害救助法」の適用拡大や被災した農林漁業者に対する資金の融通等が図られた。吉井（1990）49頁以下，吉井（2007）59頁参照。

(30)　1961年の災対法制定後は，防災対策の進展と幸運が重なり，災害被害が顕著に減少していた。そして，東海地震説がマスコミで大々的に取り上げられたことを受けて，1978年に「大規模地震対策特別措置法」が成立し，長期予知を踏まえ，被災予想地域を特定し，当該地域を強化地域として地震防災対策を集中する仕組みが創設された。吉井（1990）56頁以下，吉井（2007）56頁参照。

制定された時期である[31]。

　吉井（2007）等が整理した4つの時期の後に，新たに東日本大震災を契機として災対法改正が行われているが，その特徴としてあげられるのは，阪神・淡路大震災の発災前までは，行政の公助を中心に災害対策の仕組みが作られており[32]，災対法では，国レベルの総合的かつ長期的な計画である「防災基本計画」，地方レベルの都道府県及び市町村の「地域防災計画」等が規定され，行政がトップダウン型で災害対策を行うことが前提とされていたことである[33]。一方，阪神・淡路大震災及び東日本大震災後は，地域コミュニティにおける共助の動きに注目が集まり，共助を促進するための関係規定が同法に盛り込まれた[34]。

　以下では，地域コミュニティにおける共助の動き[35]とその動きを促進する

---

(31)　吉井（2007）56頁以下，吉井（1996）127頁以下参照。なお，同法は，自然災害によって生活基盤に被害を受けた被災者に対して，都道府県が相互扶助の観点から拠出した基金を活用して被災者生活再建支援金を支給する制度であり，いわゆる災害対策法制とは性格が異なることに留意する必要がある。

(32)　同法第3～5条参照。なお，東京では，関東大震災後に町内会が防災に積極的に取り組んだところも多く，地域の相互の助け合いの中で防災は重要な役割を果たしていたが，戦後，消防本部等専門機関の設置が進み，また，ハード面での防災対策が進展する中で，このような助け合いの要素が薄れていったといわれている。中村（1983），倉沢（1977），倉沢（1998a），倉沢（1998b），黒田（1999）参照。

(33)　同法3章参照。

(34)　1995年の災対法改正では，5条1項で「自主防災組織」という用語が明確に定義され，7条2項の住民等の責務の中に自発的な防災活動への参加が盛り込まれたほか，8条2項の行政による配慮規定の中に，自主防災組織の育成，ボランティアによる防災活動の環境の整備等の自発的な防災活動の促進に関する規定が盛り込まれた。

(35)　共助による防災活動について検討するに当たっては，災対法と同法に規定され，消防庁が推進してきた自主防災組織の変遷についても留意する必要があるが，同法制定時から，市町村長の責務として「住民の隣保協同の精神に基づく自発的な防災組織」の充実が努力義務として盛り込まれていた（5条2項）。当時は自主防災組織の芽生えの時期であり，どのくらいの組織が活動していたかは，明らかではないが，その後の大都市震災対策推進の流れの中で，都市部において，地震災害への対応を想定して，町内会を基盤として組織化が進められた。東海地震説をきっかけに同組織の結成が加速化され，地震だけでなく風水害を含めた災害全般に対策が広まった。そして，地方においても同組織が必要であると認識されるようになった。その後一時低迷する時期もあったようであるが，阪神・淡路大震災では，地域防災力の重要性が再認識され，同法の1995年改正で，同組織を法律上で「自主防災組織」とし，行政による配慮規定の中に自主防災組

◆第3章◆　東日本大震災と地区防災計画制度の創設

ための法制度である「地区防災計画制度」について，その制定過程を含めて整理する。

　まず，1995年1月に発生した阪神・淡路大震災においては，倒壊した家屋による圧死や火災による焼死が多く，救出された人の約8割が，地域コミュニティの人々によって救出されたが，このような事例を踏まえ，行政の対応能力を超えるような大規模広域災害の発生に備え，地域コミュニティの中で相互に助け合うこと，つまり共助による防災活動の重要性が強く認識されるようになり[36]。例えば，神戸市では，地域コミュニティにおいて防災活動及び福祉活動を組み合わせた「防災福祉コミュニティ」事業が開始された[37]。

　また，研究者の間でも，このような教訓を踏まえた研究が進み，室﨑（2005）では，災害に強い都市づくりの課題について述べる中でコミュニティレベルでの防災計画づくりを強く推奨し，この計画づくりによる日常でのまちづくり，地域のNPOや企業とのつながりの構築等を提唱していた。これが後に，内閣府における「地区防災計画制度」の法制化やガイドライン作成に強い影響を与えた。以下は，その抜粋である（下線は筆者）。

防災都市づくりのフレーム

　防災都市をつくるということは，災害に備えるためのハードウェア，ソフトウェア，ヒューマンウェアを充実することに他ならない。ハードウェアとは「ものづくり」，ソフトウェアとは「しくみづくり」，ヒューマンウェアとは「ひとづくり」である。すなわち，防災都市づくりは，防災ものづくり，防災

織の育成に関する規定が盛り込まれた（5条2項，8条2項13号）。その後，共助に関する関心が年々薄れていたが，東日本大震災で再び注目が集まり，2012年の同法改正では，都道府県防災会議の委員にも自主防災組織のメンバーが入ることができるようになり（15条5項8号）。また，2013年の同法改正では，新たに設けられた基本理念に自主防災組織に関する規定が盛り込まれた（2条の22号）。消防庁（2011）10頁，黒田（1999），西澤・筒井（2014c）参照。

(36)　内閣府（2010）1頁，同（2014a）4-5頁参照。なお，矢守ほか（2005）17頁以下は，地域住民が災害対応に係る合意形成を学ぶため，防災ゲーム「クロスロード」を紹介している。共助の観点から，一般向けにわかりやすいストーリーによって災害対応を説明した矢守（2014）も参照。

(37)　内閣府（2014a）28頁，同（2013a）32頁，内閣府（2014b）別冊14頁参照。また，都市づくりの関係者も防災という観点を重要視するようになった。立木（2007）参照。

◇ 2　地域コミュニティと制度創設の背景

しくみづくり，防災ひとづくりに分けられる。

(中略)
（4）計画策定によるしくみづくり

　しくみづくりでは，防災都市のビジョンや戦略を指し示す防災計画の策定が欠かせない。いうまでもなく，行政レベルの地域防災計画の充実をはかることが欠かせないが，<u>市民も参加した形でのコミュニティレベルの防災計画づくりを推奨したい。そのなかで，非常時の高齢者等に対する支援の具体化をはかる，日常時の防災まちづくりの協議をみんなで進める，地域のNPOや企業などとのつながりを築く</u>，といった取組みが期待される。

　この計画策定においては，行政の計画であっても企業の計画であっても地域の計画であっても，その進捗状況を絶えずチェックしその効果を検証するという実行管理が欠かせない。（後略）

　次に，2011年3月に発生した東日本大震災でも地震や津波によって行政機能が麻痺した状況において，岩手県釜石市の小中学校の児童や生徒が，高齢者を介助しながら避難をしたり，児童や生徒の避難行動の影響を受けて，地域コミュニティの人々が一緒に避難する等共助による活動が重要な役割を果たした[38]。また，地域コミュニティにおける共助が，被災者の生活の維持にも大きな役割を果たした。例えば，地域コミュニティにおいて，①倒壊した自宅から共助によって被災者を救出したり，②被災者同志が一緒に助け合って避難を行ったり，③被災者同志が助け合って避難所の運営を行ったり，④被災者同志が相互に助け合って在宅避難を行った例がみられた[39]。

　このような地域コミュニティにおける共助の動きの活発化を受け[40]，災対法の改正が行われた。まず，阪神・淡路大震災での教訓を踏まえ，1995年の改正でボランティア[41]に関する規定が追加された。また，東日本大震災での

---

(38)　内閣府（2014a）6頁参照。
(39)　内閣府（2014a）7頁参照。
(40)　なお，従来，地域コミュニティにおける地域防災力を担ってきた消防団は，団員数が90万を切っているほか，30代以下の団員が6割を切る等団員の減少，平均年齢の上昇等が進んでおり，また，同様に地域防災力を担ってきた自主防災組織についても，同様に社会の変化によって，その活動能力が落ちているとの指摘がある。消防庁（2014）参照。
(41)　ボランティアについては，共助の中でも多様な形態のものがあり，支援，受援等の

◆ 第3章 ◆ 東日本大震災と地区防災計画制度の創設

教訓を踏まえ，2012年の改正で，教訓伝承，防災教育の強化等に関する規定が盛り込まれ，さらに，2013年の改正で，「地区防災計画制度」が創設された。

同制度に関する政府の関係会議，国会等における議論について紹介すると，まず，「地区防災計画制度」に関して議論を行った有識者会議としては，2011年9月～12月に開催された「災害対策法制のあり方に関する研究会」（座長：林春男京都大学教授，座長代理：室﨑益輝神戸大学名誉教授）があり，ここでは，同制度に賛成の立場から，①住民主体の「地区防災計画」の策定等に関して，自主防災組織の業務として，「地区防災計画」を法定化すべきであり，地方公共団体による費用面での支援が必要とする意見，②援護者対策等地区でしか解決できないようなことは，地区に委ねるべきとする意見，③河川流域の協議会を例に，行政と地域住民が，連携して地域の防災に取り組む重要性を指摘する意見，④「地区防災計画」の「地区」には，広いものから狭いものまで含まれるという意見があった。反対の立場からは，⑤都市部等には町内会や自治会に入っていない者が多く，「地区防災計画」を作成する自主防災組織がつくりにくい，⑥住民主体の「地区防災計画」は難しく，「地区防災計画」を法定してしまうと活動がやりにくいという意見があった[42]。

上記の議論を引き継いだ「防災対策推進検討会議」（座長：内閣官房長官）は，東日本大震災の教訓を総括し，防災対策の充実・強化を図るため，2011年10月～2012年7月に中央防災会議専門調査会として開催されたが，「地区防災計画制度」に関する議論としては，賛成の立場からは，①地域に根差した形で「地区防災計画」づくりに住民が関わっていくのは大変よい取組であり，地域の防災力を高めていく具体的な手段として，「地区防災計画」は意味がある等の意見があり，反対の立場からは，②「地区防災計画」を制度として位置付けて全国的に展開するのは，現実的ではないほか，都市部では難しく，制度として位置付けて全国で進めるとその担い手に過剰な負担がかかる旨の意見があった[43]。そして，2012年7月にまとめられた中央防災会議（2012）では，「コミュニティレベルで防災活動に関する認識の共有や様々な主体の協働の推進を図るため，ボトムアップ型の防災計画の制度化を図り，可能な地域で活用を図るべきである。」[44]とされた。

　　在り方についても，多様な論点があるが，本書では，深く立ち入らない。
(42) 同研究会議事概要参照。
(43) 同会議議事概要参照。

◇ 2　地域コミュニティと制度創設の背景

　これを踏まえ，内閣府で災対法の改正について検討が行われた。モデルとなったのは[45]，伝統的な町内会等が中心になった自主防災組織の取組のほか[46]，①阪神・淡路大震災の経験を踏まえ，地域の防災活動と福祉活動を組み合わせた神戸市の「防災福祉コミュニティ」[47]，②京都市の「身近な地域の市民防災行動計画」[48]，③大手町・丸の内・有楽町周辺の事業者が中心となり，帰宅困難者対策を行っている「東京駅周辺防災隣組」の事例である[49]。
　制度の創設に当たっては，計画の作成主体の在り方が大きな論点となった。具体的には，自主防災組織の高齢化や形骸化等を踏まえて，計画の作成主体を活動の推進母体となりえる事業者とする考え方と，地域住民や自主防災組織を中心に据える考え方があった。前者は，主に都市部を想定し，後者は，主に地方を想定した考え方であったが，最終的には，各地区の特性を活かした多様な活動計画を推進する観点から，計画の作成主体を地域住民及び事業者とするこ

---

(44)　同最終報告31頁参照。

(45)　内閣府で，消防庁，国土交通省等とも連携して検討が行われる中で，町内会や自治会をベースとした自主防災組織，過去の災害経験を踏まえ，地域コミュニティにおいて効果的な防災活動を行っている神戸市及び京都市の事例，資金，人材，ノウハウ等を持つ事業者が中心となって帰宅困難者対策を行っている東京駅周辺防災隣組の事例が注目された。

(46)　消防庁（2011）158頁以下参照。

(47)　内閣府（2014a）28頁，内閣府（2014b）別冊14～15頁，内閣府（2013a）32頁，神戸市（2010）参照。神戸市内全域191地区でコミュニティが結成されており，自治会，婦人会，事業者，消防団等によって組織され，平常時の福祉的な活動を重視しつつ，災害時も活動できる組織である。1995年に神戸市が『神戸市復興計画』を作成したが，その5章に「防災福祉コミュニティ」は近隣生活圏の安心コミュニティとして位置づけられた。倉田（1999）299頁参照。

(48)　内閣府（2014a）27頁，内閣府（2014b）別冊10～11頁，内閣府（2013a）33頁，京都市消防局（2010）参照。京都市では，災害による被害の未然防止及び軽減を目的に市内全域で自主防災組織が結成され，町内会単位の「自主防災部」，「自主防災部」を概ね小学校区単位で束ねた「自主防災会」が組織されている。そして，自主防災部では，町内版防災計画である「身近な地域の市民防災行動計画」が作成されている。

(49)　東京駅周辺防災隣組（2012），内閣府（2014a）32頁，内閣府（2014b）別冊19～20頁参照。2004年に帰宅困難者対策のために東京駅周辺防災隣組を設立し，千代田区より帰宅困難者対策地域協力会として指定され，区と連携した帰宅困難者避難訓練の実施，まちの防災・防犯機能の向上等に取り組んでいる。また，発災時の活動ルールを定めており，その活動は，「千代田区地域防災計画」の中に盛り込まれている。

◆第3章◆　東日本大震災と地区防災計画制度の創設

とによって，両方の主体を網羅することになった(50)。

　また，関係府省との関係(51)についてみると，消防庁との間では，自主防災組織の計画との関係，国土交通省・内閣官房との間では，「都市再生安全確保計画」との関係も問題になった。前者については，従来法律的な位置付けもなく個々の地区でバラバラに作成されていた自主防災組織の計画を「市町村地域防災計画」に位置付けることによって，地域コミュニティ全体の防災力の向上が期待できると整理された(52)。また，後者については，「都市再生安全確保計画」は，都市での帰宅困難者対策のために，行政と大規模事業者が中心となった協議会が主体となって，ハードウェアを中心に作成する計画であるのに対して，「地区防災計画」は，地域防災力の向上のため，地域コミュニティの住民等がソフトウェアを中心に作成する計画であり，両者の性格が異なるものであると整理された。

　ここまで説明してきた「地区防災計画制度」の創設に関する経緯について，「大規模地震対策特別措置法をめぐる関係者・帰還の相関図」としてまとめた

---

(50)　法制上の整理については，原田（2013），佐々木（2014），西澤・筒井（2014c），金（2015a）参照。なお，この論点については，丁寧な議論が行われ，内閣府の防災担当の政策統括官であった原田保夫氏（後の復興庁事務次官）は，地域住民や自主防災組織を主体とする立場に，災害対策法制室長（内閣府大臣官房審議官）であった佐々木晶二氏は，事業者を主体とする立場に立っていたといわれており，同室室員で普及啓発・連携担当参事官室総括補佐を兼ねていた西澤らによる法案作成作業を経て，住民及び事業者による計画提案制度が導入され，主体という点では，結果的に原田氏及び佐々木氏の立場を折衷したような制度になったようである。

(51)　内閣府の防災担当の政策統括官（局長）は，2001年の中央省庁等再編で，旧国土庁を再編した組織であり，内閣府のほか，国土交通省（旧建設省・旧国土庁），総務省消防庁（旧自治省を含む），厚生労働省（旧厚生省），NTT等指定公共機関等の出身者で構成されており，室員は出身府省等のリエゾン的な役割を担う場合もあり，各府省と密に連携を図っている。

(52)　消防庁は，自主防災組織の計画との関係を踏まえ，当初は，同制度の創設に消極的であったといわれているが，同制度創設に当たり，理論的に大きな影響を与えた室﨑益輝氏は，消防審議会会長等を歴任し，同氏の理論が消防行政に広く取り込まれていたこともあり，最終的には，消防庁も同制度の創設に協力したといわれている。なお，2013年12月には，議員立法により「消防団を中核とした地域防災力の充実強化に関する法律」が制定され，市町村は地区防災計画を定めた地区に，地区居住者等の参加の下，地域防災力を充実強化するための具体的事業計画を定めることとされた。内閣府（2014b）47頁以下参照。

先行研究である吉井（1990）60頁の図を参考に図3-2のように整理した。

国会での審議についてみてみると，災対法の改正案（内閣提出第56号）は，2013年5月9日に衆議院災害対策特別委員会に付託され，古屋圭司防災担当大臣は，審議冒頭の法案趣旨説明において，「地域の防災力向上を図るため，（中略）市町村地域防災計画において，一定の地区内の居住者等が共同して行う防災活動に関する地区防災計画を定めることができるものとし，居住者等は，市町村防災会議に対し，地区防災計画を定めるよう提案できること」とする旨説明した[53]。

主な質疑としては，まず，杉田水脈委員（次世代の党）からは，「地区防災計画」と「地域防災計画」の関係について質問があり，亀岡偉民内閣府大臣政務官からは，「地区防災計画」の規定を活用して，住民からのボトムアップで，（地方）議会と一体となるような環境をしっかりつくっていく旨の説明があった[54]。

また，椎名毅委員（みんなの党）からは，「地区防災計画」の運用の在り方について質問があり，西村康稔内閣府副大臣からは，ガイドライン作成，モデル地区設定によって，「地区防災計画制度」を広めていく旨の説明があった。さらに，同委員からは，ガイドラインをつくって，模範解答のような「地区防災計画」をつくると，全国で同じようなものが作られるので，マニュアルだけでなく，専門家の雇用，教育，地域にあった計画を作成することが重要である旨の指摘があった[55]。そして，同日決議された同委員会の附帯決議では，「地区防災計画」について，地域の災害危険を自治体との共通認識とし，現実的な防災対策を共同して進めることができるようにする旨の記述が盛り込まれた。

参議院災害対策特別委員会でも，5月29日に法案趣旨説明があった[56]。

主な質疑としては，難波奨二委員（民主党）から，「地区防災計画」を作る上での国のサポートについて質問があり，原田保夫内閣府政策統括官からは，「地区防災計画」に関するガイドラインの作成，モデル地区の設定等により，「地区防災計画」の普及，定着に取り組む旨の説明があった[57]。

---

(53) 衆議院災害対策特別委員会（2013年5月9日議事録）4号2頁参照。
(54) 同5月10日議事録5号53頁以下参照。
(55) 同5月23日議事録9号85頁以下参照。
(56) 参議院災害対策特別委員会（2013年5月29日議事録）3号140頁参照。
(57) 同5月31日議事録4号45頁以下参照。

◆第3章◆　東日本大震災と地区防災計画制度の創設

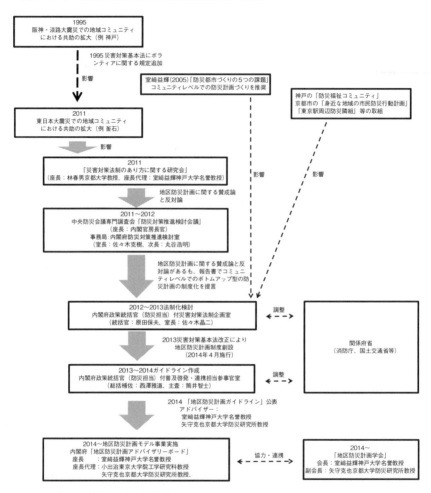

図3-2　地区防災計画制度創設までの流れ（筆者作成，金・西澤ほか（2015）98頁参照）

　また，参考人質疑では，林久美子委員（民主党）からの災害時要援護者の避難に関する質問に対して，室﨑益輝公益財団法人ひょうご震災記念21世紀研究機構副理事長から，「地区防災計画」は，地元の発意で作ることになっているが，そのプロセスの中で，コミュニティ単位で，誰が誰を一緒に逃がすのか等を具体的に考え，（住民が）リアリティーのある問題として受け止めれば（制度が）進むが，それをコミュニティに押し付けてはいけないので，行政が上手に後押しをすることが重要である旨の指摘があった。

◇ 2 地域コミュニティと制度創設の背景

```
┌─────────────────────────────────────────────────┐
│ 2013年5月9日　衆議院災害対策特別委員会（法案付託・趣旨説明）│
│ ・改正案（内閣提出第56号）の同委員会付託              │
│ ・古屋圭司防災担当大臣の法案趣旨説明                  │
└─────────────────────────────────────────────────┘
                        ↓
┌─────────────────────────────────────────────────┐
│ 2013年5月10日　衆議院災害対策特別委員会（法案質疑）    │
│ ・杉田水脈委員（次世代の党）の地区防災計画と地域防災計画についての│
│ 質問に対し、亀岡偉民内閣府大臣政務官は、地区防災計画の規定を活用│
│ し、住民からのボトムアップで、環境をつくっていく旨説明 │
└─────────────────────────────────────────────────┘
                        ↓
┌─────────────────────────────────────────────────┐
│ 2013年5月23日　衆議院災害対策特別委員会（採決・付帯決議）│
│ ・椎名毅委員（みんなの党）の計画の運用についての質問に対し、西村康│
│ 稔内閣府副大臣は、ガイドライン作成、モデル地区設定によって、制度を│
│ 広めていく旨説明。同委員からは、マニュアルだけでなく、専門家の雇│
│ 用、教育、地域にあった計画作成が重要である旨の指摘 │
│ ・同委員会附帯決議（地区防災計画について、地域の災害危険を自治体と│
│ の共通認識とし、現実的な防災対策を共同して進める） │
└─────────────────────────────────────────────────┘
                        ↓
┌─────────────────────────────────────────────────┐
│ 2013年5月29日　参議院災害対策特別委員会法（趣旨説明）  │
│ ・古屋圭司防災担当大臣の法案趣旨説明                  │
└─────────────────────────────────────────────────┘
                        ↓
┌─────────────────────────────────────────────────┐
│ 2013年5月31日　参議院災害対策特別委員会（法案質疑）    │
│ ・難波奨二委員（民主党）の計画に係る国のサポートに関する質問に対│
│ し、原田保夫内閣府政策統括官（防災担当）は、ガイドラインの作成、モ│
│ デル地区の設定等により、計画の普及、定着に取り組む旨説明 │
└─────────────────────────────────────────────────┘
                        ↓
┌─────────────────────────────────────────────────┐
│ 2013年6月7日　参議院災害対策特別委員会（参考人質疑）   │
│ ・林久美子委員（民主党）の災害時要援護者の避難に関する質問に対し│
│ て、室﨑益輝（公財）ひょうご震災記念21世紀研究機構副理事長は、地区│
│ 防災計画は、地元の発意でコミュニティ単位で考え、（住民が）リアリ│
│ ティーのある問題として受け止めれば進むが、コミュニティに押し付けては│
│ いけないので、行政が後押しすべきと指摘 │
│ ・末松信介委員（自民党）の自助を強調し過ぎると、自助の限界を早い段│
│ 階で露呈してしまうとの指摘に対して、室﨑副理事長は、自助、公助及び│
│ 共助の関係は、フィフティ・フィフティで、それぞれが持てる力を発揮し│
│ て責任を果たすことが重要であり、自助と公助の足りないところを公助等│
│ で補っていくこと等が重要である旨指摘 │
└─────────────────────────────────────────────────┘
                        ↓
┌─────────────────────────────────────────────────┐
│ 2013年6月12日　参議院災害対策特別委員会（採決・付帯決議）│
│ ・衆議院と同旨の附帯決議が付され可決（平成25年法律第54号）│
└─────────────────────────────────────────────────┘
```

図3-3　2013年災害対策基本法改正に係る国会・関係委員会等の流れ（筆者作成、金・西澤ほか（2015）95頁参照）

◆第3章◆　東日本大震災と地区防災計画制度の創設

　さらに，末松信介委員（自民党）からは，「地区防災計画」は，自助の精神を，住民参加型の自発的な行動計画として位置付けるので意義があるが，自助を強調し過ぎると，自助の限界を早い段階で露呈してしまうとの指摘があった。これに対して，室﨑副理事長は，自助，公助及び共助の関係は，フィフティ・フィフティで，どちらが重要かは大切ではなく，それぞれが自分の持てる力を発揮して責任を果たすことが重要であり，自助と公助の足りないところを共助とか互助等ボランティアケアやコミュニティケアで補っていくことや，人間としての助け合いをうまく組み合わせることが重要である旨指摘した[58]。
　このような審議を経て，6月12日の審議において，衆議院と同旨の附帯決議が付され，災対法の改正法案は，可決された（図3-3参照）[59]。
　ここで，改めて地区防災計画制度の趣旨と概要について整理しておきたい。
　東日本大震災等における公助の限界と地域コミュニティにおける共助による防災活動の重要性を踏まえ，内閣府は，2013年の災対法改正において，地域コミュニティの住民及び事業者（法令上は，「地区居住者及び事業者（地区居住者等）」）による共助による防災活動に関する「地区防災計画制度」を創設した。
　同制度は，地域住民等が，自らの地区[60]の防災活動に関する計画の案（素

---

(58)　同6月7日議事録5号14頁以下参照。
(59)　同6月12日議事録6号参照。なお，国会の審議については，金（2015a）54頁以下参照。
(60)　災対法では，「地域」とは原則として1つの都道府県又は1つの市町村（23区を含む。）を意味する用語であり，「地区」は，この市町村（23区を含む。）内の一定の場所を意味する用語である。この「地区」は，「地区防災計画制度」では，地域住民等が自らの防災活動が及ぶ範囲内において自由に設定できることになっており，法定計画としては，極めて異例のものであるが，町内会等や小学校区のような自主防災組織の活動範囲が「地区」として想定されている（災害対策法制研究会 2014）。地域社会学においては，小学校区程度の近隣地区を地域社会と呼ぶことが多いが，この「地区」と地域社会とは似た概念であると考えられる。なお，内閣府では，「地区」防災計画によって，「地域防災力」を強化できるとしており，「地区防災力」ではなく，「地域防災力」という用語を使用しているが，これは，「地域防災力」は，従来から都道府県，市町村，自主防災組織等の防災力について，「地域」の大小を問わずに使用されている用語であることから，「地区防災計画制度」の説明においても，「地域防災力」という用語を使っている。金（2015a）参照。また，地域防災力の定義については，矢守（2011）188頁では，被害軽減力を中心に捉える見解，被災後の地域社会の回復力を中心に考える見解等もあるが，これらの諸要素が地域防災力にとって不可欠なものであることから，統合的に解し，防災活動によって災害による被害を軽減し，被災後の速やかな回復を図る地域コミュニ

◇ 2　地域コミュニティと制度創設の背景

案）を作成し，それを市町村防災会議に提案（計画提案）して，市町村地域防災計画の中に地区防災計画を規定させることによって，市町村と地区の防災活動を連携させ，地域全体の防災力を高めようとしたものである。

　従来の災対法に基づく防災計画制度は，国の「防災基本計画」，都道府県・市町村の「地域防災計画」等のように，行政によるトップダウン型の仕組みを前提としたものであったが，この「地区防災計画制度」は，地域住民や企業（法人）が，自由に自らの防災計画の範囲である「地区」を決めることができるという前例のないボトムアップ型の制度である（図3-4・3-5・3-6参照）[61]。

　また，①地域住民を主体としたボトムアップ型の計画である点のほかに，②各地域コミュニティの特性に応じた計画（地域性の重視），③計画に基づく訓練，評価・検証，見直しによるPDCA[62]サイクルによる活動を重視した計画（継続性の重視）という三つの特徴を有しているとされている。

　運用状況をみると，防災活動の対象とされる範囲である「地区」は，従来の「自主防災組織」による地域コミュニティの防災活動の範囲である任意団体である「町内会・自治会」（数百戸）の単位であったり，町内会が複数集まった「小学校区」の単位であったりする場合が多いが，都市の新しい高層マンション等の管理組合等が中心になって導入されている例もある（金・筒井ほか（2015）第3章参照）[63]。

ティの力のことと解する立場に立っており，本書でもこの説にならうこととする。鍵屋（2005）3頁参照。また，社会学の立場から，雪，祭り等に関する地域の共同した対応を踏まえ，地域コミュニティの防災力について論じているものとして，田中（重）（2007）227頁以下参照。地域防災力の制度化の過程については，大矢根（2014）3頁以下参照。

(61)　地区防災計画を定めるには，地域住民等によって作成された計画の素案が，市町村防災会議によって認定される必要があるが，認定に当たっては，計画の素案の作成主体に対して，法人格を必要としておらず，法定計画としては珍しい。災対法（昭和36年法律223号）42条及び42条の2，災害対策法制研究会（2014）15頁参照。

(62)　plan-do-check-act cycle。一般に事業活動における生産管理，品質管理等の管理業務を円滑に進める手法であり，Plan（計画）→ Do（実行）→ Check（評価）→ Act（改善）を繰り返すことによって，業務を継続的に改善する考え方のことをいう。

(63)　東日本大震災後には，企業等の法人が中心になって地区防災計画を作成する場合には，特に，一時的に買い物やビジネスに訪れた人等の流動人口を対象にした防災活動（帰宅困難者対策）について定めることが重要になっている。そのような状況を踏まえ，

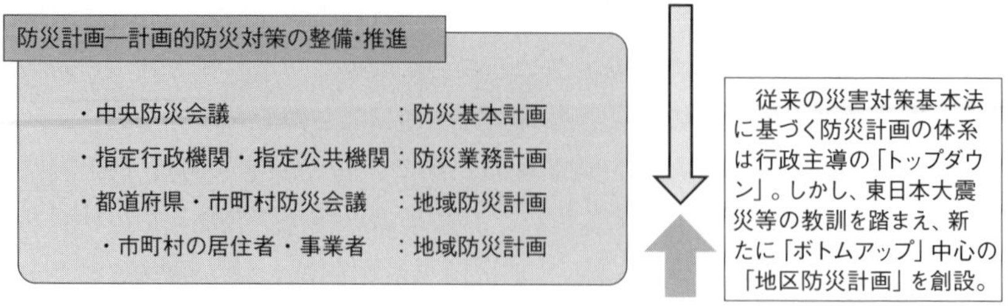

◆第3章◆　東日本大震災と地区防災計画制度の創設

```
防災計画―計画的防災対策の整備・推進
 ・中央防災会議          ：防災基本計画
 ・指定行政機関・指定公共機関：防災業務計画
 ・都道府県・市町村防災会議  ：地域防災計画
 ・市町村の居住者・事業者   ：地域防災計画
```

従来の災害対策基本法に基づく防災計画の体系は行政主導の「トップダウン」。しかし、東日本大震災等の教訓を踏まえ、新たに「ボトムアップ」中心の「地区防災計画」を創設。

図3-4　災害対策基本法に基づく防災計画の仕組み（内閣府（2014b）9頁に筆者加筆）

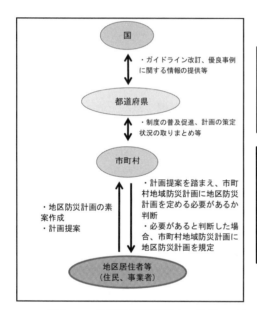

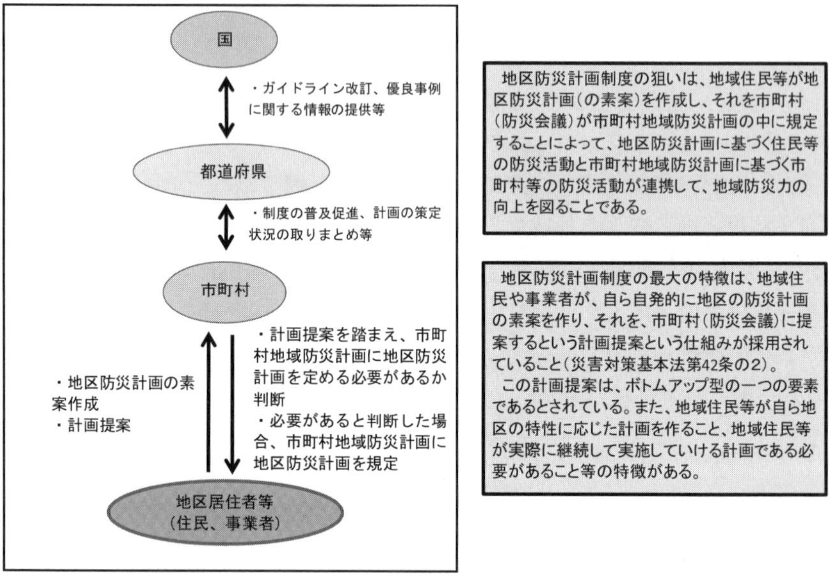

図3-5　地区防災計画制度の仕組み（内閣府（2014a）20頁に筆者加筆）

　災対法においては，「地域」とは原則として1つの都道府県又は1つの市町村（23区を含む）を意味する言葉であり，「地区」は，この市町村（23区を含む）内の一定の場所を意味する言葉として使われている[64]。

　　例えば，東京都では，2012年に「東京都帰宅困難者対策条例」を定め，それに基づき「東京都帰宅困難者対策実施計画」を定める等対策を進めている（東京都 2014: 23）。
(64)　法律制定時は，町内会，小学校区等自主防災組織の防災活動の範囲が「地区」として想定されていた。災害対策法制研究会（2014）参照。地域社会学において一般的に小

◇ 2 地域コミュニティと制度創設の背景

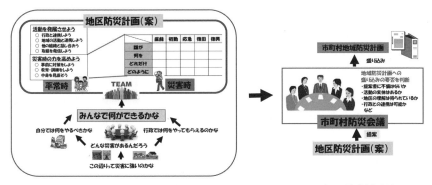

図3-6 地区防災計画の作成のイメージ（内閣府（2014b）概要資料参照）

　なお，日本の代表的な基層組織としてあげられるのが町内会であるが，その役割は，慶弔，お祭り，スポーツ，環境，福祉，防犯，防災等多様な活動が含まれている。戦前は，この内務省令等によって規定され，行政と連携して，配給制を推進し，戦争遂行に当たって大きな役割を果たしたことから，戦後，GHQによって政令によって廃止されたが，1953年のサンフランシスコ平和条約によって，日本が主権を回復すると，町内会の活動も地域コミュニティの中で自然に復活した。

　この町内会の果たす役割については大きな議論があり，日本の主権回復後は，町内会の地域コミュニティとしての有効性，行政からの独立性やその効用を否定する見解も多かった。また，欧米と比較して，町内会は，日本の独自性の強いものと評価されることもあったが，近年の研究では，中国の社区等と類似するアジアの組織が紹介されたりもしている（金 2015a）。

　現在は，町内会については，一般には，優れた市民活動の一環として，その役割が積極的に評価されている。その防災活動についてみると，従来は，町内会（数百戸程度）や複数の町内会が集まって組織された小学校区（数千戸）での「自主防災組織」による自発的な防災活動が注目されていたが，近年は，マンション単位での数千戸（数千〜約1万人）単位の町内会等も出現している[65]。

　　学校区程度の近隣地区を地域社会と呼ぶことが多いことを踏まえると，この「地区」と
　　地域社会とは似た概念であるといえる。
（65）　7,000人以上が居住する東京都中央区勝どきの超高層マンションと複合施設「ザ・
　　トーキョー・タワーズ」の関係者によると，中央区は大規模広域災害時には区内から住

そのため，同じマンションに，法定組織であるマンション管理組合のほかに，任意団体である（法人である場合もある）町内会等が存在する場合もあり，それぞれの組織の役員を兼任している場合等もある。

◆ 3　横須賀市のマンションのモデル地区での半構造化面接法によるインタビュー調査とSCATを用いた質的データ分析

（1）地域特性

ここでは，比較的新しいマンションにおける地域コミュニティと防災活動の関係を明らかにするため，2014年度内閣府地区防災計画モデル事業[66]の対象地区であるマンション「よこすか海辺ニュータウンソフィアステイシア」の関係者に対するインタビュー調査を実施した。

これは，マンションが，全国で約1割，東京では約3割を占める日本の都市の主要な住様式となっているほか，住民の高齢化の進展，東日本大震災の経験を踏まえたと思われる災害対応の強化の流れ等社会の変化を強く反映していることを踏まえ[67]，そこでの防災活動やコミュニティの状況に注目したものである。

そして，同マンションの属する「よこすか海辺ニュータウン連合自治会」の会長である安部俊一氏が，筆者達と同じ地区防災計画学会に属していたことから，同氏をインフォーマントとすることができた。

同ニュータウンは，1992年に完成した横須賀市東部の東京湾に面した街で

　　民が疎開することを前提に防災計画を構築しており，超高層マンションの多くの住民が避難できる場所がそもそもないという問題がある。2015年10月17日に専修大学で開催された地区防災計画学会第9回研究会での質疑応答参照（金 2015c: 56）。
(66)　内閣府では，同制度の普及促進のため，モデル事業を実施しており，2014年度は15地区，2015年度は22地区，2016年度は7地区の合計44地区が対象になった。内閣府（2015b），井上ほか（2015）参照。
(67)　国土交通省の2013年度のマンション総合調査結果によれば，世帯主の50.1％が60代以上になっているのに対して，40代以下は26.8％となっている。これを1999年度の同調査と比較すると，60代以上の割合が24.4ポイント（1999年度は60代以上の割合が25.7％に過ぎなかった。）増加している。また，同調査委によれば，大規模災害への対応状況についても，定期的な防災訓練，防災用品の準備等の活動が活発になっている。http://www.mlit.go.jp/common/001081454.pdf 参照。

あり，約6,000人が居住する複数のマンションのほかに，大学や大規模な商業施設等が集積している（図3-7参照）。そのため，夜間人口と比較して昼間人口が10倍の6万人程度である。また，臨海部の埋立地であることから，東日本大震災でも液状化等の被害が出ている。そして，想定災害としては，長周期地震動による揺れの増幅，津波，液状化，地盤沈下等があげられている。

地域住民による防災活動についてみると，2005年には既に「ソフィアステイシア自主防災会」が結成され，その後，自主財源と市の補助金によって2,000万円（2017年度末の累積備蓄額）相当の防災資機材の備蓄を実施したほか，避難誘導班の結成，要配慮者情報の収集・整理，危機管理マニュアルの作成等を行った。

2014年度に，内閣府のモデル事業を通じて，約1,000人が居住する4棟の高層マンションの地区防災計画案を作成し，2015年度に，地区防災計画として，横須賀市の地域防災計画に盛り込まれた。なお，マンションの地区防災計画に加えて，ニュータウンに進出した大学，企業，協同組合，各種団体等と連携を図り，ニュータウン全体での地区防災計画の作成について検討が行われた。

同地区の取組は，伝統的な町内会等や小学校区を母体にした自主防災組織の活動とは異なり，ニュータウンにおける1,000人単位の高層マンションにおける地区防災計画であること，行政ともうまく連携し，多くの防災資機材や備蓄を有しており，住民等の個人情報をうまく収集・活用していること，マンション以外の大学・企業等とも連携して，その計画の範囲が広がりつつあるほか，周辺の商業施設の帰宅困難者を受け入れる準備をしていること等の特徴がある。

（2）インタビュー調査

以下のインタビュー調査は，筆者である金が，2014年に内閣府（防災担当）普及啓発・連携担当参事官室の総括補佐であった西澤（本書の共同執筆者）及び企業等事業継続担当主査であった筒井智士氏（現東日本電信電話株式会社）と共同で[68]，インフォーマントである安部氏に対する「半構造化面接法」[69]による予備的なインタビュー調査を実施し，2015年3～4月にその内容を事後

---

(68) 両氏は内閣府の「地区防災計画制度」の創設者であるが，筆者が，以前，内閣府から同制度の仕事を請け負っていたシンクタンクで，関係の仕事をしていたことから，共同で研究を行っていた。

(69) 前述のように，基本となる質問項目を決めておき，インフォーマントとの話の流れを踏まえて質問項目を変更するようにした。

◆第3章◆　東日本大震災と地区防災計画制度の創設

図3-7　よこすか海辺ニュータウン関係地図（横須賀市HP掲載資料を基に筆者作成）

にメール等で補足的に得た情報を含めて再構成したものについて(70)，2015年12月に同地区で実施された総合防災訓練の際に確認的なインタビュー調査等を実施し，加筆したものである(71)。

調査に当たっては，①質問項目作成，②事前説明（インフォームド・コンセントの徹底，ラポールの構築等），③インタビュー調査の実施，④調査結果の再構成，⑤メール等での追加情報収集，⑥確認依頼，⑦最終取りまとめ等の作業を分担して実施した(72)。なお，以下は，事後にインフォーマントである安部氏の確認を経て，その公開について承諾を得たものから一部を抜粋したものである。

なお，事前に設定していた基本となる質問項目は以下のようなものである。以下の丸数字の番号とインタビュー中の質問番号はほぼ対応している。なお，「半構造化面接法」によるインタビュー調査であるため，実際に使わなかった質問があるほか，今回のインタビュー調査の再構成に当たって省いた質問ややり取りもある。

①内閣府の地区防災計画モデル事業の対象地区となった感想はどのようなものか。
②一般にマンションの地区防災計画が果たす役割は，どのようなものか。
③当マンションで地区防災計画に取り組もうと考えた動機はどのようなものか。
④当マンションで防災活動が活発化した要因はどのようなものか。

---

(70)　これを基にまとめたものとして，金・筒井ほか（2015）参照。
(71)　加筆の基になった情報としては，金（2016）及び金（2015c）参照。
(72)　主に金が①，④及び⑦を，西澤及び筒井が②，③，⑤及び⑥を担当した。

⑤当マンションで住民の情報管理のための居住者台帳が整備できた理由は何か。
⑥当マンションでの住民の個人情報の管理方法はどのようなものか。
⑦当マンションの住民のICTに対するリテラシーの状況はどのようなものか。
⑧当マンションでの防災活動，地域活動等におけるICTの活用状況はどのようなものか。
⑨当マンションでの食糧等の備蓄，生活や事業の継続等に対する取組はどのようなものか。
⑩当マンションでの防災活動に係る今後の課題は何か。

（質問③）マンションで地区防災計画に取り組もうと考えられたのは何故ですか。
（安部氏）「マンション標準管理規約」[73] 6章2節32条13項にマンション管理組合の業務として「防災に関する業務」の記載はありますが，具体的な内容については記載されていません。また，大半の管理組合が，輪番制・1年任期の役員で理事会を運営しており，役員が頻繁に変わり，長期的な視点と戦略を持った防災活動を行うのが難しくなっています。そのため，マンション防災の雛形を作りたいと考えました。私どもの地区防災計画案では，管理規約集についても「災害対応型規約」に改定しました。具体的には，居住者や役員が帰宅できず総会や理事会が開催できない場合の意思決定方法，緊急復旧工事費用の支出方法，人命救助目的で行う専有部分への立ち入り等について明記しました。

（質問④）本マンションの防災活動が活発化した要因を教えてください。
（安部氏）当自主防災会の取組が注目されるようになるまで10年を要しました。体制をつくり，行政とも連携しつつ，その協力を得て，防災担当役員が長年留任して活動の継続を図ってきたのです（図3-8参照）。

（質問⑤）マンション内の住民の情報管理のために居住者台帳を整備されているそうですね。個人情報を集めるに当たって，難しさはありませんでしたか。
（安部氏）居住者の96%が台帳作成に協力しています。後で説明しますが，この台帳によって単身高齢者の救急救命に成功したこともあります。私からは，各居住者に対して，「災害や緊急事態に遭遇した時に，台帳を届けておくことで自主防災会から助けてもらえる確率が上昇します」，「命より大事な個人情報等ありません。」と言っています。台帳を提出していない世帯が13世帯ありますが，ほとんどが単身者で，マンションには寝るために帰って来るような人で，マンションの防災訓練やコミュニティ活動にも全く参加されません。防災活動に参加いただけない方が増えると，地域コミュニティ全体の防災力が下がってしまいますので，今後の課題であると考えています。

---

(73) 「建物の区分所有等に関する法律」30条に基づき，建物等の管理・使用に関する区分所有者間の事項について定める規約（管理規約）について，国土交通省の「マンション標準管理規約」に準拠して各マンションで規約が作成されている。

◆第3章◆　東日本大震災と地区防災計画制度の創設

写真　よこすか海辺ニュータウンソフィアステイシア（右）と海（2015年12月筆者撮影）

（質問⑧）防災活動の強化のため，広域的な活動にもICT[74]の導入を考えられていると聞きました。

（安部氏）いざというときのため，日頃の地域連携が重要です。防災・減災だけでなく，地域福祉の課題を解決するために，連合自治会加盟7マンション（1,850世帯・6,000人居住）をユビキタスネットワーク[75]でつなぎ，タウンマネジメントとタウンセキュリティ[76]を強化することを検討しています。

当マンションで現在採用している緊急連絡システムは，32名の自治会役員会と14名の管理組合理事会のスマートフォン・携帯電話に一斉送信できるメーリングリストです。これは，事件・事故・災害等の緊急事態が発生した時に，このメーリングリストで全役員に一斉に動員が掛けられます。その他に，インターネットのメーリングリストも活用していますが，緊急時対応という点ではいつも持ち歩いているスマートフォン・携帯電話の方が優れています。

この仕組みが実際に有効に機能したことがあります。今から5年前の夏の早朝に，

---

(74) Information and Communication Technology。一般に，IT（Information Technology）の概念をさらに進化させ，情報技術に通信コミュニケーションの重要性を加味した用語とされる。総務省（2015）用語集参照。

(75) ラテン語のユビキタス（どこにでもある）にちなみに，ユビキタスネットワークとは，一般に，どこにいても，いつでも，どんなものからでもネットワークにつながることをいう。総務省（2015）用語集参照。

(76) 一般に，「タウンマネジメント」は，中心市街地における商業まちづくりの運営・管理のことであり，「タウンセキュリティ」とは，まち全体に高度なセキュリティを取り入れることである。

◇3 横須賀市のマンションのモデル地区での半構造化面接法によるインタビュー調査とSCATを用いた質的データ分析

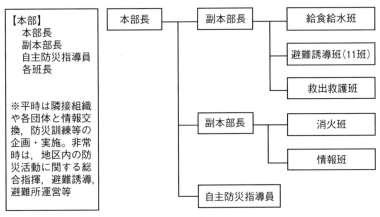

図3-8 ソフィアステイシア自主防災会組織体制（ソフィアステイシア自主防災会（2015a）66頁，同（2015b）を参考に筆者作成）

不審者がマンション内で徘徊していたのを役員が発見して，一斉メールで招集を掛けたところ，10名以上の役員が出動して不審者を取り囲み，警察に引き渡したことがあります。

また，携帯電話の連絡網が，急病（重度の熱中症）を発症した単身高齢者の救急救命に役立ったことがありました。それは，深夜1時頃の救援要請でしたが，私と民生委員が駆け付け，応急手当てを施しながら救急車を手配しました。この人は，居住者台帳で詳細な医療情報を申告していたため，投薬・治療等の医療履歴がわかっていました。私と民生委員が救急車に同乗して掛かり付けの病院に救急搬送し，3時間ほど集中治療室にいましたが一命を取り止めることができました。

一方，この仕組みは，珍事も引き起こします。数年前，災害時要援護者に登録されたお婆ちゃんが私の携帯に泣きながら電話してきたので，「すわ一大事。」と緊張しましたが，用件は「孫娘が捨て猫を拾ってきた。自分は猫アレルギーなのですぐに捨ててくるように言ったが孫が言うことを聞かない。孫を説得して欲しい。」というものでした。

このような相談の電話は，高齢者や小・中学生を中心によく飛び込んできます。私は「よろず困りごと相談所」・「横丁の御隠居」のように住民に使われていますが，これもコミュニティの良いところと諦めています。

（質問⑩）今後の課題について教えてください。

（安部氏）防災活動や地域活動はマンションの財産的な価値の向上にもつながっています[77]。一方，これは，制度的な問題ですが，新たな，しかも「マンションに

---

(77) 国土交通省が地方ごとに算出しているマンション平均価格のような統計的なデータはないものの，地域住民や内閣府の関係者によると，同マンションは周辺の他のマン

とって重大な災害リスク」が発生しています。2015年3月27日に国土交通省住宅局市街地建築課マンション政策室は、「マンションの新たな管理ルールに関する検討会」の報告書で、標準管理規約から「コミュニティ条項」(78)を削除する方針を明らかにしました。要約すれば、「マンション管理組合の業務は土地・建物・管理組合会計の財産管理だけに限定すべき」、「防災の母体となるコミュニティ活動は管理組合の業務として行うべきではない」、「自治会活動は管理組合活動から切り離すべき」と言っています。このようなことをすれば、国として「国土強靭化」を標榜している中で、マンションのコミュニティを原動力とする「防災・防犯・地域福祉」等の地域活動が崩れてしまう危険があります。今後、マンションにおける防災活動が成り立たなくなってしまうのではないかと、強く懸念しています。

(3) マンションのコミュニティの防災活動の特徴

　上記のインタビュー調査から、まず、マンションのコミュニティである町内会等（インタビュー中では「自治会」としている。）と管理組合が、防災活動、地域活動で大きな役割を果たしていることがわかる。一般に、管理組合は、法定の組織であるのに対して、町内会等は任意団体であるが、実際には、それぞれの役員は、兼任している場合も多い。同マンションでは、二つの組織が、うまく連携して、マンションの管理、防災活動、その他の地域活動をうまく進めている。そして、そのような関係が、マンション自体の財産的な価値の向上へとつながり、また、マンション全体の活性化や活気につながっているといえる。そして、市町村と連携した地区防災計画の作成も成功している。

　また、良好な人間関係を反映して、地域コミュニティにおける合意の下で災害時要支援者の名簿を作成していることが注目されるほか、防災活動を起点に福祉活動等の地域活動も実施している。そして、今後は、大学やショッピングモールとも連携した形で、より広範囲の地区防災計画を作成しようとしている。

　　ションよりも人気があり、売却物件が出てもすぐに売れてしまうほか、価格もやや高めであるといわれている。

(78) 2004年の標準管理規約改正で追加されたもの（27、32、34条）であり、管理費の使途及び管理組合が行う業務として「地域コミュニティにも配慮した居住者間のコミュニティ形成」を規定している。なお、居住者（所有者）の高齢化、所有者と居住者の不一致の増大（賃貸化の促進）、大規模修繕や建替えを必要とするマンションの増加等を受けて、国土交通省は、2012年から「マンションにおける新たな管理ルールに関する検討会」を開始したが、そこでは、当初、管理組合の運営に係る専門家等の関与・受託を容易にする第三者管理の導入、管理組合の議決権を面積もしくは価格割にできる選択肢の導入（議決権の所有者間格差の導入）等が論点として想定されていたが、途中から、コミュニティ条項の撤廃に関する論点が取り上げられた。

◇3　横須賀市のマンションのモデル地区での半構造化面接法によるインタビュー調査とSCATを用いた質的データ分析

その中では，DCP[79]的な構想を持っており，地域コミュニティの取組としては，極めて進んだ取組である。

マンションの地域コミュニティでは，住民の高齢化，賃貸化の促進による所有者と居住者の不一致等により，地域活動を行う住民が減っているといわれるが，本マンションでは，そのような傾向は見られず，町内会等や管理組合が中心になって，共助による防災活動が行われ，その活動をきっかけに良好な人間関係が築かれており，その人間関係が，防犯活動や福祉活動といった地域活動の活性化にもつながっている[80]。

この点，内閣府（2014a）8頁以下では，事例調査や関係データを踏まえ，地域活動や福祉活動は防災活動と相関関係があり（図3-9参照），また，地区防災計画による防災活動は，①地域コミュニティのネットワーク，②信頼性，③互酬性（お互い様の意識）等を主要な要素とするソーシャル・キャピタル[81]

---

(79) District Continuity Plan（地域継続計画）。一般に，企業による災害等緊急時の対応計画であるBCP（Business Continuity Plan・事業継続計画）に対して，DCPは，災害等緊急時に，事業者，行政，地域住民等が協力して，地域全体で連携して助け合うための計画のことをいう。いずれも自助・共助の考え方を背景としたものである。

(80) 今野（2001）の研究対象である阪神・淡路大震災で被災した神戸市の真野地区の事例とも共通するところがあり，これらの事例との共通性について，さらに研究を深める必要があると考えている。

(81) ソーシャル・キャピタルを社会における人々の結びつきを強める機能を持つもので，個人に協調行動を起こさせる社会の構造や制度とし，家族や血縁関係からコミュニティ等の地縁ネットワークまで多様な存在の総体としたColeman（1990）302頁以下，ソーシャル・キャピタルを人々の協調行動を促すことにより，その社会の効率を高める働きをする社会制度であると定義し，信頼，互酬性・規範，ネットワーク等の要素から構成されているとしたPutnam（1993），アメリカのコミュニティにおいて政治，市民団体，宗教団体，労働組合等に対する市民参加が減少していることを実証し，ソーシャル・キャピタルが衰退しているとしたPutnam（2000），先進8カ国を例にソーシャル・キャピタルや市民社会の性格の変化やその要因について論じたPutnam（2002），人々のネットワークを資源としてとらえ，個々人に重点を置いてソーシャル・キャピタル論を展開したLin（2002），信頼や互酬性をはじめとするソーシャル・キャピタルの維持・発展の在り方について解説した稲葉（2011），政治経済的な立場からソーシャル・キャピタルを所有できるようなものではなく，人々の間の関係を意味するとした宮川・大守（2004）参照。なお，Aldrich（2008）では，ソーシャル・キャピタルが大きいほど災害復興が速いことを明らかにしたほか，Aldrich（2012）では，1923年の関東大震災後の東京，1995年の阪神・淡路大震災後の神戸，2004年のインド洋大津波後のインドのタ

◆第3章◆ 東日本大震災と地区防災計画制度の創設

を高め[82]，地域の活性化や地域の特性に応じたまちづくりにもつながる可能性があるとしている。

　これは，Putnam（2002）のソーシャル・キャピタルに関する定義を踏まえたものであると思われるが，本マンションの防災訓練等において筆者が見たところでは，①防災担当役員だけでなく，お年寄り，子供，若者等多様な地域住民が参加し，地域住民が，互いによく顔を合わせていることから，良好なネットワークが築かれており，②③相互に助け合って，連携して消火訓練や救命訓練を実施しており，普段からの信頼性や互酬性も高いように感じられたことから，ソーシャル・キャピタルが豊かであると推測される。

　そして，十分に練られた地区防災計画を有し，その計画に基づいて多くの地域住民が参加した定期的で高度な総合防災訓練が実施されているほか，整備された防災組織とスキルの高いメンバーが揃い，十分な予算をかけて食糧や多くの資機材の備蓄を行い，また，市の消防局等行政との連携も的確に実施されていること等を踏まえると，本マンションは，地域防災力が大変高いと思われる。

　さらに，防災活動を契機として，地域住民が顔を合わせる機会が増加し，他の地域活動等も活発に行われたり，行政や周辺の商業施設との関係も深くなり，本マンションと周辺の地域との往来が増加する等本マンションの活性化につながっている。

　このようにみていくと，ソーシャル・キャピタル，地域防災力及び地域活性化には，共通した要素も多いことから，本マンションの事例は，これら3つの概念が，相互に連携し，また，相互に強化されている事例であると思われる。

　2015年12月6日に開催された同地区の総合防災訓練では，横須賀市長や市の防災局長をはじめとする行政側と地域住民が一体となって，先進的な防災訓練が実施されていた[83]。同訓練は，房総半島野島崎沖を震源とする1703年の

　　ミル・ナードゥ，2005年のハリケーン・カトリーナ後のアメリカのニューオーリンズを例に，ソーシャル・キャピタルの豊かさが，被災した地域コミュニティからの人口・産業の移動を最小化し，コミュニティの復興を促進すると述べた。
（82）　本白書で利用された関係データを用いてソーシャル・キャピタルが防災活動に与える影響について実証分析を行った布施（2015）では，共助の防災意識の高さには，ソーシャル・キャピタルが強く影響し，特にネットワーク，互酬性の規範と呼ばれる地域行事や地域活動の影響が強いとしている。布施（2015）26頁以下参照。
（83）　当該地区はアメリカ軍や海上自衛隊の横須賀基地からも近いことから，基地外に居住することを許されたアメリカ軍や海上自衛隊の士官クラスとその家族が多数居住して

◇3 横須賀市のマンションのモデル地区での半構造化面接法によるインタビュー調査とSCATを用いた質的データ分析

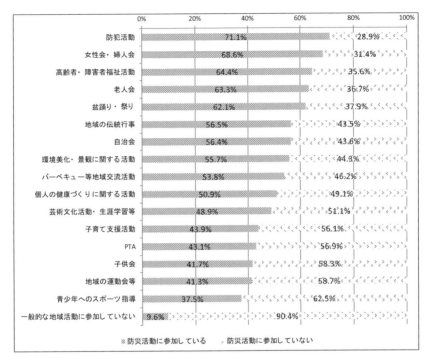

図3-9 一般的な地域活動（地縁活動）と防災活動との関係（内閣府（2014a）10頁参照）

　元禄地震[84]の再来を想定し、同地区の震度は6強、津波の最大波高は3.9mで地震発生から20分後に第一波が到達するという想定で実施されていた。
　朝9時より開始された同訓練には、125世帯が参加し、サイレンを合図に、日本語及び英語によるアナウンスが流れ、居住者はマンションの6階以上の高層階へ迅速に避難した後、各階・各班で居住者の点呼と安否確認を実施し、災害対策本部に報告するという方式が取られた。津波避難訓練終了後の芝生広場では、マンションの住民によって災害用トイレやテントが設置され、その設営

　　おり、地区の住民の1/10は外国人である。そのため、避難訓練においてもアナウンスが日本語と英語によって流されたり、関連する掲示や看板等も英語で表記されていた。なお、詳細は、金（2016）及び金（2015c）54〜56頁参照。
(84)　諸説あるが、地震による火事等により、関東地方で20数万人の死者を出したといわれている。

◆第3章◆　東日本大震災と地区防災計画制度の創設

や撤収の訓練が行われた。また，地域住民自身による高層階からの避難ハッチを使用した脱出訓練が実施された。さらに，横須賀中央消防署からは，大型のはしご車等が派遣され，13階から実際に地域住民を救助する訓練が実施されたその他に，子供を含む地域住民による応急救護訓練（AED心肺蘇生訓練），消防官の指導による水消火器による消火訓練，炊き出し訓練・給食訓練等行政と地域住民が協力して実践的な訓練が実施された。

以下，インフォーマントに対するインタビューの中で言及のあったコミュニティ条項の問題について，補足しておきたい。

マンションは，全国で約1割，東京では約3割を占める日本の都市の主要な住様式となっており，管理組合がマンションの維持管理や修繕に関して，合議により意思決定を行ってきたが，80年代から居住者間の日常的なコミュニティの形成の重要性が指摘されていた。

そして，1995年の阪神・淡路大震災後は，被災マンションの建替え・大規模改修を巡って混乱が起きたことから，改めてコミュニティの重要性やマンションの管理に関する課題が顕在化し，2000年に「マンション管理適正化法」が公布され，マンション管理士等の専門職が設置されたほか，2004年の「マンション標準管理規約」[85]の改正では，管理組合の業務として，「コミュニティ条項」が盛り込まれた。

しかし，居住者（住民）の高齢化，賃貸化の促進（所有者と居住者（住民）の不一致），大規模改修や建替えの必要性の増加等がみられたため，国土交通省は，2012年から「マンションにおける新たな管理ルールに関する検討会」を開始し，2015年度中の標準管理規約改正に向けた手続を進めたが，そこでは，論点の一つとして，途中からコミュニティ条項の撤廃の問題があがり，同条項を撤廃する方向で標準管理規約を改正しようとしたことから問題になった。

コミュニティ条項を撤廃し，マンション管理組合のコミュニティ機能を制限する方向性については，所有者による自主管理を骨格としたマンション制度を根本的に見直し，グローバル化や人口減少を見据えた新たな管理の在り方を模索するものであると思われるが，インタビュー中で安部氏が述べているように，コミュニティの防災・防犯・地域福祉等の地域活動の基盤が崩れてしまう可能

---

(85) 1982年に建設省（現国土交通省）が「中高層共同住宅標準管理規約」を業界団体に通達したのが最初であり，1987年の改正を経て，2004年に「マンション標準管理規約」として名称・位置付けを変更していた。

写真　2015年度総合防災訓練での大型はしご車による住民救出訓練（左）と広場に避難した住民（2015年12月筆者撮影）

性がある。

　そのため，国土交通省では，上記検討会で示された方向性を修正したが[86]，防災等の観点からは，このような地域活動は，地域コミュニティにとって不可欠なものであることから，防災活動やその他の地域活動に影響が出ないように，今後とも各マンションの特性を踏まえた上で，十分な配慮を行う必要があると考える[87]。

◆ 4　結びにかえて

　戦後日本のコミュニティ防災は，町内会等を中心とした自主防災組織に大きな期待がかけられたが，阪神・淡路大震災等ではその機能が十分に発揮されなかった。その後も改善を重ねられたものの，その効果は十分ではなかった。そのため，2011年の東日本大震災の教訓を受けて住民主体の「計画提案制度」を導入した「ボトムアップ型」の共助による「地区防災計画制度」が創設され

---

(86)　2016年3月に国土交通省は，「マンションの管理の適正化に関する指針」及び「マンション標準管理規約」を改正した。その中では，コミュニティ形成の積極的な取組を新たに明記し，災害時の管理組合の意思決定等の情報開示に関する規定を整備したほか，コミュニティ条項を再整理した。国土交通省（2016）参照。

(87)　総務省「今後の都市部におけるコミュニティのあり方に関する研究会」の報告書（2014年3月）は，都市のコミュニティにとって，マンションの住民と地域コミュニティの町内会等の関係は中核的な課題であるとし，また，総務省の都道府県総務担当部局長向け通知「都市部をはじめとしたコミュニティの発展に向けて取り組むべき事項について」（2015年5月）では，マンションの管理組合によるコミュニティ活動を肯定的に評価し，管理組合の活動を支援することの重要性を指摘した。

◆ 第3章 ◆　東日本大震災と地区防災計画制度の創設

写真　消防隊員の指導を受けて水消火器による消火訓練を行うお年寄りと子供たち（2015年12月筆者撮影）

た。

　本章では，有識者会議や国会の議論，内閣府の白書やガイドライン等の文献調査のほか，内閣府の防災担当官及びモデル地区であった横須賀市の「マンションソフィアステイシア」の住民のリーダーに対する「半構造化面接法」によるインタビュー調査を踏まえ，質的データ分析を実施した。その結果を踏まえると，調査対象地区のような進んだ取組が横展開されることによって，地区防災計画づくりが契機となって，多くの地域コミュニティの防災力が向上し，また，中央集権的な行政中心の「トップダウン型」の戦後日本の防災体制が大きく転換する可能性（防災のパラダイム転換）があるが，一方で，そのような取組の普及のためには，ソーシャル・キャピタルが醸成された成熟したコミュニティの育成が必要であると思われることから，全てのコミュニティで同じように対応するのは難しいと思われる。

　なお，日本の地域コミュニティの基層組織及びその防災活動の歴史，関係法令の変化等を踏まえるならば，経済企画庁が提唱したような新しい「コミュニティ」のような発想は，日本の地域コミュニティの実態に適合せず，実務的ではなかったようである。そして，防災面からは，消防庁が，実務的な観点から，伝統的な町内会等を母体とした自主防災組織を育ててきたが，そのような行政の後押しも受けつつ，地域住民が，自発的に防災活動を行ってきたことが，日本の地域防災力の向上につながったと考えられる。

　一方で，コミュニティ内部の活動よりも，外部とのネットワークの重要性を

強調する見解もあるが，阪神・淡路大震災及び東日本大震災の公助の限界という教訓を踏まえるならば，地区防災計画づくりに当たっては，隣近所で助け合って命を守ることを優先すべきであると思われる。そして，無事に避難した後の避難生活の中では，外部とのネットワークが有効に働く場合もあり，災害の段階に応じて，地域コミュニティ内外のネットワークをうまく活用できることが重要になる。そのような観点から，地区防災計画づくりに当たっては，地域コミュニティの防災活動の状況や災害の段階に応じて，地域コミュニティ内外のネットワークを柔軟に活用できるように留意すべきであると考える。

また，インタビュー調査の対象となった横須賀のマンションであるソフィアステイシアの事例については，地域住民による地域特性に応じたボトムアップ型の取組を重視する地区防災計画づくりが，実際にマンションの地域コミュニティの住民に受け入れられ，内閣府のモデル事業等を通じて，積極的に活用されている。

そして，インフォーマントがキーパーソンとなって，時間をかけて自主防災会の中で防災担当の役員等を育成しているほか，防災活動を福祉活動や防犯活動等他の地域活動とも連携させることによって，良好な人間関係を形成し，ソーシャル・キャピタルの向上を図っている。そして，市の消防局等行政関係者とも人間関係を作り，毎年の総合防災訓練の際のはしご車の派遣や消火指導等マンションの特性に応じた支援を受けている。

つまり，地域コミュニティと行政が連携して，極めて良好な環境で地区防災計画づくりを進めてきており，防災活動の活性化がソーシャル・キャピタルの向上や地域コミュニティ全体の活性化につながっている。そして，その成功体験をいかして，自分たちの地域コミュニティだけでなく，周辺の地区も含めた地域防災力の向上につなげていこうというかなり前向きな意識を持っている。

〈文　献〉（アルファベット順）

合田昌史（2015）「リスボン大震災はポルトガルを衰退させたのか」『リスボン地震とその文明史的意義の考察』ひょうご震災記念21世紀研究機構: 46-56頁．

Aldrich, Daniel P. (2012), *Building Resilience-Social Capital in Post-Disaster Recovery*, The University of Chicago Press.

——— (2008), *Social, not physical, infra-structure: the critical role of civil society in disaster recovery*, Prepared Paper for the Annual Meeting of the American

Political Science Association.
中央防災会議（2012）『防災対策推進会議最終報告』
Coleman, James S. (1990), *Foundations of Social Theory,* Harvard University Press.
町村敬志（1999）「グローバル化と社会」奥田道大編『都市（講座社会学4）』東京大学出版会.
越智昇（1990）「ボランタリー・アソシエーションと町内会の文化変容」倉沢進・秋元律郎編『町内会と地域集団』ミネルヴァ書房.
Fischer, Claude S. (1975), "Toward a Subcultural Theory of Urbanism." *American Journal of Sociology* 80(6): 1319-1341.
　　=1983, 奥田道大・広田康生（訳）「アーバニズムの下位文化理論に向けて」『都市の理論のために――現代都市社会学の再検討』多賀出版: 50-94頁.
―― (1982), *To Dwell among Friends: Personal Networks to in Town and City,* The University of Chicago Press.
布施匡章（2015）「ソーシャル・キャピタルが防災活動に与える影響に関する実証分析――震災関連3都市アンケートを用いて」地区防災計画学会誌4号 26-34頁.
原田保夫（2013）『災害対策法制について』東北大学講演録・講演資料.
幡谷則子編著（1999）『発展途上国の住民組織』アジア経済研究所.
今村晴彦・園田紫乃・金子郁容（2010）『コミュニティのちから――"遠慮がちな"ソーシャル・キャピタルの発見』慶應義塾大学出版会.
稲葉陽二（2011）『ソーシャル・キャピタル入門：孤立から絆へ』中公新書.
井上禎男・西澤雅道・筒井智士（2014）「東日本大震災後の「共助」をめぐる法制度設計の意義――改正災害対策基本法と地区防災計画制度を中心として」『福岡大学法学論叢』59巻1号 1-34頁.
井上禎男・山﨑裕行・山辺眞一・川田伸一（2015）「中山間地における地区防災計画――上大河平地区・えびの市の取組み」福岡大学法学論叢59巻4号 775-821頁.
磯村英一（1953）「都市社会集団」『都市問題』東京市政調査会44巻10号 35-50頁.
岩崎信彦（1995）「大震災と町内会・自治会」『住民と自治』自治体研究社 1995-7.
岩崎信彦・鯵坂学・上田惟一・高木正朗・広原盛明・吉原直樹編（2013）『増補版町内会の研究』御茶の水書房.
岩崎信彦・上田惟一・広原盛明・鯵坂学・高木正朗・吉原直樹編（1989）『町内会の研究』御茶の水書房.
自治省（1971）「コミュニティ（近隣社会）に関する対策要綱」.

〈文 献〉

鍵屋一（2005）『地域防災力強化宣言』ぎょうせい.
加藤孝明（2015）「持続性のある市民主体の地域防災の進め方モデルの試案」地区防災計画学会誌 2 号 40-46 頁.
河田惠昭（1997）「大規模地震災害による人的被害の予測」自然災害科学（日本自然災害学会）16 巻 1 号 3-13 頁.
川脇康生（2015）「東日本大震災と被災地住民の近所付き合いの変化」地区防災計画学会誌 2 号 47-58 頁.
経済企画庁国民生活審議会調査部会コミュニティ問題小委員会（1969）『コミュニティ』.
菊池美代志（1990）「町内会の機能」倉沢進・秋元律郎編著『町内会と地域集団』ミネルヴァ書房: 224-252 頁.
金思穎（2016）「ソフィアステイシア自主防災会総合防災訓練」地区防災計画学会誌 5 号.
──（2015a）「日中の地域コミュニティにおける共助による防災活動に関する考察」地区防災計画学会誌 3 号 50-70 頁.
──（2015b）「日本の「地区防災計画制度」に基づく防災活動と中国の「社区」の防災活動に関する考察」地区防災計画学会梗概集 1 号 33-44 頁.
──（2015c）「マンションと地区防災計画」地区防災計画学会誌 4 号 54-56 頁.
──（2014）「防災活動を支えるソフトパワー」地区防災計画学会誌 1 号 36-37 頁.
金思穎・筒井智士・西澤雅道（2015）「地域コミュニティの防災力向上のための ICT の活用に関する考察」第 32 回情報通信学会大会予稿: 1-17 頁.
金思穎・西澤雅道・筒井智士（2015）「コミュニティにおける防災活動に関する実証的考察」都市問題 106 巻 10 号 90-105 頁.
国土交通政策研究所（2015）『マンションと地域の連携・共助による地域防災力の強化に関する調査研究』『国土交通政策研究』123.
国土交通省（2016）「『マンションの管理の適正化に関する指針』及び『マンション標準管理規約』の改正について」（2016 年 3 月 14 日報道資料）.
今野裕昭（2001）『インナーシティーのコミュニティ形成──神戸市真野住民のまちづくり』東信堂.
神戸市（2010）『神戸市防災福祉コミュニティ』.
倉沢進（2004）「町内会とコントラーダ」都市社会学会年報 22 号 77～91 頁.
──（1998a）『コミュニティ論＝地域社会と住民活動』放送大学教育振興会.
──（1998b）「社会目標としてのコミュニティと今日的課題」都市問題 89 巻 6 号.
──（1977）「都市的生活様式論序説」磯村栄一『現代都市の社会学』鹿島出版会.
倉沢進・秋元律郎編著（1990）『町内会と地域集団』ミネルヴァ書房.

◆第3章◆　東日本大震災と地区防災計画制度の創設

倉田和四生（1985）『都市コミュニティ論』法律文化社.
──（1995）「阪神大震災とコミュニティ活動」関西学院大学社会学部紀要73号1-12頁.
──（1987）「地域集団論の新しい展開」関西学院大学社会学部紀要54号17-29頁.
──（1999）「震災後の「防災福祉コミュニティ」の展開」岩崎信彦・浦野正樹・似田貝香門・山本剛郎・鵜飼孝造・辻勝次・野田隆編『復興・防災まちづくりの社会学』昭和堂: 298-319頁.
黒田洋司（1999）「自主防災組織」その経緯と展望」地域安全学会論文報告集8号252-257頁.
京都市消防局, 2010,『自主防災組織防災活動事例集』.
Lin, Nan (2002), *Social Capital: A Theory of Social Structure and Action*, Cambridge University Press.
松本康（1992）「アーバニズムと社会的ネットワーク─名古屋調査による『下位分化』理論の検証」名古屋大学文学部論文集114号161-185頁.
松下圭一（1962）『現代日本の政治構造』東京大学出版会: 216-218頁.
宮川公男・大守隆（2004）『ソーシャル・キャピタル』東洋経済新報社.
Mitchell, James K. (1999), *The Crucibles of Hazard: Mega-cities and Disasters in Transition*, The United Nations University Press.
守茂昭・西澤雅道・筒井智士・金思穎（2014）「東日本大震災を受けた地区防災計画制度の創設に関する考察」地域安全学会梗概集34号35-40頁.
室﨑益輝（2005）「防災都市づくりの5つの課題」ひょうご経済（ひょうご経済研究所）85号14-17頁.
内閣府（2005）広報ぼうさい26号.
──（2010）『平成22年版防災白書』.
──（2013a）『平成25年版防災白書』.
──（2013b）『平成23年東日本大震災における避難行動等に関する面接調査』.
──（2015a）『平成27年版防災白書』.
──（2015b）『地区防災計画モデル地区フォーラム』（国連防災世界会議パブリックフォーラム資料）.
──（2014a）『平成26年版防災白書』.
──（2014b）『地区防災計画ガイドライン』.
中村八朗（1980）「形成過程より見た町内会」『現代社会と人間の課題』（富田古稀記念論文集）新評論: 34-59頁.
──（1983）「防災組織としての町内会-関東大震災を中心として」都市問題74巻

〈文献〉

11号65-77頁.
中田実編（2000）『世界の住民組織から〜アジアと欧米の国際比較』自治体研究社.
日本火災学会（1996）『1995年兵庫県南部地震における火災に関する調査報告書』.
名和田是彦（2006）「日本型都市内分権の特徴とコミュニティ政策の新たな課題」コミュニティ政策学会編『コミュニティ政策4』東信堂
西澤雅道・筒井智士（2014a）『地区防災計画制度入門』NTT出版.
——（2014b）「東日本大震災における共助による支援活動に関する考察」国土交通省国土交通政策研究所PRI Review53号116-127頁.
——（2014c）「地区防災計画制度の法制化とその課題に関する考察」地区防災計画学会誌1号42-49頁.
西澤雅道・筒井智士・金思穎（2015）「地区防災計画制度の創設の経緯並びにその現状及び課題に関する考察」国土交通省国土交通政策研究所PRI Review56号138-149頁.
——（2014）「地区防災計画制度とICTの在り方に関する考察」情報通信学会誌32巻2号105-115頁.
西澤雅道・筒井智士・田中重好（2015）「東日本大震災後の地域コミュニティの住民主体の法定計画の現状と課題」災後の社会学3号62-73頁.
奥井復太郎（1953）「近隣社会の組織化」都市問題44巻10号23-33頁.
奥田道大（1983）『都市コミュニティの理論』東京大学出版会.
——（1997）「〈神戸大震災〉以後とコミュニティの恢復」書斎の窓468号42-49頁.
奥田道大編（1999）『講座社会学4　都市』東京大学出版会.
近江哲男（1958）「都市の地域集団」社会科学討究（早稲田大学）3巻1号.
大矢根淳（2015a）「「安渡町内会津波防災計画づくり検討会」の取り組み　地区防災計画」策定の体制と調査」地区防災計画学会梗概集1号17-20頁.
——（2015b）「3.11・1F（イチエフ）災害後に原発防災レジリエンス醸成の道筋を考える-マルチステークホルダー参画型・原発地区防災計画づくりに向けて」地域社会学会年報27号27-44頁.
——（2014）「津浪（波）避災の諸相」専修大学社会科学研究所月報618・619号6-22頁.
大谷信介（1995）『現代都市住民のパーソナル・ネットワーク』ミネルヴァ書房
——（1992）「都市化とパーソナル・ネットワーク」鈴木広編『現代都市を解読する』ミネルヴァ書房: 311-330頁.
Pekkanen, Robert (2006), *Japan's Dual Civil Society: Members Without Advocates*, Stanford University Press.

Putnam, Robert D. (1993), *Making Democracy Work: Civic Traditions in Modern Italy*, Princeton University Press.
―― (2000), *Bowling Alone: the Collapse and Revival of American Community*, Simon & Schuster.
―― (2002), *Democracies in Flux: the Evolution of Social Capital in Contemporary Society*, Oxford University Press.
佐々木晶二（2014）「東日本大震災の復興事業の3つの再検証ポイント」復興（日本災害復興学会）5巻3号13-22頁.
佐藤郁哉（2008）『質的データ分析法』新曜社.
佐藤慶幸（2002）『NPOと市民社会』有斐閣.
災害対策法制研究会（2014）『災害対策基本法改正ガイドブック』大成出版社.
新建新聞社（2014）「検証　長野県神城断層地震の対応」リスク対策.com47号60-63頁.
ソフィアステイシア自主防災会（2015a）『よこすか海辺ニュータウンソフィアステイシア地区防災計画』.
――（2015b）『わが家の防災ハンドブック』.
総務省（2015）『平成27年版情報通信白書』.
末弘厳太郎（1951）「法学とは何か」法律時報23号4・5頁.
鈴木栄太郎（1953）「近代化と市民組織」都市問題44巻10号13-22頁.
鈴木広（1986）『都市化の研究』恒星社厚生閣.
鈴木広編（1998）『災害都市の研究――島原市と普賢岳』九州大学出版会.
消防庁（1996）『自主防災組織の活動体制等の整備に関する調査研究報告書』.
――（2011）『自主防災組織の手引――コミュニティと安心・安全なまちづくり（改訂版）』.
――（2014）『消防防災・震災対策現況調査』.
高田保馬（1953）「市民組織に関する私見」都市問題44巻10号1-11頁.
田中重好（2007）『共同性の地域社会学――祭り・雪処理・交通・災害』ハーベスト社.
田中重好・舩橋晴俊・正村俊之編（2013）『東日本大震災と社会学――大災害を生み出した社会』ミネルヴァ書房.
立木茂雄（2007）「ソーシャル・キャピタルと地域づくり」都市政策127号4-19頁.
地方自治研究資料センター編（1977）『戦後自治史第一巻』文生書院.
東京駅周辺防災隣組（2012）『東京駅周辺防災隣組ルールブック（平成24年版）』.
東京都（2014）『東京都帰宅困難者ハンドブック』.

〈文　献〉

都市防災美化協会・防災都市計画研究所（2015）『帰宅困難者対策の連携強化に関する調査研究――東日本大震災の検証結果を踏まえて』.

辻中豊・ロバート・ペッカネン・山本英弘（2009）『現代日本の自治会・町内会』木鐸社.

浦野正樹（1999）「都市と危機管理」藤田弘夫・吉原直樹編『都市社会学』有斐閣.

浦野正樹・大矢根淳・吉川忠寛編（2007）『復興コミュニティ論入門』弘文堂.

矢守克也（2011）「概説「地域防災力」とは」『災害対策全書4』ぎょうせい: 188-189頁.

――（2012）「「津波てんでんこ」の4つの意味」自然災害科学31巻1号35-46頁.

矢守克也編（2014）『被災地デイズ（時代QUEST）』弘文堂.

矢守克也・吉川肇子・網代剛（2005）『防災ゲームで学ぶリスク・コミュニケーション――クロスロードへの招待』ナカニシヤ出版.

安田三郎（1964）「都市の社会学」福武直編『社会学研究案内』有斐閣: 113-129頁.

横田尚俊（1999）「阪神・淡路大震災とコミュニティの〈再認識〉」岩崎信彦・浦野正樹・似田貝香門・山本剛郎・鵜飼孝造・辻勝次・野田隆編『復興・防災まちづくりの社会学』昭和堂: 263-276頁.

――（2008）「災害コミュニティからみた都市コミュニティ論」田中滋子編『地域・家族・福祉の現在』まほろば書房.

――（2014）「戦後日本における災害・防災政策の展開――東日本大震災以前の都市災害への対応を中心に」山口大学文学会志64号.

――（2017）「災害復興と地域再生」三浦典子・横田尚俊・速水聖子編著『地域再生の社会学』学文社.

吉原直樹編（2009）『防災の社会学：防災コミュニティの社会設計に向けて』東信堂.

――（2012）『防災コミュニティの基層』御茶の水書房.

吉原直樹編著（2011）『防災コミュニティの基層――東北6都市の町内会分析』御茶の水書房.

吉井博明（1990）「防災関係法令の制定過程と防災力向上のメカニズム」『社会組織の防災力に関する研究』49-62頁.

――（1996）『都市防災』講談社.

――（2007）「災害への社会的対応の歴史」大矢根淳・浦野正樹・田中淳・吉井博明『災害社会学入門』弘文堂.

吉川忠寛（2013）「大槌町安渡（2）津波被災地域における防災計画づくりの教訓」浦野正樹・野坂真・吉川忠寛・大矢根淳・秋吉恵『津波被災地の500日』早稲田大学出版部.

◆第3章◆　東日本大震災と地区防災計画制度の創設

Yoshikawa Tadahiro (2015), Research on Planning Process of Community Disaster Management Plan at Tsunami-Hit Area, *Journal of Disaster Research* Vol.10: 736-754.

Wirth. L. (1945). "Human Ecology." *American Journal of Sociology* 50(6): 483-488.

第4章

熊本地震と地区防災計画

要　旨

　2016年に発生した熊本地震では，地震による直接死よりも，災害後の環境の変化等による災害関連死のほうが多くなったという特徴がある。この点，2013年の「災害対策基本法」の改正によって創設された「地区防災計画制度」に従って，被災地の地域コミュニティで相互の助け合いを進め，共助の防災計画を作成していたならば，災害関連死を防ぐことができたのではないかという議論がある。内閣府では，2014年度から全国で地区防災計画モデル事業を実施してきたが，熊本等の被災地では，熊本地震発災前にはモデル地区として指定された地区はなかった。本章では，このような熊本地震の状況を踏まえ，地区防災計画制度と地域防災力強化の在り方について考察を行う。

◆ 1　はじめに

（1）背　景

　2016年4月に発生した熊本地震[1]によって，熊本等で多くの死傷者が発生し，死者・行方不明者は，2018年4月時点で災害関連死の疑いのある方を含めて約270人となっている。

---

(1) 気象庁は，一連の地震を「平成28年（2016年）熊本地震」（The 2016 Kumamoto Earthquake）と命名した（気象庁2016）。

◆第 4 章◆　熊本地震と地区防災計画

　今回の熊本地震で有識者から指摘されているのは，行政や地域住民等の防災意識，避難訓練，避難所の整備，備蓄，耐震化，帰宅困難者対策，事業継続計画（BCP）等大規模広域災害が発生するたびに重要だとされてきた点について，再び問題が発生しているということである[2]。

　東日本大震災の教訓を踏まえ，「災害対策基本法」（災対法）が改正されてきたのに，何故このようなことが繰り返されるのか。例えば，地域コミュニティの防災力の強化のために，地域住民や事業者によるボトムアップ型の自発的な防災計画である「地区防災計画制度」が 2013 年の「災害対策基本法」で導入されたが，そのような制度は，今回の熊本地震では活用されていないように思われる。

　その実態を探るため，筆者らは，熊本市の市街地及び郊外で調査を実施したが，本章では，そのうち，免震マンションで実施したインタビュー調査を踏まえ，マンションコミュニティの現状と課題を中心に分析を行う。

（2）先 行 研 究

　本章では，マンションのコミュニティにおける防災活動に注目するが，最初に町内会等の一般的な地域コミュニティに関する災害研究等についても整理する[3]。

　地域社会学の災害研究では，今野（2001）によって，神戸市真野地区等を対象にした阪神・淡路大震災後の事例研究を通して，災害時における地域社会の役割が注目され，コミュニティの防災活動の研究が発展した。

　また，倉田（1999）は，1995 年に神戸市が『神戸市復興計画』に「防災福祉コミュニティ」を近隣生活圏の安心コミュニティとして位置付けたのが契機となり，市内全域 191 地区で自治会，婦人会，事業者，消防団等によって組織され，平常時の福祉的な活動を重視しつつ，災害時も活動できる防災活動と福祉活動を接合した「防災福祉コミュニティ」について，コミュニティ論の観点から分析した。

　震災前のコミュニティの成熟が復旧・復興の速さに影響するとした奥田（1999），災害対応への期待をコミュニティに過度に負わせることを批判した大

---

(2) 2016 年 5 月 29 日に福岡大学で開催されたシンポジウム「熊本地震を踏まえた地域防災力強化の在り方 in 福岡」のパネルディスカッションでの加藤孝明東京大学准教授の発言参照。「地域防災力を考えるシンポ」2016 年 5 月 31 日『読売新聞』朝刊参照。
(3) 災害以外の地域コミュニティの基層組織に関する理論的・実証的な先行研究については，金（2016a）7 頁以下参照。

◇ 1　はじめに

谷（1995），震災を踏まえ，集中過密型の都市の脆弱性と都市の成長主義の限界を指摘した鈴木（1998），都市防災の歴史を災害と法律改正の関係も踏まえて分析した吉井（1996）等がある。
　さらに，災害弱者との関係，町内会や自主防災組織との関係，ボランティアとの関係等に焦点をあてて，防災における地域コミュニティの在り方について研究したものとして，吉原（2012）があるほか，横田（1999）では，大震災は，コミュニティ機能の意義の再認識やコミュニティ研究の発展につながったとしている。
　そして，防災の観点から地域コミュニティと町内会等の関係について分析を行った吉原（2009），町内会等や自主防災組織のような防災コミュニティの基層組織としての役割について，東北の6都市で調査を行い分析した吉原（2012）及び岩崎・鯵坂・上田・高木・広原・吉原（2013）第10章第3節もあるが，東日本大震災前の町内会等に係る分析を基にした研究である。さらに，東日本大震災後の研究としては，災害想定を前提として街づくりが進められた結果，住民自身の災害への備えが衰退し，想定外に対応できなくなったと指摘する田中・舩橋・正村（2013）及び田中（2013）等がある。
　「地区防災計画制度」については，2013年に制度が創設されてから日が浅いことから，同制度に関する研究史になってしまうが，防災社会工学等の観点からは，制度の制定過程を関係研究会の経緯，国会審議等を含めて，参与観察的な立場から分析した金・西澤ほか（2015），西澤・筒井ほか（2015）及び西澤・金ほか（2016），同制度によって促進される共助という用語の法的な位置づけについて，公助と対比させることによってその意義を明らかにするとともに，同制度の法設計の意義について考察を行った井上ほか（2014）及び西澤・筒井（2014c），同制度の創設に関わった内閣府の担当官による解説書である西澤・筒井（2014a），内閣府が東日本大震災での支援側及び受援側の双方に対して実施した調査[4]を踏まえ，同制度について論じた守ほか（2014）及び西澤・筒井（2014b），同制度によって，防災活動をきっかけに，地域コミュニティ内の人

---

[4]　2013年3月に内閣府は，支援側3,000人及び受援側3,000人に対してインターネット調査を行い，支援側の誠意が受援側に高く評価されており，受援側の満足度が高いこと，ICT等による情報発信が支援側及び受援側の双方にとって大きな役割を果たしたこと，東日本大震災後，支援側及び受援側ともに支援活動への参加の意思を持つ者が増加していること等を明らかにした。内閣府（2013）参照。

◆第 4 章◆　熊本地震と地区防災計画

間関係が良好になり，また，防災活動と連携する形で防犯活動や福祉活動等の地域活動が活発化すること，それらを通じたソーシャル・キャピタル[5]の醸成や地域活性化・まちづくりの可能性について論じた内閣府（2014），川脇・奥山（2011），Kawawaki（2015）及び布施（2015）がある。この他，同制度とICT の関係について論じた西澤・筒井ほか（2014）及び金・筒井ほか（2015），経済学的な立場から同制度について考察した川脇（2015），工学的な立場から計画作成について考察した加藤（2015）がある。

　そして，社会学の立場からの同制度に関する研究としては，同制度は地域防災力強化の観点から地域住民にとって必要であるが，同制度をどこの地区でも実際に活用することが可能であるのかという，必要性と可能性のギャップがあることを指摘し，その課題を明らかにした西澤・田中（2015），岩手県安渡町の計画づくりの過程等を参与観察的な視点から分析した大矢根（2015a），原発防災に係る計画づくりについて論じた大矢根（2015b），日中の地域コミュニティにおける防災活動について，同制度の創設者に対するインタビュー調査等を踏まえて，両国の地域コミュニティの防災活動について比較検討を行った金（2015a）及び金（2015b），マンションのコミュニティとの関係で同制度につい

---

(5)　ソーシャル・キャピタルを社会における人々の結びつきを強める機能を持つもので，個人に協調行動を起こさせる社会の構造や制度とし，家族や血縁関係からコミュニティ等の地縁ネットワークまで多様な存在の総体とした Coleman（1990）302 頁以下，ソーシャル・キャピタルを人々の協調行動を促すことにより，その社会的効率を高める働きをする社会制度であると定義し，信頼，互酬性・規範，ネットワーク等の要素から構成されているとした Putnam（1993），アメリカのコミュニティにおいて政治，市民団体，宗教団体，労働組合等に対する市民参加が減少していることを実証し，ソーシャル・キャピタルが衰退しているとした Putnam（2000），先進 8 カ国を例にソーシャル・キャピタルや市民社会の性格の変化やその要因について論じた Putnam（2002），人々のネットワークを資源としてとらえ，個々人に重点を置いてソーシャル・キャピタル論を展開した Lin（2002），信頼や互酬性をはじめとするソーシャル・キャピタルの維持・発展の在り方について解説した稲葉（2011），政治経済的な立場からソーシャル・キャピタルを所有できるようなものではなく，人々の間の関係を意味するとした宮川・大守（2004）参照。なお，Aldrich（2008）では，ソーシャル・キャピタルが大きいほど災害復興が速いことを明らかにしたほか，Aldrich（2012）では，1923 年の関東大震災後の東京，1995 年の阪神・淡路大震災後の神戸，2004 年のインド洋大津波後のインドのタミル・ナードゥ，2005 年のハリケーン・カトリーナ後のアメリカのニューオーリンズを例に，ソーシャル・キャピタルの豊かさが，被災した地域コミュニティからの人口・産業の移動を最小化し，コミュニティの復興を促進すると述べた。

て論じた金・筒井ほか（2015），金（2016b）がある。

その他，ワークショップを通じた地区防災計画づくりに関する田中（2015），事業継続計画（BCP）及び地域継続計画（DCP）の観点から論じた磯打（2015）等がある。

（3）本章の位置付けと調査手法

従来の先行研究では，東日本大震災後の「災害対策基本法」の改正や「地区防災計画制度」の創設といった地域コミュニティの防災制度やその実態関係に焦点をあてた研究は限られている。また，熊本地震と地区防災計画を題材として扱った研究も，発災から時間が経過していないことから，限られている。

そこで，本稿では，熊本地震の教訓を踏まえ，関係文献の調査，熊本市内の免震マンションに居住する住民に対するインタビュー調査等を通じて，地域コミュニティにおける共助による防災活動の在り方について考察を行った。

インタビュー調査（質的調査）に当たっては，事前リサーチで収集したインフォーマント（情報提供者）の所属等に関する情報を踏まえつつ，質問項目についておおまかな計画（インタビューガイド）を作成し，事前にインフォーマントにそれを提示して，インタビューに臨んだ。そして，質問項目についておおまかな計画を作成し，質問の流れに応じて柔軟に質問項目を変えることができる「半構造化面接法」（semi-structured interview）を採用した。なお，本調査においては，インフォーマントから，当方より事前に提示した各質問項目に対して，回答のアウトラインを示すペーパーの提出があった。

本インタビュー調査では，地域コミュニティにおける個々人の生活にまで立ち入るものであり，インフォーマントのプライバシーに対する配慮が重要になるため，事前に十分な説明（インフォームド・コンセント）を行い，信頼関係（ラポール）を築いた上で，調査の進め方や情報の取扱い等について同意を得たほか，調査の分析に当たっても，個人情報の取扱いに十分な配慮を行い，人権の保護及び法令等の遵守に係る問題が生じないようにした。

◆ 2　熊本地震について

（1）熊本地震と共助

2016年4月14日夜に最大震度7を記録した熊本地震が発生した。熊本県益城町等では，家屋の下敷きになる等して死者や多くの負傷者が出たほか，高速

◆第4章◆　熊本地震と地区防災計画

道路や新幹線も寸断された(6)。

　熊本県災害対策本部によると，特に家屋等の倒壊による窒息死や圧死が多かったといわれている。救出活動には，多くの自衛隊，警察，消防等が派遣され，倒壊した家屋から多くの被災者を救出した。

　さらに，16日未明には，熊本県を震源とする最大震度7の地震が発生し，熊本，大分，福岡，佐賀，宮崎等で多くの死傷者が発生し，多くの地域で，交通網やライフラインが寸断された(7)。特に，阿蘇地方では大規模な土砂崩れが発生し，南阿蘇村の阿蘇大橋が崩落，東海大学阿蘇キャンパスの職員・学生約700人と周辺住民約300人が孤立したほか，東海大学農学部の学生アパートの崩落で学生が亡くなった。また，宇土市役所等の公共施設や避難所が損壊した(8)。

　余震が継続し，大雨も続いたことから，被災者の避難生活が長期化した。また，熊本空港（阿蘇くまもと空港）が閉鎖され，九州新幹線や九州自動車道が寸断されたことから，物流や人の流れに支障が生じ，不慣れな地元行政の対応も重なって，避難所の物資が不足する等大きな混乱が起こった。

　今回の熊本地震については，地元の行政や地域住民等の防災意識，避難訓練，避難所の整備，備蓄，耐震化，帰宅困難者対策，事業継続計画（BCP）等のように東日本大震災以降に強く対策が求められてきた問題が，再び同じように発生している。特に，地元の行政及び地域住民等の災害を我が事としてとらえ，それに備えるという予防的な感覚の欠如が，被害を拡大させたと思われる。

　一方，国においては，東日本大震災の教訓を踏まえ，例えば，地域コミュニティの防災力の強化のために，地元の行政と連携した形での，地域住民や事業者によるボトムアップ型の自発的な防災計画である「地区防災計画制度」を2013年の「災害対策基本法」の改正で成立させ，2014年より施行させる等行政の支援だけに頼らない形で，地域コミュニティによる自発的な共助によって，

---

(6) 「負傷者1千人超に，九州新幹線復旧のめど立たず」『読売新聞』2016年4月16日参照。

(7) 16日の地震の規模は14日の地震の規模を上回ったため，気象庁は16日の地震を本震，14日の地震を前震と位置付けたが，「平成28年（2016年）熊本地震」という名称については，一連の地震について，熊本地震と引き続く地震活動としてとらえることとして，名称を変更しないこととした。

(8) 「熊本地震，死者41人に　千人孤立・9万人避難」『読売新聞』2016年4月17日参照。

少なくても発災直後を乗り切れるような仕組みが作られたはずであった。しかし，同制度については，2014年度及び2015年度に内閣府によってモデル事業が実施され，全国37地区で制度推進のための取組が実施されていたが，九州では宮崎県で2つの事業が実施されただけであり，熊本県では取組が行われていなかった。

今回の熊本地震は，このように行政や地域住民の防災意識が弱く，「地区防災計画制度」のような共助による防災活動が十分に実施されていなかった九州地方を襲ったことになる。

熊本地震では，地元の行政による対応は極めて厳しい状況にあったが，それを心配して，積極的に支援したいというボランティアの動きがあった。全壊・半壊の家屋の数とボランティアの人数の比率で比較すると，その規模は，多くの学生等のボランティアが参加して「ボランティア元年」といわれた阪神・淡路大震災並みの規模であるといわれている[9]。

南阿蘇村等では，避難所で村役場の職員の数が不足しており，十分な対応ができないのを見かねて，中学生や高校生が自発的にボランティアを担うようになり，物資運搬，避難者への食事の配膳，高齢者等の体調急変に備えた夜間見回り等を実施した[10]。

熊本市では，4月22日からボランティアの受け付けが始められた[11]が，中央区花畑広場に設けられた市の社会福祉協議会によるボランティアセンターには，受付開始前から1,000人以上のボランティア希望者が長い列を作った。ここでは，ボランティアを5人程度のグループに分け，被災者が求めている支援内容を聞き取ったり，避難所，救援物資集積所等で物資の仕分けや清掃への支援を担当するボランティアを募集したりしていた[12]。ただし，余震が続く中の作業であり，不慣れな事務局は大混乱していた。

---

[9] 2016年5月29日に福岡大学で開催されたシンポジウム「熊本地震を踏まえた地域防災力強化の在り方 in 福岡」での室﨑益輝神戸大学名誉教授の報告参照。

[10] 「熊本地震　避難所支える中高生　「生まれ育った南阿蘇のため」」2014年4月20日『産経新聞』参照。

[11] 一方で，ボランティアに割り振る仕事が十分でない，ボランティアがやりたい仕事がない等の需要と供給のミスマッチの問題も出た。

[12] 「週末，私も助けたい　ボランティアが長い列」2016年4月23日『読売新聞』参照。

◆第4章◆　熊本地震と地区防災計画

◆ 3　熊本市中央区砂取校区での半構造化面接法によるインタビュー調査とSCATを用いた質的データ分析

（1）調査対象について

　ここで，熊本市中央区の被災地で実施したマンション住民に対する調査の模様を紹介したい。対象となったのは，熊本県初の免震マンションである「パークマンション水前寺公園」であり，情報提供者（インフォーマント）は，福岡大学法学部西澤ゼミに所属する学生の父である小塩龍樹氏である。同氏は，1962年生まれの52歳であり，熊本大学法学部卒業後，同大学院で憲法を専攻した後，1990年に肥後銀行に入り，同銀行監査部監査企画グループ副企画役を務めていた。また，熊本地震発生時は，同マンションの管理組合の理事長であった。

　インタビューは，2016年5月8日（日）午前中に同マンションの小塩氏宅を訪問し，約3時間にわたり実施された。

　インタビューは，基本となる質問事項を決めておき，詳細は，その場でインタビューの対象者にあわせて実施する「半構造化面接法」で実施し，調査に当たっては，①質問項目作成，②事前説明（インフォームド・コンセントの徹底，ラポールの構築等），③インタビュー調査の実施，④調査結果の再構成，⑤メール等での追加情報収集，⑥確認依頼，⑦最終取りまとめ等の作業を分担して実施した。具体的には，①及び⑦は金が，②〜⑥は西澤等が担当した。なお，林ほか（2016）でも，本インタビュー調査をもとに，経済法やICTの観点からの考察を行っている。

　以下は，調査での同氏とのやり取りをSCATを用いた質的分析も踏まえつつ，再構成したものの概要である。

（2）インタビュー調査結果

　（当方）当マンションの特徴はどのようなものか。

　（小塩氏）熊本市の中心部である中央区東部の水前寺公園近くに位置しており，近隣には県庁等公共機関が多い。1998年に竣工した14階建のマンションで，敷地面積5849.2㎡，建物延床面積11792.7㎡，鉄筋コンクリート造りで，敷地内には大型の貯水タンクが設置されている。世帯数は110世帯だが，居住者数は把握していない。熊本県で初めてマンションとして免震構造を取り入れた点がウリとされている。

　（当方）管理組合や自主防災組織の構成はどのようになっているか。

　（小塩氏）管理組合は，総会や理事会があり，その下に修繕委員会がある。総会は

◇3　熊本市中央区砂取校区での半構造化面接法によるインタビュー調査とSCATを用いた質的データ分析

年1回開催しており，11人の役員で構成されている理事会は毎月開催している。防災活動を行うための自主防災組織はない。
　（当方）管理規約や防災計画はどのようになっているのか。
　（小塩氏）管理規約を1998年10月7日に制定（最終改正は2003年5月11日）したが，防災計画に特化したものはない。
　（当方）管理組合と町内会等との連携はどのようになっているのか。
　（小塩氏）管理組合の理事会の役員を町内会の会合に出席させているほか，町内会の実施している廃品回収等の行事にも参加させている。
　（当方）防災訓練等はどのように実施しているのか。
　（小塩氏）地域の子供会（砂取校区）主催で火災避難訓練及び地震避難訓練を実施している。息子も小学生の時に参加していた。
　（当方）地域活動やコミュニティの活性化のための催しの実施状況は，どのようになっているのか。
　（小塩氏）七夕飾りやクリスマスツリーを住人有志が準備しロビーに設置して，短冊やクリスマスカードを住民が自由に飾り付けられるようにしてコミュニティの関係を作ろうとしてきた。以前は子供を対象にお正月に餅つき大会もあったが，今は子供が少なくなったので，なくなってしまった。
　（当方）4月14日前震及び16日本震の発災時の様子について教えてほしい。
　（小塩氏）14日の前震の際には，息子2人に連絡を取るように妻と娘に指示した上で，被害がなかったことを確認した。16日の本震の際には，停電でテレビを見ることができなかったことから，福岡にいる息子に連絡を取り状況を確認した。その後に，懐中電灯や毛布等を準備して，念のため，妻と娘を連れて屋外の駐車場にある自家用車の中に避難した。マンションの室内は，タンス等の転倒も少なく居住には問題なかった。
　一方，震度5強等の余震が続いたため駐車場の自家用車に避難する住民，砂取小学校に避難する住民も見られた。
　マンションの管理組合の理事長としては，14日は外構部分の破損を確認し，また，16日には夜明けを待ってマンションの外観全体を確認したが，その時点でマンションの外壁には全く異常がなく，タイルの剥落もなかったことから，個人的には躯体には異常がないと判断した。
　このほか，4月14日には，理事長及び修繕委員長を中心に館内放送をかけたり，エレベーター内に閉じ込められた人がいないか等の確認作業を実施した。15日には，持回り理事会により，修繕委員会に対して「地震による人的及び物的な被害の発生・拡大を防止するために，必要な措置を行う」権限を理事会から委託することとした。16日には，理事長の判断により，自家用車に避難した住民向けに1階のトイレ付きの集会所を開放したり，マンションの出入り口を開放したり，破損した階段への立ち入り禁止措置等を実施した。
　当該マンションは，110世帯と世帯数が多く，管理組合として住民全員の状況を正

◆ 第 4 章 ◆　熊本地震と地区防災計画

確に把握しきれていない部分もあるが，普段から互いに挨拶をして，顔の見える関係があるので，住民が助け合って一緒に避難所に行ったり，住民同士で安否確認等を行った。

（当方）帰宅困難者を受け入れたような事例はあるか。

（小塩氏）いずれも夜間に発生した地震であり，周辺の住民や帰宅困難者が当該マンションに避難した事例は確認していない。

（当方）マンションにおける被害は比較的少なかったが，耐震（免震）の効果についてどのように感じているか。

（小塩氏）当該マンションのウリであった免震構造の効果は，大変大きかった。熊本の市街地に関する報道では，地震発生時には，多くの建物で物が飛び散っているが，わたしの部屋ではそのようなことはなかった。小さい本棚や衣装ケースは倒れたが，それ以外では，棚から物が落ちるようなこともなく，また，ガラスや食器等にも全く被害はなかった。マンション全体でも，ほとんど物が倒れなかった。

周辺のマンションの内部は揺れでかなり大きな被害を受けたそうで，同僚等は，マンションの建物は無事であったものの部屋の中はメチャメチャになったそうである。また，マンションの玄関扉がゆがんで開け閉めができなくなるような被害も多数出ている。

（当方）当マンションに親戚が避難されてきた例があるのか。

（小塩氏）当マンションは，免震構造で被害もほとんどないほか，居住に支障がなく，安全であることから，住民が親族を呼び寄せて，一緒にマンションで生活を継続している。

（当方）発災後に避難所に避難することは考えなかったのか。

（小塩氏）当該マンションでは，我々のように駐車場の自家用車に避難した住民が多数いた。また，避難所に避難した住民もいたが，私は，当該マンションの耐震性に信頼を置いているため避難しなかった。一時的に避難所に避難した住民も，避難所が混雑していて満足に寝られず，支援物資も十分に揃っていなかったことから，16日早朝に夜が明けると同時にマンションに戻ってきた。

（当方）ライフラインが止まって，マンションでの生活継続に困難はなかったのか。ボランティアの支援や支援物資を受け取ったのか。

（小塩氏）他からの支援や支援物資は受け取っていない。16日の本震の際にも，当該地区は県庁の近くなので，電気も一時停電したものの，1時間程度ですぐに復旧した。当該マンションには大型貯水タンクもあり，電気があれば水も出るので，マンションとしての断水はなく，水に不自由することはなかった。発災後に，念のため20ℓ入りポリタンクに水道水を確保したが，それを利用することもなかった。一方で，発災した16日やその翌日は新鮮な食糧の確保が難しかったほか，周辺のガスの復旧には時間がかかった。

（当方）マンションにおける防災用品や備蓄はどのようになっていたのか。

（小塩氏）管理組合では，管理人室に防災用具一式を準備していたが，使う必要も

なかった。住民各々が懐中電灯や水や食料等を持ち寄って対応できた。
　（当方）被災してからの生活の時系列的な変化を御教示いただきたい。
　（小塩氏）発災後1週間は，ガスが復旧せず風呂に入ることができなかった。2週目に入ると，ガスも復旧し，余震が続いていたことを除けば普段の生活に戻り，3週目（インタビュー時点）になると，当該マンションの住民は普段通りの生活をしているが，余震に対する不安を抱えている。
　（当方）市役所等行政の対応については，いろいろ不満も出ているようだ。
　（小塩氏）熊本市から「震災ごみは自由に捨ててよい」との指示が出て，大量のごみが道路に山積した。市はあわてて，震災と関係のないごみを出さないように訴えたが，一度行政が出した指示を変えるのは難しく，何十年も前のブラウン管のテレビが大量にゴミ捨て場に放置されている。このようなことになったのは，ごみの量を事前に考えずに指示を出した市の不手際である。
　一方，国土交通省九州地方整備局の担当官が，免震構造の有用性について調査するため当該マンションに4月20日に実態調査に訪れた。今後は，事例を収集し，研究を重ねて建築基準法の改正等に反映されるようであるが，このような事例を国民の安全・安心な生活のために役立ててほしい。
　（当方）最後に震災を受けて感じていることを自由に述べていただきたい。
　（小塩氏）「本震」と思っていた14日の地震の翌々日にそれを上回る「本震」が発生する等全くの予想外で，現行の耐震基準では震度7で倒壊しないことを基準としているが，震度7の地震が2回目にきたときに，既に1回目の震度7で弱っていて，耐えきれなかった建物が多数あった。「想定外」として片づけてしまっては進歩がないので，なぜ「想定できなかったのか」，その原因を究明していくこと，その反省を踏まえて想定し直すことで，行政が専門家としての矜持を示すことになる。また，当該マンションは，他の建物と比べ被害も少なく，室内も大丈夫であったため「安全」ではあるが，余震が続く中で「安心」までは得られず，「安心」は人の気持ちの問題であるため難しいと感じている。

◆ 4　結びにかえて

　熊本地震の被災地では，行政関係者も地域住民等も，地震が発生しないという思い込みが強く，東日本大震災等の教訓を自分の問題としてとらえることができていなかった。そのため，防災意識だけでなく，耐震化，避難所の整備，避難訓練，備蓄等が著しく不十分であった。
　その背景としてあるのは，東日本大震災の教訓が，これまで被災経験に乏しかった熊本等九州では我が事として受け止められることがなく，行政も地域住民も防災意識を持って十分な備えをしてこなかったことがあげられる。
　行政関係者も地域住民も，想定外ということを理由にあげているが，もとも

◆第4章◆　熊本地震と地区防災計画

と熊本県の地域防災計画は，これよりも大きな被害を想定していたことはあまり指摘されていないようである。つまり，今回の災害は，決して想定外だったわけではなく（矢守 2016: 1;「熊本県地域防災計画」（2015年度修正）），行政や地域住民が，災害を実際に発生することと考えて，防災訓練を行ったり，建物の耐震化を進めたり，家具を固定したり，備蓄をしたりというような，防災計画に応じて当然とるべき対策をとっていなかったことに大きな問題があるのではないか。

　国が推進してきた「地区防災計画制度」についても，過去の災害経験を受けて，法律改正を経て，災害対応に役立ちそうな共助の仕組みが作られたにもかかわらず，熊本をはじめ九州ではほとんど普及していなかった。制度を推進する内閣府のモデル事業等の取組も九州では限られた地域でしか実施されていなかった。災害対策基本法の改正に伴う「地区防災計画制度」の普及啓発が図られている中で，熊本地震が発災したが，普及啓発の在り方について，大きな教訓となった。

　一方で，本章のインタビュー調査の対象となった免震構造のマンションの住民は，耐震基準を満たした安全なマンションに居住していたため，まわりの建物が大きな被害を受ける中，地震の被害をほとんど免れ，避難所に避難する必要もなく，自分のマンションでそのまま生活を継続することができた。

　当マンションでは，日頃から居住するマンションの安全性に気を配り，地域活動や防災活動の経験を積んでおり，今回の地震の際にも，地域住民が，落ち着いて行動し，被害を最小限に抑えることができた。今後は，このような事例を分析し，地区防災計画づくり等を通じた地域防災力の強化を図っていくことが重要になる。

　最後に，復旧・復興に当たっては，今回の災害の教訓を踏まえ，災害に強いまちづくりが求められる。その際には，行政によるトップダウンの復興ではなく，地域コミュニティを主体としたボトムアップ型の地域特性をいかしたまちづくりが求められており，そのための一つの制度として，「地区防災計画制度」が活用できるのではないか。同制度は，新しい制度ではあるが，既に，全国で先進的な取組が見られており，それらを参考に事前復興的な観点から，防災計画づくりを進めていくことが求められる。

〈文　献〉（アルファベット順）

Aldrich, Daniel P. (2012) Building Resilience-Social Capital in Post-Disaster Recovery, The University of Chicago Press.

── (2008) Social, not physical, infra-structure: the critical role of civil society in disaster recovery, Prepared Paper for the Annual Meeting of the American Political Science Association.

Coleman, James S. (1990) Foundations of Social Theory, Harvard University Press.

林秀弥・金思穎・西澤雅道・筒井智士（2016）「熊本地震を踏まえた地区防災計画等による地域防災力強化の在り方」名古屋大學法政論集267号.

布施匡章（2015）「ソーシャル・キャピタルが防災活動に与える影響に関する実証分析」地区防災計画学会誌4号.

稲葉陽二（2011）『ソーシャル・キャピタル入門：孤立から絆へ』中央公論新社.

井上禎男・西澤雅道・筒井智士（2014）「東日本大震災後の「共助」をめぐる法制度設計の意義──改正災害対策基本法と地区防災計画制度を中心として」福岡大学法学論叢59巻1号.

磯打千雅子（2015）「土器川流域における気候変動に適応した強靭な社会づくりDCP（地域継続計画）策定プロセスにみる多様な地区防災計画展開の可能性」地区防災計画学会誌5号.

岩崎信彦・鯵坂学・上田惟一・高木正朗・広原盛明・吉原直樹編（2013）『増補版 町内会の研究』御茶の水書房.

加藤孝明（2015）「持続性のある市民主体の地域防災の進め方モデルの試案」地区防災計画学会誌2号.

川脇康生（2015）「東日本大震災と被災地住民の近所付き合いの変化」地区防災計画学会誌2号.

Kawawaki, Yasuo (2015) Role of Social Capital in Promoting Mutual Aid after Disasters, Proceedings of the Annual Conference of the Japan Society of Community Disaster Management Plan 1.

川脇康生・奥山尚子（2011）「ソーシャル・キャピタルと災害復興」大阪大学NPO研究情報センター『ソーシャル・キャピタルの実証分析』.

金思穎（2016a）「日中のコミュニティにおける防災活動の実証的比較研究『地区防災計画制度』と『防災模範社区制度』を例に」地区防災計画学会（平成27年度修士学位論文）.

── (2016b)「ソフィアステイシア自主防災会総合防災訓練」地区防災計画学会誌5号.

── (2015a)「日中の地域コミュニティにおける共助による防災活動に関する考

察」地区防災計画学会誌 3 号.
――（2015b）「日本の「地区防災計画制度」に基づく防災活動と中国の「社区」の防災活動に関する考察」地区防災計画学会梗概集 1 号.
金思穎・筒井智士・西澤雅道（2015）「地域コミュニティの防災力向上のための ICT の活用に関する考察」第 32 回情報通信学会大会予稿.
金思穎・西澤雅道・筒井智士（2015）「コミュニティにおける防災活動に関する実証的考察」都市問題 106 巻 10 号.
倉田和四生（1999）「震災後の「防災福祉コミュニティ」の展開」岩崎信彦＝浦野正樹＝似田貝香門＝山本剛郎＝鵜飼孝造＝辻勝次＝野田隆編『復興・防災まちづくりの社会学』昭和堂.
今野裕昭（2001）『インナーシティーのコミュニティ形成――神戸市真野住民のまちづくり』東信堂.
気象庁（2016）「平成 28 年 4 月 14 日 21 時 26 分頃の熊本県熊本地方の地震について（第 4 報）」.
Lin, Nan (2002) Social Capital: A Theory of Social Structure and Action, Cambridge University Press.
守茂昭・西澤雅道・筒井智士・金思穎（2014）「東日本大震災を受けた地区防災計画制度の創設に関する考察」地域安全学会梗概集 34 号.
宮川公男・大守隆（2004）『ソーシャル・キャピタル』東洋経済新報社.
内閣府（2013）『平成 23 年東日本大震災における避難行動等に関する面接調査』.
――（2014）『平成 26 年版防災白書』.
西澤雅道・筒井智士（2014a）『地区防災計画制度入門』NTT 出版.
――（2014b）「東日本大震災における共助による支援活動に関する考察」PRI Review) 53 号.
――（2014c）「地区防災計画制度の法制化とその課題に関する考察」地区防災計画学会誌 1 号.
西澤雅道・筒井智士・金思穎（2014）「地区防災計画制度と ICT の在り方に関する考察」情報通信学会誌 32 巻 2 号.
――（2015）「地区防災計画制度の創設の経緯並びにその現状及び課題に関する考察」PRI Review56 号.
西澤雅道・金思穎・筒井智士（2016）『法と行政と市民社会――地区防災計画制度創設及び二つの規制改革を例に』地区防災計画学会.
西澤雅道・田中重好（2015）「東日本大震災後の地域コミュニティの住民主体の法定計画の現状と課題」災後の社会学 3 号.
奥田道大編（1999）『講座社会学 4 都市』東京大学出版会.

〈文　献〉

大矢根淳（2015a）「「安渡町内会津波防災計画づくり検討会」の取り組み　地区防災計画」策定の体制と調査」地区防災計画学会梗概集1号.
──（2015b）「3.11・1F（イチエフ）災害後に原発防災レジリエンス醸成の道筋を考える」地域社会学会年報27号.
大谷信介（1995）『現代都市住民のパーソナル・ネットワーク』ミネルヴァ書房
Putnam, Robert D. (1993) Making Democracy Work : Civic Traditions in Modern Italy, Princeton University Press.
── (2000) Bowling Alone: the Collapse and Revival of American Community, Simon & Schuster.
── (2002) Democracies in Flux: the Evolution of Social Capital in Contemporary Society, Oxford University Press.
鈴木広編（1998）『災害都市の研究──島原市と普賢岳』九州大学出版会.
田中健一（2015）「地区防災計画策定に向けた地域特性を考慮した地域防災活動に関する研究」地区防災計画学会誌5号.
田中重好（2013）「東日本大震災を踏まえた防災パラダイムの転換」社会学評論64巻3号.
田中重好・舩橋晴俊・正村俊之編（2013）『東日本大震災と社会学──大災害を生み出した社会』ミネルヴァ書房.
矢守克也（2016）「想定内の中の想定外」地区防災計画学会誌7号.
横田尚俊（1999）「阪神・淡路大震災とコミュニティの〈再認識〉」岩崎信彦=浦野正樹・鵜飼孝造・辻勝次・似田貝香門・野田隆・山本剛郎編『阪神・淡路大震災の社会学　第3巻』昭和堂.
吉原直樹編（2012）『防災コミュニティの基層』御茶の水書房.
──（2009）『防災の社会学』東信堂.
吉井博明（1996）『都市防災』講談社.

第5章

北九州市の地区防災計画

要　旨

本章では，政令指定都市の中でも先進的な取組が実施されている北九州市独自の地区防災計画のモデル事業に関する調査を踏まえ，地区防災計画づくりを通じた住民主体のコミュニティ防災の在り方について考察を行う。

◆ 1　はじめに

（1）社会学的視角

　ベン・ワイズナーによれば，社会現象としての自然災害（Disaster）は，自然現象としての加害力（Hazard）が，社会の災害に対する脆弱性（Vulnerability）と遭遇することによって発生し，脆弱性は社会構造や防災対策の在り方に影響を受ける（Wisner et al.2004）。

　つまり，地震，台風，洪水，火災等のHazardの大きさだけで，死者数，負傷者数，倒壊家屋数等のDisasterは決まらないということである。Disasterは，危険な立地，適切に防護されていない建物等のVulnerabilityの影響を大きく受けることになる（図5-1参照）。

　東日本大震災以降，大規模災害時には，行政も同時に被災する可能性があることから，行政による公助だけでなく，地域コミュニティにおける住民の自助・共助の力を高める必要性が認識され，また，Vulnerabilityを小さくする

◇1　はじめに

```
【ワイズナーのモデル】
Disaster（災害）
　例：死者数，負傷者数，倒壊家屋数
=Hazard（自然現象）　　＋　　Vulnerablility（脆弱性）
　例：地震，台風，洪水，火災等　例：危険な立地，防護されていない建物
```

図5-1　ワイズナーのモデル（Wisner et al.（2004）を参考に筆者作成・再掲）

ため，地域住民等を主体とした自発的な共助による「地区防災計画制度」が導入された。

同制度は，地域住民等が，計画の素案を作成し，それを市町村の地域防災計画の中に位置付けることを計画提案でき，この仕組みを通して，地域住民等がボトムアップ型で地区の防災活動を主体的に進める点に特徴がある。また，地域住民等は，地区の範囲を自由に設定することができるという特徴もある（内閣府 2014a）。

この住民参加型のボトムアップ型のコミュニティ防災制度は，田中重好が提唱する行政中心で中央集権的なトップダウン型の「戦後日本の防災対策」の「パラダイム転換」（田中 2014；室井 2016）に当たる画期的な制度（西澤・筒井・田中 2015）である。しかしながら，制度普及のためには，大矢根淳が提唱する日常的な地域活動を結果的に地域防災力の向上につなげる「結果防災」（大矢根 2012）[1]の考え方の導入が重要になっている。

そのような中で，北九州市では，2013年度から地域防災力の向上を目的として，「みんな de Bousai まちづくり推進事業」（以下「まちづくり推進事業」という。）に取り組んでおり，有識者と各団体の代表等が災害に強いまちづくりについて議論するために設けられた「みんな de Bousai まちづくり懇話会」（2013年5月設置・以下「まちづくり懇話会」という。座長：片田敏孝東京大学情報学環特任教授）では，地域防災力向上のために市民の防災意識の高揚と新たな担い手の育成が課題であることが指摘された[2]。

---

(1)　制度の企画立案を担った内閣府の担当官も同じ趣旨のことを述べている（西澤 2014）。また，矢守克也の提唱する「生活防災」も類似した概念である（矢守 2011）。
(2)　懇話会は，2013年度だけで3回開催され，市民防災会，障害者，高齢者，子育て支援団体代表，防災教育関係者，被災地支援NPO，大学生等が構成員となって議論を行った。わがこと感（自分のことに置き換えて考える），市民活動との連結や組み合わ

◆第5章◆ 北九州市の地区防災計画

　そして，一般の住民が自発的に参加して，行政区ごとに「みんな de Bousai まちづくり車座集会」（ファシリテーター：片田教授，以下「まちづくり車座集会」という。）が開催された。

　「まちづくり懇話会」及び「まちづくり車座集会」での意見交換を踏まえ(3)，2014年度から，「まちづくり推進事業」の中で，「地区 Bousai 会議運営支援事業」（以下「会議運営支援事業」という。）と「みんな de Bousai 人材育成事業」（以下「人材育成事業」という。）の取組が実施されている(4)。

　　せ，リアルに感じるための工夫，要援護者と地域がつながる仕組みづくり等の重要性が指摘された。また，地域の既存の仕組み・取組との連携や共通課題の設定，町内自治会や地域活動に参加していない住民の巻き込み等の課題が指摘された。そして，防災力のある子供を地域で育み，地域の住民を育てていくため，防災に関するわがこと感の高揚を図る機会として「地区 Bousai 会議」を位置付けるべきであるとされた（北九州市危機管理室 2016: 15）。

(3)　「まちづくり車座集会」は，2013年度に全7行政区で1回ずつ計7回開催され，794人の住民が参加した。その中では，顔の見える地域のつながりが重要であり，地域の希薄化を懸念する声が出た。また，大規模災害時に地元企業の建物に避難したいという住民の要望に地元企業が協力する等地域と企業の連携の場となった。なお，国土交通省水管理・国土保全局河川環境課水防企画室（2016）で地域におけるコミュニティの共助状況の把握の例として紹介されている（国土交通省水管理・国土保全局河川環境課水防企画室 2016: 14）。

(4)　北九州市の主な地域集団と関係団体等の関係について整理すると，まず，市全体の関係事務を統括する「自治総連合会」や地域の清掃活動や河川等の美化運動の推進をはじめ環境衛生や公衆衛生の向上を目的とした「環境衛生総連合会」等の組織がある。その下には，7つの行政区ごとに，「区自治会総連合会」，「区環境衛生協会連合会」等が設置されている。そして，行政区内の校区ごとに「校区自治連合会」や「校区環境衛生協会連合会」が置かれ，さらにその下に「町内自治会」がある。例えば，北九州市で一番広い面積を持つ小倉南区は，26の校区で構成されており，校区ごとに「校区自治連合会」や「校区地区衛生協会」が置かれており，その下には，約350の「町内自治会」が置かれている。「町内自治会」の下には，世帯をまとめる最小単位として「組」が置かれている（小倉南区では，区内約59,000世帯をまとめる3,700の組が設けられている。）。また，7つの行政区ごとに，「区自治会総連合会」と一体となって自主的な防災活動を推進する自主防災組織である「区市民防災会連合会」があり，校区単位で「防災会」等がある。地域住民が主体となって地域福祉活動を展開する「社会福祉協議会」については，7つの行政区ごとに「区社会福祉協議会」が置かれている。住民，企業等多様な集団によって構成される地域づくり団体である「まちづくり協議会」については，構成団体等を地域の実情に応じて選ぶことができるようになっている。小倉南区自治総連合会 HP：http://kaze-minami.com/organization/ 参照。

◇ 1　はじめに

　特に,「会議運営支援事業」は, 災害対策基本法に基づく地区防災計画づくりを目標とした北九州の地区防災計画モデル事業であり, 2014～2017年度に14のモデル校区で取組が実施されている。
　なお, 2016年の熊本地震及び2017年の九州北部豪雨以降, 本事業に対する北九州市民の取組が活発化しており, モデル校区では, 近く福岡県で最初の地区防災計画が作成される予定である。また, 2017年7月14日に開催された北九州市国土強靱化有識者会議では, 同市の国土強靱化地域計画（案）の具体的施策の冒頭に「地域における自主防災体制の整備」を掲げ, 市内全校区で地区防災計画を策定する方針が盛り込まれた。

（2）インタビュー調査の手法及び分析手法
　まず, インタビュー調査は, ある程度質問内容は決まっているが, 状況に応じて質問を変更したり, 追加したりして, 目標とするデータを収集する方法である「半構造化面接法（semi-structured interview）」で実施した。この面接法は, 事前に検討作業を通じて質問項目や質問内容をあらかじめ準備する点では,「構造化面接法」と共通しているが, 調査対象者（インフォーマント）に対して対話形式で向かい合い, 相手の反応やその場の状況に応じて質問の順番や質問内容を変更したり, 追加・削除したりすることが想定されており, インフォーマントは, 質問に自由に回答することが期待されている。そして, 調査者は, インフォーマントとやり取りをしながら, 臨機応変に質問を進めることになる。
　本面接法で実施することにしたのは, 後述のようにインフォーマントが北九州市の防災担当者であり, 当該分野の専門家であることから, 質問に対して自由な回答を求め, 積極的に調査への参加を求める方式が馴染むと考えたためである。
　ところで, 本章は質的研究である。量的研究の場合は, 対象を測定して数値的なデータを得て, 統計的手法等で分析して結論を得るのが一般的であるが, 質的研究の場合は, インタビュー等によって言語記録である質的データを作成し, 分析をして結論を得ることになる。つまり, 質的研究では, インタビュー等がデータ採取方法であり, 量的研究でいう「測定」に当たり, 得られたデータを分析することから, 経験科学的な研究である。
　この点, インタビューをテキスト化することで言語データを得ることはできるが, 質的研究で大きな問題になるのは, それを分析するための手法である。質的研究においては, 量的研究における統計的手法ほど包括的かつ一般的な

◆第5章◆　北九州市の地区防災計画

データ分析のための定式的手続は存在しないが，それでもそのような手法がいくつか開発されて，用いられている．例えば，「グラウンデッド・セオリー・アプローチ」（Glaser and Strauss 1967）は，データ採取から理論化まで研究デザイン全体を規定するフレームワークであり，1960年代から，あらゆる領域で活用されている．

ただ，「グラウンデッド・セオリー・アプローチ」は，比較的大規模のデータの採取と長期間の研究期間を要する大きな研究向きであり，小規模な調査や単発の調査には向かないことから，本章では，そのような欠点を補って明示的・定式的であるとされるSCAT（steps for coding and theorization）の分析手法を使うこととした[5]．

SCATは，比較的着手しやすく仕組みがグラウンデッド・セオリー・アプローチよりも単純で手法に関する争いが少なく，単発のインタビュー調査の分析にも適している分析手法であり，インタビュー記録等の言語データをセグメント化し，①データの中の着目すべきキーワード，②それを言いかえるためのデータ外のキーワード，③それを説明するためのキーワード，④そこから浮き上がるテーマ・構成概念の順にコードを付けていく4ステップのコーディングとテーマ・構成概念を関連付けてストーリーラインを作る手続からなる分析手法である（大谷 2008: 27-44）．

SCATは，ここ10年程の間に名古屋大学等で研究されてきた分析手法であり，医学，看護学，教育学等多くの研究領域で多数の研究が出ているが，SCATを使った先行研究の中で，本研究と同じ分野の研究は見当たらない．ただし，隣接する研究分野では，例えば，都市コミュニティにおけるボランティア活動の継続に関する永井論文（永井 2013: 47-53）等がある．

なお，分析結果を取りまとめるに当たっては，複数の異なった視点から検証を行い，インフォーマント及び同席した研究者のチェックを経ることとした（分析例は文末の表参照）．

（3）先行研究と本章の位置付け

北九州市に関する災害に係る地理学等の立場からの研究としては，例えば，政令指定都市間の地震災害の脆弱性について，自然特性，人口，経済・財政状

---

[5]　本章で紹介した質的研究と量的研究の関係やSCAT等との関係については，大谷（2011）参照．

◇ 1　はじめに

況，医療設備等の項目を指数化し，比較研究を行った天国論文（天国ほか2000），予防，応急，復旧及び復興の各段階における問題意識について，政令指定都市の防災・危機管理部局に対するアンケート調査に基づく分析を行った武田論文（武田ほか 2016）等があるが，北九州については，比較のための一都市としての分析が行われているに過ぎず，分析の根拠等については簡単にしか触れられていない。また，北九州の人口動態や都市構造について考察を行ったアジア成長研究所報告書（アジア成長研究所 2016）では，少子高齢化時代に対応した北九州市のコンパクトシティ化に向けた都市政策の在り方について，人口構造や都市構造に関する定量的な分析を通じて考察を行っているが，地域防災に関する考察は極めて限られている。

　本章で焦点をあてている地区防災計画に関する一般的な論文は多数あるが，熊本地震以前は，九州では関係する取組が少なかったこともあり，九州での地区防災計画づくり等に関する文献は限られている。

　例えば，内閣府の 2014 年度地区防災計画モデル事業の対象地区であり，九州地方で最初のモデル地区となった宮崎県えびの市上大河平（うえおこびら）地区の特性，中山間地域における地区防災計画づくりで認識された課題等について，「内閣府地区防災計画アドバイザリーボード」の委員である有識者と地元の担当行政官が共同で執筆した井上論文（井上ほか 2015），内閣府の 2015 年度地区防災計画モデル事業の対象地区であった宮崎県日向市長江区の地区防災計画づくりに関して，同地区の特徴，防災関連イベントへの参加者の特徴等に関する分析を実施し，多様な地域活動と一体となった防災活動の必要性や地区防災計画づくりに当たっての行政による総合的な住民へのサポートの必要性について指摘した川脇論文（川脇 2017a, 2017b; 内閣府 2017: 47～）があった。また，熊本地震後の内閣府の 2016 年度地区防災計画モデル事業の対象地区であった熊本市中央区向山校区の地区防災計画づくりに関して，熊本地震での被災やその後のワークショップの進め方，PDCA サイクルを利用した防災活動の検証の取組等について紹介した磯打発表等（西澤・金ほか 2017; 内閣府 2017: 39-46）のほかに，熊本地震の被災地におけるフィールドワーク調査を踏まえつつ，熊本市内のマンションの防災活動について，マンション住民のリーダーに対する半構造化面接法によるインタビュー調査を通じて分析を行った西澤論文（西澤ほか 2016; 林・金ほか 2016）等があった。

　一方で，九州地方の中心で，最大規模の人口・経済規模を誇る福岡県での取

◆第 5 章◆　北九州市の地区防災計画

組については，地区防災計画学会等の防災関係の学会では，ほとんど取り上げられてこなかった。しかし，筆者やその共同研究者による調査の結果，福岡県にある福岡市及び北九州市の二つの政令指定都市では，地区防災計画づくり等地域防災力強化に関連する取組が進んでいることが判明した[6]。

本章では，福岡県の政令指定都市のうち，北九州市における地区防災計画づくりに焦点をあてて，市の防災担当官への半構造化面接法によるインタビュー調査等を通して，地区防災計画づくりを通じた地域コミュニティにおける住民主体のボトムアップ型のコミュニティ防災の在り方について考察を行う。

◆ 2　北九州市の地区防災計画づくり

（1）北九州市の地域特性[7]

福岡県は，面積約 5,000km^2 と全国の 1％強に過ぎないが，人口は約 500 万人，県内総生産（名目）は 20 兆円弱であり，いずれも全国の 5％弱を占めている。九州と本州を結ぶ交通の要衝を占めることもあり，経済，行政，文化等の機能が集中し，福岡市と北九州市という 2 つの政令指定都市があり，九州・沖縄地区の中枢である。産業構造をみると，卸売・小売業やサービス業等が発達し，第 3 次産業のウェイトが高くなっている。

その中で，北九州市は，1963 年に門司市，小倉市，若松市，八幡市及び戸畑市の 5 市が合併して誕生した 6 番目の政令指定都市であり[8]，人口約 95 万

---

(6)　福岡市では，市主催の防災士養成講座である「博多あん・あん（安全・安心）塾」出身の防災士によって 2006 年に結成された「博多あん・あんリーダー会」（代表幹事小森勝輝氏）が中心になって地域防災力の強化を進めている。同会は約 180 人の防災士で構成されており，市内に 7 つの支部（東，博多，中央，南，城南，早良，西）があり，その活動は，福岡県及び福岡市とも連携していて，市内の広範囲の地域で活動が行われており，毎週のように市内で防災関連の催しが実施されている。同会 HP：https://www.hakata-anan.org/ 参照。福岡市での地域防災力強化の取組としては，福岡大学法学部で 2017 年度から開催され，筆者らも非常勤講師として講義を担当した「特別講義九州地域政策（防災計画）」では福岡市や北九州市の防災担当官の協力を得ている。また，同市中央区平尾校区や南区鶴田二区等でも防災力強化のための取組が進められている。同校区 HP：http://hiraojk.blogspot.jp/ 参照。なお，同講義の全体像については，西澤・金・西ほか 2017 参照。

(7)　北九州市 HP：http://www.city.kitakyushu.lg.jp/shisei/menu05_0002.html，横浜市立大学地理学教室 2011，魚町商店街振興組合・魚町一丁目商店街振興組合 2012 等参照。

◇ 2　北九州市の地区防災計画づくり

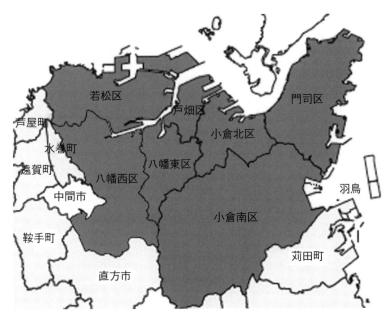

図 5-2　北九州の 7 つの行政区等（直方市 HP 掲載地図を加工）[11]

人（全国 13 位・九州では福岡市に次ぐ 2 位），面積約 492km^2 であり，旧 5 市の区分を踏まえた 7 つの行政区（門司区，小倉北区，小倉南区，若松区，八幡東区，八幡西区及び戸畑区）から構成されている（図 5-2 参照）。

　東部は瀬戸内海（周防灘），北部は日本海（響灘）に面し，九州島最北端に位置しており，関門海峡に面している。その気候は，瀬戸内海気候と日本海気候の中間的なものとなっており，1 年を通じて比較的温暖であり，年平均気温は 16.8℃，年平均湿度 74.3％，年間降水量 1327.0㎜である（平成 27 年度北九州観測局測定結果）。なお，瀬戸内海側が平穏な海域であるのに対して，日本海側

---

(8)　東京都社会局長や渋谷区長を経験した磯村英一は，その経験を踏まえ，5 市合併に関連して，それぞれ核を持つ都市が合併して多くの核を持つ多核都市になることが有用であるとする「多核都市論」を提唱した。それが，合併後も各市の核が温存されるから各市ともに反映することができるという安心感を関係者に与えた。そして，マスコミの「百万人の都市づくり」キャンペーンの影響もあり，合併が達成された。そのことは合併後の市政にも大きな影響を残しており，北九州市では，生活環境が充実するように一極集中を避けたまちづくりが進められてきた。出口（1999），日本都市学会 59 回大会「シンポジウム　都市の進化」資料（2012 年 10 月 27 日）参照。

◆第5章◆　北九州市の地区防災計画

は冬季の風浪や積雪の影響を受けるほか，関門海峡では春先に濃霧が発生する等市内でも地区によって気候が大きく異なっている。

1901年の官営八幡製鉄所（現在の新日鐵住金八幡製鉄所）の開設から始まる四大工業地帯の一つである北九州工業地帯の中心で，日本の近代産業を牽引してきた「鉄の街」として有名であり，隣接する山口県下関市等とともに関門都市圏を形成している。5市合併後にエネルギー革命に伴う炭鉱閉鎖を経験したものの，現在も高い工業集積，技術集積を特徴とした「モノづくりの街」として，鉄鋼，化学等の基礎素材型産業に加え，自動車，ロボット等の加工組立型産業が集積しているほか，公害問題を克服した経験や技術を活かし[9]，環境産業の集積や循環型の都市づくりを進めている。

また，冒頭の「まちづくり推進事業」を推進しているように，市民を主体とした安全・安心のための取組にも力を入れている[10]。

（2）校区の防災計画づくりの取組

「まちづくり推進事業」では，2011年の東日本大震災の教訓を踏まえ，2013年度から地域防災力の向上を目的として，北九州市危機管理室[12]が推進している事業であり，以下のような取組が展開された。

2013年5月に有識者と各団体の代表等が災害に強いまちづくりについて議論するために設けられた「まちづくり懇話会」において，地域防災力向上のた

---

(9) 1960年代には北九州市にある洞海湾は，赤茶色に濁り，魚が住めない死の海といわれた。70年代の公害国会で，公害に関する法整備が実施されたが，それにあわせて，福岡県や北九州市は，法律以上の厳格な基準で大気汚染や水質汚濁の排出基準を強化し，官民が連携して洞海湾のヘドロのしゅんせつを行い，死の海を生き返らせた。『毎日新聞』2012年7月5日朝刊「北九州市50年ものがたり6　官民で洞海湾のヘドロしゅんせつ　死の海生き返る」参照。

(10) 北九州市では，安全・安心に関する市民の意識が高く，市民主体の自主防犯組織による小学校区単位のパトロールによって刑法犯認知件数を2002年から2016年までに約1/5まで減少させた。また，市民を主体とした市民防災会の取組等を受けて，多様な災害を想定したハザードマップ等を掲載した「防災ガイドブック」を作成した（北九州市2017: 13〜14）。

(11) 直方市HP：http://www.city.nogata.fukuoka.jp/shisei/_1235/_2571.html 参照。

(12) 北九州市の危機管理課の定員は課長4人，係長7人，職員9人の計20人。同課の事業費は，2017年度は1億8,900万円（前年度3,501万円増）であり，うち，まちづくり推進事業の2017年度の当初予算額は1,200万円（前年度同額）となっている。北九州市HP参照。

◇2　北九州市の地区防災計画づくり

めには，市民の防災意識の高揚と新たな担い手の育成が課題であると指摘された。また，一般の住民が自発的に参加して，行政区ごとに「まちづくり車座集会」が開催された。そして，「まちづくり懇話会」及び「まちづくり車座集会」での意見交換を踏まえ，2014年度から，「まちづくり推進事業」の中で，「会議運営支援事業」及び「人材育成事業」が実施されている。

「会議運営支援事業」は，地域ぐるみの防災ネットワークの構築を目的としたものであり，「地区Bousai会議」開催，地区防災計画作成，防災訓練実施等を想定しており[13]，住民主体で防災活動の活性化や地区防災計画の策定を支援する取組である。

具体的には，「みんなで力を合わせ，互いを思いやり，自然災害の犠牲者ゼロの校区にしよう」を校区の目標とし，地域の特性を踏まえた地区防災計画を小学校区単位で作成するモデル事業であり[14]，2014及び2015年度のモデル

---

(13) 事業の対象となった校区では，各校区の特性に応じて防災訓練のメニューの工夫が行われている。例えば，小倉南区志井校区では，同校区まちづくり協議会の大迫隆典会長（詳細は後述）が主導して，小学校等と連携して，コミュニティの避難訓練を実施しており，小学生等の子供も一緒に防災訓練に参加している。『RKB毎日放送』2016年12月14日放送「地域で取り組む災害対策　志井校区自治連合会」参照。

(14) 「校区」とは，西日本等で児童・生徒の公立学校の通学区域のことを指し，東日本では「学区」ということもあるほか，北陸や北海道の一部では「校下」いうこともある。『大辞林（第三版）』，NHK放送文化研究所HPのメディア・放送部用語解説：https://www.nhk.or.jp/bunken/summary/kotoba/term/050.html 参照。また，「義務教育諸学校等の施設費の国庫負担等に関する法律施行令（昭和33年政令189号）5条2項及び同法律施行規則1条1項1号（昭和33年文部省令21号）では，「通学区域」という用語が，定義を置くことなく使用されているが，文部科学省の用語解説では，「就学校の指定をする際の判断基準として，市町村教育委員会があらかじめ設定した区域をいうが，その基準については，法令上の定めはなく，就学校の指定が恣意的に行われたり，保護者にいたずらに不公平感を与えたりすることのないようにすること等を目的として，道路や河川等の地理的状況，地域社会が作られてきた長い歴史的経緯や住民感情等それぞれの地域の実態を踏まえ，各市町村教育委員会の判断に基づいて設定されている」と解説されている。文部科学省HP よくわかる用語解説：http://www.mext.go.jp/a_menu/shotou/gakko-sentaku/06041014/002.htm 参照。防災の分野では，本章で紹介した北九州市の事例のように，小学校の通学区域を防災活動の単位として想定する場合が多いように思われる。この点，公民館を中心に防災活動が行われる場合もあるが，公民館制度の対象区域については，文部科学省の「公民館の設置及び運営に関する基準」やその解説書では，一般的に市であれば中学校の通学区域，町村では小学校の通学区域を

◆第5章◆　北九州市の地区防災計画

校区である4校区（門司区田野浦校区，小倉南区志井校区，若松区二島校区，戸畑区鞘ヶ谷校区）では，地区防災計画の作成や情報伝達から開始する避難訓練を行った[15]。また，2015及び2016年度のモデル実施校区である3校区（小倉北区足原校区，八幡東区高槻校区，八幡西区塔野校区）では，地区防災計画のたたき台の作成のほか，地域住民の連絡網の再構築，訓練継続のための仕組みの検討等を行った。

　これらの校区では，まちづくり協議会，町内自治会，市民防災会，社会福祉協議会，民生委員，福祉協力員，学校，PTA，企業，福祉施設，NPO，外国人，障害者，子育てをしている人，学生[16]等による住民自らの手による地区

考慮することとされている。なお，地域福祉分野では，福祉サービスを含めた生活支援サービスが日常生活の場（日常生活圏域）で利用されるべきであり，その圏域は，「おおむね30分以内に駆けつけられる圏域」を理想的であるとし，中学校区を基本としている（厚生労働省地域包括ケア研究会 2008: 6）。地域福祉の分野では，多くの住民が通った経験がある身近な機関であり，地域ぐるみの活動が可能であるということで，中学校区が日常生活圏域として想定されているようである。一方で地域防災の場合は小学校区での活動が主であるように思われるが，これは，災害時の避難所で地域防災の拠点であること，つながりが形成しやすく顔の見える関係を作りやすいこと，住民同士の意識の共有を図りやすいこと，身近に感じられ，多様な活動を行う上で一体性を保つことができること等の小学校区の特色が表れているように思われる。なお，小学校区単位で実施されている神戸市の「防災福祉コミュニティ」のように防災と福祉を組み合わせて小学校区単位で圏域を設定している例もあることに留意が必要である（忍・小山 2016: 10）。このほか，京都の「元学区」は，日本で最初に創設された64校の番組小学校を起源とし，明治期から戦中まで小学校運営・行政機能の一部を担う地域単位であった学区であり，戦後，小学校の新設や統廃合が進み学区域も変わってきているため，元学区と呼ばれているが，現在は，元学区は直接の行政機能を有していないが，自治連合会，体育振興会や社会福祉協議会，自主防災組織等地域行政・住民自治の単位として用いられており，防災でもコミュニティの防災計画作成の単位とされている（内閣府 2014b: 27）。

(15)　例えば，志井校区では，自主的に防災研修を定期的に開催しており，防災に備える住民の意識は高く，毎回200人程が参加している。さらに，自発的に地域の危険な箇所を記したハザードマップを作成している。『RKB毎日放送』2016年12月14日放送「地域で取り組む災害対策　志井校区自治連合会」参照。

(16)　学生による自発的な取組例としては，例えば，北九州市立大学の学生による防犯・防災プロジェクト（MATE's）では，大学生が主導して，地元の小学生とともにまち歩きを実施し，小学生と一緒に危険な場所を見分けるための「地域安全マップ」を作成する取組を実施している。北九州市立大学 HP:http://www.kitakyu-u.ac.jp/421/labtimes_02.pdf 参照。

防災計画の作成を目指した議論や実践活動を行うための「地区 Bousai 会議」が開催され議論を行った。その特徴としては，①小学校区を基本とし，既存の団体にとらわれることなく，②防災をテーマにあらゆる人が参画し，③子供を巻き込んで活動の継続や実施意欲の向上を図り，④地域住民主体の共助による防災活動を促進するため，⑤行政でも地域でもない第三者によるファシリテートを活用したことである。

取組内容については，片田教授の提案を受けて，各校区の住民は，地域（共助）で主体的に命を守る4つのステップとして，①みんなで災害の兆しに気づく，②みんなで逃げることを決める，③みんなで避難することを伝える，④みんなで助け合って行動・避難する，を実践することとした。

そして，各校区の住民は，「地区 Bousai 会議」の実施→訓練の実施→校区の地区防災計画の作成→会議の実施というプロセスを繰り返し，PDCA サイクルを重視して，地域での防災活動の継続に取り組んでいる。

このような地域住民主体の取組の成功を受けて，北九州市では，これらのモデル地区での取組で得た成果・課題・ノウハウを検証し，支援事業の将来的な一般事業化を予定している。2016 年の熊本地震以降，本事業に対する北九州市民の取組が進んでおり，2017 年度も 7 校区が指定された。

（3）人材育成の取組

「人材育成事業」は，地域住民，市，大学等が連携して，地域での防災活動における新たな担い手を育成するための取組である。具体的には，北九州大学市立大学での防災科目開講，公開講座実施等がある。この取組は，2014 年度から次世代の地域防災の担い手である市内の大学生を対象として実施されている。

取組実施の初年度の 2 日間にわたる公開講座では，1 日目は，片田教授の講義と大学生同士の地域防災をテーマとしたワールドカフェ形式[17]による意見交換，2 日目は，「地域協働によるまちづくり」をテーマとした藤澤健児一般

---

(17) Juanita Brown と David Isaacs によって開発・提唱された話し合いの手法であり，①カフェのようにリラックスした雰囲気で特定のテーマについて対話を行うこと，②互いの意見を否定せず尊重することで互いのつながりを意識し，そこで生まれる場の一体感を味わうこと，③メンバーの組み合わせを変えながら小グループの話し合いを続け，参加者全員が話し合っているような効果を得ること等の特徴があげられる（Brown et al.2005）。

◆第5章◆　北九州市の地区防災計画

　社団法人九州防災パートナーズ代表理事の講義や災害時の避難所運営の体験カードゲーム HUG を実施し，合計で 90 分授業を 4 コマ実施した。これには市内 7 大学から 67 人の地域の防災活動に興味を持つ学生が自主的に参加した。
　その後，受講した大学生のうちの希望者がモデル校区の「地区 Bousai 会議」に学生アドバイザーとして参加し，地域防災の在り方の検討に学生の声が反映されるようになった。
　この取組の成功を受けて，「まちづくり懇話会」から人材育成プログラムのさらなる充実について提言が行われた。そして，北九州市立大学と北九州市では，「防災の連携協力に関する協定」（2015 年 3 月 11 日）[18]に基づき，2015 年 4 月から，正規授業として防災科目（教養科目）「地域防災への招待」を開講した。同大学で開講した理由は，前述のプログラムに参加した学生が最も多かったほか，北九州市内唯一の総合大学であり，文系・理系の双方からのアプローチが可能であること等があった。
　防災は，文系及び理系にまたがる学際的な分野であり，現場の実務の知識が不可欠であることから，同科目では，地震，風水害等の代表的な災害のメカニズム，自然災害に対する北九州市の防災体制等について，北九州市立大学及び北九州市役所等の学者や専門家が計 15 回の授業を行うこととした[19]。また，講義の中では，市民・地域主体の防災についても学ぶため，避難所運営等のワークショップや学生同士の地域防災に関する議論の場を設けた。2015 年度は北九州市立大学の 1 年生のみを対象に実施したところ，受講者は 22 人であった。なお，授業の最後の 2 コマについては，他大学の学生も学ぶことができるように北九州市危機管理室主催の公開講座とリンクさせ，片田教授及び藤澤理事を講師として招いて，2014 年度と同様の講義を行った。2015 年度の公開講座には 7 大学 73 人が参加した。
　2016 年度の北九州市立大学での正規の受講者は 81 人にのぼった。また，授

（18）　協定の具体的な連携内容は，人材育成に関すること，防災活動を通じた地域貢献に関すること，学術研究に関すること，その他双方が必要と認めることであった（北九州市危機管理室 2016: 16）。
（19）　授業内容は，①危機管理と地域防災の基本概念，②気象と地震，③北九州市の防災体制と減災への取組，④避難所運営ゲーム：HUG，⑤防災と河川，⑥大災害と消防，⑦学校における防災教育，⑧産学官連携による消防技術の革新，⑨組織の防災能力の見える化，⑩都市防災，⑪ジェンダーと防災，⑫災害のメンタルヘルス，⑬大学生でもできる防災・災害ボランティア，⑭・⑮公開講座であった。

業のうち2コマを利用しての公開講座には，6大学99人が参加した。

　2017年度には，7月15日に大学生を対象にして「地域防災への招待」という公開講座を実施しており，片田教授及び藤澤理事を招いて，講演「防災が地域を変える，社会を変える」及びグループワーク「大学生の地域防災　私たちだからできること，したいこと！」（大学生同士で地域防災をテーマに意見交換）が実施された。公開講座を受講した学生には，受講修了証が発行され，また，大学生の意見を地域活動に取り入れる観点から，「地区Bousai会議」に大学生アドバイザーとして参画するように働きかけが行われている。なお，大学生アドバイザーの同会議への参画は，2014年度に延べ67人，2015年度に延べ85人となっている[20]。

（4）二つの取組の成果

　これらの取組の結果としては，例えば，避難情報の連絡網を確認していく中で避難訓練の参加者が約250人から約550人へと倍増した八幡西区塔野校区，防災に熱心に取り組む中で町内自治会の加入者が増加した小倉南区志井校区，地域の福祉施設が町内自治会へ加入し緊急避難場所として住民を受け入れることを決めた戸畑区鞘ヶ谷校区のように特徴のある事例が出てきている。また，本事業を通じて，市と，地域活動を実施しているNPOや大学生等との協働関係も作られたといわれている[21]。

　なお，2016年度に人材育成事業による公開講座を受講した学生からは，災害を他人事だと思わないことが防災への第一歩だと気づいた，自分が住んでい

---

(20)　講座の内容・設置経緯，参加者数の推移，受講者の反応等については，北九州市危機管理室（2016）のほか，北九州市チラシ「みんなde Bousai人材育成事業　地域防災への招待：公開講座参加者募集」，「第6回みんなde Bousaiまちづくり懇話会資料」（2016年7月23日），北九州市防災会議会議録（2017年2月8日）:http://www.city.kitakyushu.lg.jp/kiki-kanri/13800102.html，北九州市立大学環境技術研究所HP：http://www.env.kitakyu-u.ac.jp/ja/shoubou/lecture.html等参照。

(21)　内閣府防災「TEAM防災ジャパン」への入門真生（いりかど・まさお）氏（北九州市消防局門司消防署警防課消防司令補主査）のリレー寄稿参照。同氏は1984年生まれ，小倉北区出身で，2007年北九州市消防局入局後，2014年4月〜2016年3月まで北九州市危機管理室で地区防災計画の推進を担当。「まちづくり推進事業」の立ち上げに参加。現在は地区防災計画に関する職務から離れているが，プライベートでNPO法人「好きっちゃ北九州」の副理事長として，モデル校区の「ファシリテーター」を務めている。

◆第5章◆　北九州市の地区防災計画

写真　公開講座の模様（北九州市立大学の南博教授提供）

る場所についてもっと知ろうと見直せるいい機会になった，色々な考えを持つ人たちと身近な話題について話し合えて良かった，防災に関する知識を家族や友人に広め災害が起こった時に一番に動くことができる人になりたい，命を落とさないようにどうしていけばいいのかをもっとよく考えたい等の感想が寄せられた[22]。

（5）関連シンポジウムでの議論

2017年7月13日に西日本総合展示場で開催された北九州市立大学及び下関市立大学による「平成29年度関門地域共同研究会成果報告会シンポジウム」では，北九州市立大学地域戦略研究所の南博教授[23]の司会の下，「地域防災と復興」をテーマとしてシンポジウムが開催された。

本シンポジウムは，2016年の熊本地震は，関門地域の市民及び団体・企業・教育機関等にも大きなショックを与え，2011年に発生した東日本大震災から

---

[22] 北九州市危機管理室（2016）15-16頁，北九州市チラシ「みんな de Bousai 人材育成事業　地域防災への招待：公開講座参加者募集」等参照。

[23] 専門分野は都市政策・地域活性化。1994年4月から2007年3月まで都市銀行系シンクタンクを経て，2007年4月に北九州市立大学に着任。福岡県行政改革審議会委員，北九州市国土強靱化地域計画有識者会議構成員等を歴任。

◇ 2　北九州市の地区防災計画づくり

の復旧・復興は，未だ道半ばの状態にあり，日本社会に様々な影響を与えているが，関門地域においても，菊川断層帯，小倉東断層，福智山断層帯等の活断層（図 5-3 参照）が存在し，また，南海トラフ地震が発生した場合は，強い揺れや津波の発生が想定されていることから，地震が「いつ，どこで発生しても不思議ではない」と考え，行政や防災関係機関はもとより市民が主体となって様々な備えを行うことが急務となっており，関門地域外で発生した地震に対しては一層の円滑な支援の充実を図っていくことも必要であるほか，地震以外でも風水害をはじめ様々な自然災害へ備えておくことが求められることから，関門地域共同研究会では「地域防災と復興」をテーマにシンポジウムを開催し，熊本地震や東日本大震災を踏まえた「関門地域における防災のあり方やまちづくりの方向性」等について議論をすることとしたものである。

　この中では，内閣府で「地区防災計画制度」の企画立案に携わった著者の一人である西澤のほか，2016 年度まで北九州市危機管理室危機管理課防災企画係長として北九州市の地区防災計画づくりを推進した梅木久夫警防係長，前述の授業科目「地域防災への招待」の担当教員である北九州市立大学地域共生教育センターの村江史年特任講師[24]，そして，同大学の学生による「防犯・防災プロジェクト（MATE's）」のメンバーである森茂梨萌氏[25]（同大学法律学科 3 年）等[26]によって，地域コミュニティの防災活動の重要性や地区防災計画の在り方について議論が行われた。

　西澤の「地区防災計画制度」の意義とその特徴に関する説明を受けて，梅木

---

[24]　専門分野は地域連携・防災教育。2008 年 4 月から 2015 年 3 月まで公益財団法人で，企業との CSR 連携や災害時の復興支援等に従事し，2015 年 4 月に北九州市立大学に着任。地域共生教育センターで大学生と地域をつなぎ多様な課題解決プログラムをコーディネートしており，「まちづくり推進事業」では，学生達と市内数カ所に入り地域住民と一緒に防災計画を策定。

[25]　宮崎県都城市出身。北九州市立大学地域共生教育センター（421Lab.）内にある防犯・防災プロジェクト（MATE's）に所属しており，現在プロジェクトリーダーを務める。また，「まちづくり推進事業」では学生サポーターとして八幡東区高槻校区の防災計画策定に参与。北九州市防災会議委員を務めているほか，小倉南区女性消防団にも所属。

[26]　なお，本章では関係する議論を省略しているが，水産経済学や産業振興の観点から，東日本大震災の被災地における漁業の復興の在り方について濱田英嗣下関市立大学附属地域共創センター長もパネリストとして参加した。

◆第5章◆　北九州市の地区防災計画

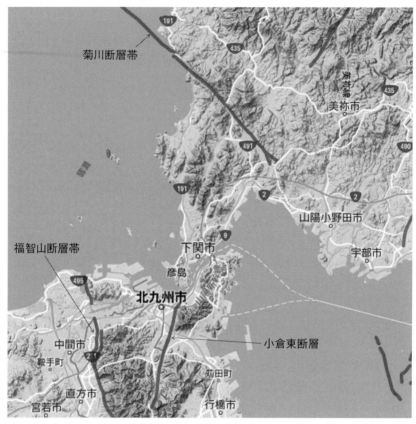

図5-3　北九州市周辺の活断層（産総研「活断層データベース」HP，北九州市（2015）参照）

係長及び村江講師は，これまでの北九州市の「まちづくり推進事業」の2つの取組について，住民主体の「地区 Bousai 会議」での地区防災計画づくりの活動や北九州市と北九州市立大学との連携事例等について説明を行った。そして，地域コミュニティにおける住民の主体性を重んじた行政の側面的な支援の重要性や，大学の研究者及び大学生が，地域コミュニティの取組に参画することが，防災活動の活性化や地域コミュニティ全体の活性化につながったこと等について報告した。また，北九州市立大学の学生である森茂氏からは，実際に熊本地震の被災地でボランティア活動を実施した経験や，北九州市の地域コミュニティで小中学生と一緒にエクスカーションを行い，防災計画づくりを進めてい

く中で，地域に対する思いが強くなったことや，まわりの人と協力して取組を進めていく中で，共助に対する心構えが変わり，防災活動を真摯にとらえるようになったことについて報告があった[27]。

◆ 3　北九州市の防災担当者に対する半構造化面接法によるインタビュー調査とSCATを用いた質的データ分析

（1）インタビュー調査の背景と手順

2017年7月13日のシンポジウムでの議論を踏まえ，西澤から梅木係長に情報提供を依頼したところ，2017年8月4日にインタビュー調査を受けていただけることになった。

本調査全体は，共同で企画・実施したものであるが，主な調査全体の流れ，実施時期は以下のとおりである。なお，大半を金が中心になって担当したが，⑤の一部等は西澤が中心になって担当した[28]。

①質問項目作成（企画立案・2017年7月18日～）
②事前説明（アポイントメント，インフォームド・コンセントの徹底，ラポールの構築を含む・2017年7月24日～）
③インタビュー調査の実施（2017年8月4日）
④調査結果の記録（インフォーマントの了解を得てICレコーダーPanasonic RR-XP007-wで記録，手書きノート作成を含む・2017年8月4日～）
⑤補足調査（メール等での追加情報収集，調査結果の再構成，確認依頼を含む・2017年8月7日～）
⑥最終取りまとめ（2017年10月～）等

インタビュー調査当日は，「まちづくり推進事業」を立ち上げ，地区防災計画制度を2017年3月まで担当していた梅木係長及び現在地区防災計画制度を担当している平田裕一郎北九州市危機管理室危機管理課防災企画係長に対してインタビュー調査を実施した。

なお，本インタビュー調査でのラポールについては，前出のシンポジウムで

---

[27]　2017年7月14日『読売新聞』朝刊（北九州版）「災害への備え　専門家ら訴え　小倉北でシンポ」参照。
[28]　事後の補足調査の一部については，名古屋大学の林秀弥研究室の協力も得た。

◆第 5 章◆　北九州市の地区防災計画

写真　平成 29 年度関門地域共同研究会成果報告会
シンポジウムの模様（北九州市立大学提供）

　西澤と梅木係長が意見交換をしていたことや，両係長が，当方の過去の執筆物を読まれていたこともあり，ラポールの構築が事前にスムーズに進み，詳細なお話を伺うことができた。
　また，インフォームド・コンセントについては，事前及び事後に，調査手法，調査結果の取り扱い，公表方法等について口頭で説明を行い，先方の了承を得た。
　インフォーマントである梅木係長は，北九州市出身で，北九州市立大学法学部卒業。1991 年に北九州市消防局に入職し，1997 年 4 月から 1999 年 3 月まで自治省消防庁（現総務省消防庁）へ出向し，国際協力や消防広域化，法令等の改正等を担当した。そして，1999 年 4 月に北九州市消防局に復職し，沖縄サミットでの消防警戒や，企業や大学と環境に配慮した消火剤の開発等を担当した。その後，複数の消防署で特別救助隊長等を務め，2013 年 4 月から北九州市役所に出向し，北九州市危機管理室危機管理課防災企画係長として「まちづくり推進事業」等を担当した後，2017 年 4 月より北九州市消防局警防課警防係長を務めた。なお，2018 年 4 月から，総務課広域連携担当課長に異動されている。また，平田係長は，福岡市南区出身で，西南学院大学（福岡市早良区百道）卒業。2003 年に北九州市消防局に入職し，2017 年 4 月から梅木係長の後任として北九州市危機管理室危機管理課防災企画係長を務めている。

（2）調査分析手法

　冒頭でも述べたように，本インタビュー調査（質的調査）は，基本となる質問項目をあらかじめ準備した上で，実際のインタビューの中で，それらの質問項目を基本に，調査対象者（インフォーマント）とのやり取りやその反応を踏まえて柔軟に対応する「半構造化面接法」で実施した。これは，インフォーマントが当該分野の専門家であり，積極的に調査への参加を求める方式が馴染むと考えたためである。

　インタビュー調査で事前に想定していた質問事項は以下の 11 項目である。

①「まちづくり推進事業」の意義及び特徴と地区防災計画づくりを目標とした理由は何か。
②「まちづくり懇話会」から「まちづくり推進事業」発足までの経緯等住民主体の取組履歴とその展開状況はどのようなものか。主導した住民等は誰か。
③「まちつくり車座集会」の進め方と「地区 Bousai 会議」の関係はどのようなものか。
④「地区 Bousai 会議」の進め方と地区防災計画作成までのプロセスはどのようなものか。ファシリテーターの役割はどのようなものか。
⑤モデル校区の選定方法と進め方はどのようなものか。これまでの事業の成果と課題はどのようなものか。27 年度の進め方や継続の目途はどのようになっているか。
⑥災害対策基本法に基づく地区防災計画策定の目途はどのようになっているか。モデル校区中一番進んでいる校区はどこか。
⑦モデル校区でうまく計画づくりが進んでいる要因は何か（例　リーダーの存在，地域要因等）。
⑧企業との連携が進んでいたり，企業主体の計画づくりの例はあるか（「まちづくり車座集会」で企業が避難所提供を申し出た例があると聞いたが，どこの企業か）。
⑨やる気のない住民を巻き込んで住民の合意形成を図る際の難しさやコツは何か。
⑩防災活動と他の地域活動，地域活性化との関係はどのようになっているか。
⑪北九州市立大学との連携の経緯はどのようなものか。

◆第5章◆　北九州市の地区防災計画

写真　インタビュー調査中の梅木係長（写真中央）及び平田係長（写真左）(2017年8月：西澤撮影)

　インタビュー調査の内容の分析に当たっては，冒頭で紹介したSCATの手法を採用した。具体的には，個人的な印象や直感による分析を避ける観点から，ノート及び録音内容を踏まえ，インフォーマントの回答をテキスト化した後，データをセグメント化し，①データの中の着目すべきキーワード，②それを言いかえるためのデータ外のキーワード，③それを説明するためのキーワード，④そこから浮き上がるテーマ・構成概念の順にコードを付していく4ステップのコーディングとテーマ・構成概念を関連付けてストーリーラインを構成した[29]。

　以下の「調査結果」は，これらの作業を経て，インタビュー調査での二人のインフォーマントの回答を整理し，再構成してストーリー化したものである。

　ストーリー化に当たっては，インフォーマントの回答内容を回答者が使用した言葉で記し，インタビュー時の発話のニュアンスをそのまま残すように整理した。なお，本章では，「です・ます」調でのやり取りについても，表記の統一の観点から，「である」調で表記している。

　なお，インタビューの調査結果等については，インフォーマント及び同席した研究者のチェックを経た上で公表することとした（分析例は本章末の表参照）。

---

[29] KJ法とも共通するような作業を経た上で，KJ法のグルーピングよりも高度なストーリー化を行うところに大きな特徴がある（大谷 2008: 27; 佐藤 2008: 37）。

（3）調 査 結 果
（ｉ）まちづくり推進事業と地区防災計画づくり（質問事項①〜④関係）

「まちづくり推進事業」は，2013年に実施した市にある7つの区での「まちづくり車座集会」[30]と市レベルの「まちづくり懇話会」での議論を経て開始したものであり，2014年から実施されている「地区Bousai会議運営支援事業」と「人材育成事業」が二本柱になっている。この事業は，北九州市防災会議でも承認され，北九州市地域防災計画にも掲載されている（図5-4参照）。

「まちづくり懇話会」ができたのは，2015年の災害対策基本法改正で地区防災計画ができる1か月前。ちょうど，法律で地区防災計画制度が規定されたので，「地区Bousai会議」での取組目標を地区防災計画づくりにした。なお，「まちづくり懇話会」は，これまで6回開催されており，現在は，地区防災計画モデル事業の取りまとめ（地区防災計画の一般事業化等）の段階である[31]。

「地区Bousai会議」は，片田教授の提案により，「4つのステップ」（①いつもと違う何かに気づく→②地域で逃げる場合のルール化→③情報網の整備による地域での避難情報の共有→④地域で助け合って安全確保のために避難（地域での要援護者の支援やマンションでの在宅避難等状況に応じた避難を含む。）を骨格として進めており，これに基づいて，各地区で半年間に5回の会合を実施し，地域住民が話し合いをして，地域で地区防災計画を決める仕組みになっている。期間や回数を限定しているのは，間延びしないように，また，地域の負荷の問題を考慮したものである。なお，「地区Bousai会議」には，まちづくり協議会とか自治会に入っていない人も含めて多様な人に入ってもらいたいと思っている。

会合の内容は，計画のひな型を含むマニュアル（後述）に基づき，1か月おきに5回の会合を実施することを想定しており，1・2回目の会合で話し合いを行い，それを踏まえて3回目の会合で訓練を実施し，4・5回目の会合で訓練の結果を計画案にフィードバックするという流れにしている。訓練は，各校区とも秋から冬に実施することが多い。市側からは，最後の会合（2014〜2016年度は2年単位で実施しており，通算10回目の会合）のときに，ひな型に書き込んだ地区防災計画をセットして，「当該地区は，スタートラインに立った段階

---

[30] 2013年度に各区で1回ずつ行っただけで，今は行われていない。ただ，同集会で意識が高いと思われた校区がその後のモデル校区事業を実施しており，取組の趣旨は，「地区Bousai会議」に受け継がれた部分もあると思われる。

[31] 「第6回 みんなde Bousaiまちづくり懇話会」（2017年7月23日）資料参照。

◆第5章◆　北九州市の地区防災計画

であるが，今後は，地域自らで進めていただきたい。」とお願いしている。なお，事業終了後2年間は，フォローアップの期間として，NPO等の専門家を「ファシリテーター」として派遣できる仕組みがある。

「ファシリテーター」は，片田教授からレクチャーを受けた専門家で，地区の取組のフォローアップの際に派遣しており（専門家派遣事業），さらなる養成を進めたいと考えている。「ファシリテーター」には，NPOの藤澤健児氏や行政関係者等合計12人いるが，「4つのステップ」に沿った運営パッケージ（マニュアル）を踏まえて，各地区での会合を進めている。マニュアルは，お見せすることしかできないが，ステップごとにその取組の必要性を説明し，地域住民のイメージを具体的に作るためのパワーポイント資料や住民が説明を受けた後にステップを進めるための記入用紙をつけている。この中には，地区防災計画のマニュアル（ひな型）もあり，これに各地区の地域住民が自ら記入してもらって進める形にしている。

初年度は，4つのモデル地区で自由に議論して進めようとしたが，議論の方向性がバラバラになってうまくいかなかったので，このような進め方に統一した。各モデル校区の進み具合であるが，1か月ごとに会合を実施し，毎回宿題を出して各校区で検討をいただくが，実は，なかなか決められないところもあり，進めるのは簡単ではない。

校区を地区防災計画の活動範囲にしたのは，避難所等は小学校の体育館をあてている場合が多く，また，地域での活動が継続していくためには，一定の大きさが必要であるためである。なお，北九州には小学校区は132ある。

（ⅱ）これまでの各モデル校区の取組状況（質問事項⑤～⑧関係）

2014～2015年度の最初のモデル地区である4校区は，「まちづくり車座集会」で地域住民から自発的な防災活動に関する発言が出る等意識が高いと思われる特徴のある校区に市役所側が声をかける形で選定した。

①門司区田野浦校区は，海に近く過去台風による高潮の被害を受けたことがある。

②小倉南区志井校区は，河川氾濫や土砂崩れが想定災害とされている。自治連合会の会長等をやられている大迫隆典会長の影響が大変大きいと思う。熱心に皆のために活動されていて，河川清掃とかの活動が防災活動にまで拡大していき，地域防災力が向上した。マンションも一軒家もあるので，新しく移ってきた住民も積極的に受け入れて町内自治会の加入者を増やし

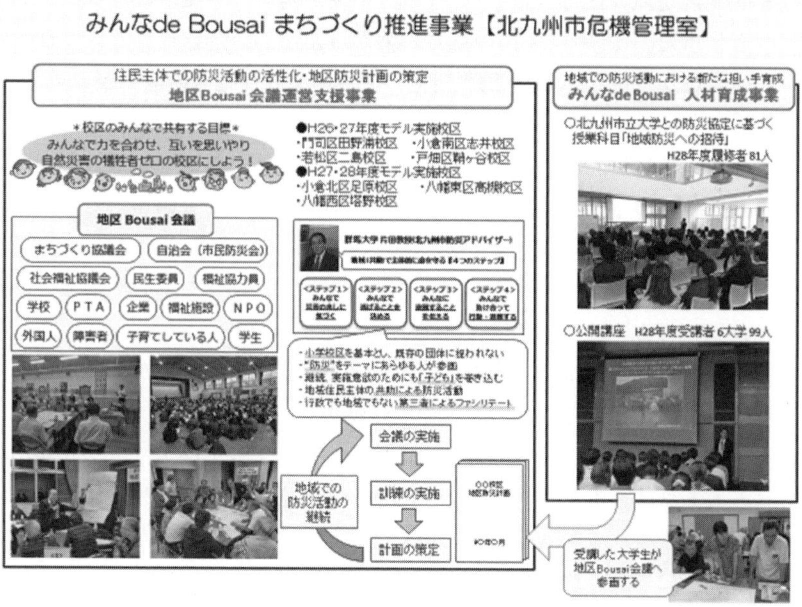

◇3　北九州市の防災担当者に対する半構造化面接法によるインタビュー調査とSCATを用いた質的データ分析

図5-4　まちづくり推進事業の全体像（北九州市危機管理室資料より）

　　た。市民センターで活動して，校区全体で良い人間関係を構築している。
③若松区二島（ふたしま）校区は，土砂災害のイエローゾーンがある。
④戸畑区鞘ヶ谷校区は，他のモデル校区と比較して自然災害の危険が高くはないが，新しい住宅街と古い住宅街が融合した地域である。
　しかし，このような特徴を出して地区防災計画づくりをしていこうとしたが，うまくいかなかった。海に面した校区でも，山も近くにあるということもあり，住民の防災に対する意識の方向性が違うところがあった。また，逆にどこの校区にも共通して想定される災害も多く，これらは，「4つのステップ」で考えていけば，突発的に起こる地震以外はどれも備えたりして，対応できるので，地域特性よりは，むしろ，各校区の危機意識があるか否かとか，やる気とか，防災活動の実行のほうが，地区防災計画づくりに当たっては，重要であるように思った。
　2015〜2016年度のモデル地区3校区は，2014〜2015年度にモデル地区を出していない残り3つの行政区で説明会を実施し，希望のあった校区にお願いし，市内7行政区全てに1つずつモデル校区を作った。

◆第5章◆　北九州市の地区防災計画

⑤小倉北区足原校区は，最初は，「地区防災計画のような話は，行政がやるべき仕事だ。」という住民の意見が強かったが，会合を重ねるにつれて住民の意識が変化し，「地区防災計画づくりのような地域の活動が重要だ。」と考える住民が増加していった。

⑥八幡西区塔野校区は，元市議会議員が中心になって進めているところだが，市議会時代のこととは関係なく，地域に対する思いで進めているように思う。校区内に二級河川（金山川）が流れているほかは，これといった災害のない場所だが，河川近くに障害者施設があり，防災を通じて地域との連携が見られる。

⑦八幡東区高槻校区は，市内でも土砂災害（特別）警戒区域が多い地域で，河川もあることから，自然災害の危険性が高い地域である。

　各モデル校区の状況については，自主防災組織の会長や防災リーダーが中心のところもあれば，市民センターが中心のところもあるので，校区によって特徴は多様である。地域で話し合っていく中で，地域のありようが防災にあらわれてくるように思う。比較は難しいが，取組が一番進んでいるのは，あえていえば②小倉南区志井校区だと思うが，長く活動を行われている大迫会長がいる影響が大きい。この校区は，文教地区で学校を巻き込んでやる等特徴が出ているし，催しをやっても100人もの住民が集まる熱心な校区である。

（参考）北九州市の小学校区（計132）行政区別一覧（下線が2014～2016年度モデル校区）

　門司区　18（伊川，大積，小森江西，小森江東，白野江，大里東，大里南，大里柳，田野浦，西門司，萩ケ丘，柄杓田，藤松，松ケ江北，松ケ江南，港が丘，門司海青，門司中央，）

　小倉北区 22（藍島，足原，足立，泉台，到津，井堀，今町，北小倉，貴船，清水，霧丘，小倉中央，桜丘，三郎丸，寿山，富野，中井，中島，西小倉，日明，南丘，南小倉）

　小倉南区 26（市丸，合馬，長行，企救丘，北方，朽網，葛原，広徳，志井，城野，新道寺，すがお，曽根，曽根東，高蔵，田原，徳力，長尾，貫，沼，東朽網，守恒，湯川，横代，吉田，若園）

　若松区 15（青葉，赤崎，江川，鴨生田，小石，修多羅，高須，花房，花房安屋，ひびきの，深町，藤木，二島，古前，若松中央）

八幡東区 11（祝町，枝光，大蔵，河内，皿倉，高槻，高見，槻田，花尾，ひびきが丘，八幡）

八幡西区 32（青山，赤坂，浅川，穴生，池田，医生丘，永犬丸，永犬丸西，大原，折尾西，折尾東，香月，楠橋，熊西，黒畑，黒崎中央，上津役，木屋瀬，竹末，千代，筒井，塔野，中尾，鳴水，則松，萩原，引野，星ヶ丘，本城，光貞，八児，八枝）

戸畑区 8（あやめが丘，一枝，大谷，鞘ヶ谷，天籟寺，戸畑中央，中原，牧山）

（ⅲ）2017 年度からの特徴（質問事項⑤関係）

2017 年度からは，一般事業化とし，実施校区を公募し，申込のあった 7 校区で実施することが決まった。なお，従来は 2 年単位であったが，3 年間のモデル事業での経験を踏まえ，1 年単位で実施することにした。各校区の特徴は以下のようになっている。

① 門司区大積校区は，校区全体が山に囲まれ，土砂災害警戒区域・特別警戒区域に位置する住宅が多い。1953（昭和 28）年の水害では当校区で 12 名の死者が発生している。また，木造住宅が多いことから，緊急避難場所となり得る場所も少ない。校区人口のうち高齢者が占める割合は 39% となっている。

② 小倉北区北小倉校区は，校区の西側を南北に境川が流れ，大雨と満潮が重なると氾濫する。子供が年に 1 回高齢者宅を訪問し交流を図る福祉活動（小学校お助けマン事業）が実施されている。校区人口のうち高齢者が占める割合は 35% となっている。

③ 小倉北区中島校区は，過去に校区内複数の場所で内水氾濫が発生している。また，古い木造住宅が密集している場所があり，地震や火災による被害拡大の懸念もある。校区人口のうち高齢者が占める割合は 26% となっている。

④ 小倉北区泉台校区は，国道 3 号線を境に平地と傾斜地に別れており，傾斜地の一部分が土砂災害警戒区域・特別警戒区域である。地域の各組織間のつながりが非常に弱い。校区人口のうち高齢者が占める割合は 29% となっている。

⑤ 八幡東区高見校区は，1 校区に 2 つの自治会があり，防災に対する温度差がみられる。校区の一部が土砂災害警戒区域・特別警戒区域に指定されており，また，校区中央を流れる板櫃川が過去に氾濫している。校区人口の

うち高齢者が占める割合は36%となっている。

⑥八幡東区八幡校区は，1校区に2つの自治会があり，校区の一部が土砂災害警戒区域・特別警戒区域に指定されており，小中学校への通学路がこの区域に入っている。校区人口のうち高齢者が占める割合は36%となっている。

⑦戸畑区中原校区は，1校区に2つの自治会がある。校区には特にハザードは見られないが，過去の台風で一部浸水が発生した場所がある。また，木造住宅が多いことから火災が懸念される。校区人口のうち高齢者が占める割合は29%となっている。

（iv）地域のやりたい気持ちとプロセスを重視（質問⑨関係）

事業の特徴は，地域の防災活動について，行政がやるだけでなく，地域の主体性を大切に，その主体性を活用するようにしている。行政の呼びかけだけでは一過性のある活動になってしまい。住民自身がやらないと，結局は，うまく動かない。例えば，各校区での避難訓練でも，行政の呼びかけだけでは，100人集めるのも大変だが，校区の住民たちが自分たちで呼びかけると500人規模で住民が集まる。法律で地区防災計画制度ができたので，地域での取組を進めようとしても，地域住民からみると「行政の仕事だ」ということで反発を受けることも多かったが，役所が主導でやるのと，地域住民が自らやるのとでは，訓練への参加人数も異なってくるので，地域の主体性が重要である。

「地区Bousai会議」による地区防災計画づくりの仕組みは，計画をつくるプロセスを重視しており，計画を決める過程で住民が皆で実践していくことが，後々地域に大きなメリットをもたらすと考えている。

埼玉県戸田市では，地区防災計画づくりをやりたいと考えている住民が積極的に取り組んだことから，町内会・自治会単位での地区防災計画づくりが進んだが，それが，周辺の取組が遅れている町内会・自治会の住民にも影響を与えて，広く取組が進んでおり，そのような例を参考にしている[32]。一方で，実行力に問題があるのかもしれないが，行政区単位での地区防災計画を目指している相模原市は，やや方向性が異なっているように思う。

---

(32) 群馬大学時代の片田教授が指導したことから群馬大学にオリジナルHPがある。同大学HP：http://dsel.ce.gunma-u.ac.jp/toda_ws/cont-30.html 参照。

◇3　北九州市の防災担当者に対する半構造化面接法によるインタビュー調査とSCATを用いた質的データ分析

（ⅴ）福祉施設や学校と連携し，地域のつながりを再構築（質問事項⑩関係）

　地域住民が避難の際に福祉施設を利用させてもらう一方で，福祉施設の要支援者のために非常時に車椅子を押してあげるというような地域住民と福祉施設の連携の事例がある。普段から地域住民の近くに施設があるにもかかわらず，地域住民も施設側もそのことを意識しないことが多いが，地区防災計画づくりという防災活動がきっかけになって，そのような地域の内情を見つめなおし，いざというときに備えて，地域における互いのつながりを再発見して，地域のつながりをうまくつなぎなおすような効果も出ているように思う。

　北九州市と北九州市立大学が協定[33]を結んでうまく連携して講座「地域防災への招待」を開設できた背景には，自分（梅木係長）の母校だったこともあるが，当時の危機管理監が同大学理事，危機管理室長が同大学事務局総務課長の経験者で，教育や文化に造詣が深く，関係方面と人間関係を構築していたことが影響したと思う。

　当該大学の講座は半期15コマであるが，最後の2コマは市の公開講座と合同開催することにした。もともと市の公開講座自体は，2014年に市が片田教授等と始めたが，市の公開講座だけでは続かない懸念があったので，2015年から大学の授業と連携させて，セットの形にした。なお，当該講義については，多様な分野の先生方が自ら希望されて講師を担当している。公開講座は順調で，今年（2017年）7月23日の講座も80人以上の参加者があった。授業化したのは，防災活動の継続の手段として有用だったが，一方で，講師の先生方は，授業後の関係者による懇親会で，人間関係を構築することを楽しみにされている。

　北九州市は，消防局とは別の組織として，「危機管理室」が存在している。これは，もともとは消防局内にあったものだが，東日本大震災以降，市長部局の組織として，独立させており，地区防災計画への取組は，危機管理室が担当している。危機管理室のトップは「危機管理監」だが，公開講座の受講者には，片田教授と危機管理監の署名の入った修了証を出している。地域防災力は人間力でもあり，学生さんを育てて，「地区Bousai会議」で活躍してもらう仕組みにしている。学生さんにとっては，防災を通じて，地域活動や人間関係を体験することが社会に出てから役に立つと思う。また，それが，地域防災力のアッ

---

　(33)　「公立大学法人北九州市立大学と北九州市との防災に関する協定」（2015年3月11日）参照。

◆第5章◆　北九州市の地区防災計画

写真　北九州市の地区防災計画と運営パッケージ（筆者撮影）

プにもつながるので，学生さんと地域で互恵関係になる。なお，熊本地震の際には，短期間支援に行ったが，発災直後の授業でそのときの写真を見せて講義をすると，学生の食いつきが良かった。熊本地震後は，学生さんの防災意識の高まりが感じられる。

　地域の防災活動を考えると，大学生や子供の参加は，地区の住民にとって重要で，彼らが参加していると，地区の大人はいいかげんなことができないのでがんばることになる。本当は，地区の住民にとっては，同じ地区の若者に参加してもらうのがいいが，それが必ずしも容易でないので，市と地区が一体となって，市内の大学生に参加をお願いしているが，その影響は大変大きい。また，小学校の土曜の訓練等と連携して地域の防災活動を行うと，小学生の前でいいかげんなことはできないと大人もがんばるし，訓練後に，同じ方向に住む大人と小学生が一緒に帰ると世代をこえて人間関係ができる。また，志井校区では，幼稚園児を巻き込んでいるが，幼稚園児が「がんばれ」と言っていると，大人もいいかげんなことはできない。活動の継続に当たっては，本当に子供が核になる。

　前出のシンポジウムでシンポジストを務めた北九州市立大学3年の森茂（もりも）さんは，同大学の地域活動を担当する地域共生活動センターのラボにあるサークルのうち，防災防犯をやっているサークルの防災リーダーであり，高

◇ 3　北九州市の防災担当者に対する半構造化面接法によるインタビュー調査とSCATを用いた質的データ分析

槻校区の地区防災会議の委員のほか，北九州市防災会議のメンバーで，防災活動を若手女性に普及させるために協力してもらっている。

　（vi）有識者・市幹部・市議会議員の役割（質問事項②関係）

　有識者の役割については，本事業は，片田教授の提案を受けて進めてきた。もともと，東日本大震災前から片田教授とは，JICAの海外研修等に参加した北九州市職員と面識があったことから，片田教授に市での講演等をお願いしていた。東日本大震災以後は，釜石市に北九州市の職員を支援のために派遣して「釜石デスク」を設置しており，「釜石つながり」もあった。そのようなこともあり，東日本大震災後に北九州市の地域防災計画の見直しに関する会議の座長をお願いしており，続けて「まちづくり懇話会」の座長をお願いした。その後，「まちづくり懇話会」の議論を踏まえ，片田教授がファシリテーターになって7つの区で「まちづくり車座集会」を行い，それを踏まえて2014年から「まちづくり推進事業」を実施した。現在，片田教授は，北九州市の国土強靭化会議の座長もやっており，国土強靭化計画の中にも全校区で地区防災計画づくりに取り組むことを盛り込むことになっている。

　市長が片田教授の提案を高く評価して，取組が本格化したが，地区防災計画制度が創設されたことを受けて，市議会からも強い要望があり，取組が加速されてきた面もある。

　（vii）担当行政官のやりがいと行政OBの活躍（質問事項⑨関係）

　担当行政官は，「地区Bousai会議」を支援するが，同会議は，平日19時から実施することが多く，暗くなってから，勤務時間外に地域の支援に行くことになるほか，月に1回のモデル地区の会合の前後にも関係者の会議が多数あるので，その前後にやるべきことが多い。まれに土曜日に会議を開催することもあり，正直，担当行政官は，結構大変だが，皆が喜んでいる姿をみると，それ以上に大きなやりがいがある。

　2014年に北九州市民で初めて防災担当大臣表彰をもらった志井校区の大迫会長は，市職員のOBであるし，地区によっては市議会議員OBがいる等行政関係のOBは地域で長く防災活動をしている例がある。なお，大迫会長は，住民のリーダーとして，校区の市民センターを中心に良好な人間関係を構築されて活動されており，河川の清掃活動等の地域活動とあわせて防災活動を実施している[34]。

　前述の「ファシリテーター」にも，市危機管理室OB等も入っており，担当

◆第5章◆　北九州市の地区防災計画

行政官時代の経験をいかして，地域の防災活動で活躍している。

(ⅷ) 今後の課題（質問事項⑤関係）

「地区 Bousai 会議運営支援事業」では，各モデル校区で「地区防災計画」（の案）を作っているが，モデル地区で実施してきた地区防災計画づくりは，現在のところは地域防災計画に載せられる段階の完成版ではない。まだ地域の防災計画をつくり始めた段階であるといえ，今後，住民が自ら話し合って決めるべき項目も多く，地域防災計画に載せるという意向を持つ段階に進む必要があるが，この部分は今後の課題となっており，まだ時間がかかると思われる。

モデル校区で作った地区防災計画を地域防災計画に載せるに当たっては，市の防災会議での審査の方向性が決まっていないこともネックになっているが，現在のところは，校区で作った地区防災計画の本体をそのまま地域防災計画に載せるのではなく，地区防災計画を作成した校区の名前を載せるようなイメージを持っている。また，市防災会議で報告承認の手続の中に入れるのがスタン

---

(34) 同校区のまちづくり協議会，社会福祉協議会，自治連合会及び市民防災会の会長である大迫隆典氏は，現在79歳だが，もともとは，北九州市市役所の職員であり，50歳代になって，区画整理等もあり志井校区に移転したところ，56歳頃に推薦されて町内自治会長，57歳で連合町内会長となり，それから市を退職してからもずっと22年間会長職を継続して務めてきた。従来の連合町内会長は，地位に胡坐をかいて何もしない人が多かったが，大迫会長は，毎日防災会等の事務局のある校区の市民センターに通って，市の職員とも連携して勢力的に地域活動・防災活動を行い，河川の清掃等の地域活動を通じて良好なコミュニティの関係を構築し，その地域活動での人間関係を防災活動にまで広げてきた。そして，そのような良好なコミュニティの人間関係がいきて，現在は，大迫会長が呼びかけると，校区内の1回の防災訓練に約700人の地域住民が自発的に参加するようになっている。これは，行政が呼びかけただけでは，絶対にできないことだと市の職員も言っている。『RKB 毎日』放送 2016 年 12 月 14 日放送「地域で取り組む災害対策　志井校区自治連合会」参照。会長は，長年の自主防災活動が評価され，北九州市民で初めて 2014 年に防災功労者防災担当大臣表彰を受賞した。同校区では，防災計画書を作成するための会議に多数の住民のほか校区の7つの学校が参加した。防災意識が高まっていることを受けて，防災まち歩きのほか，消防職員を招いて DIG（住民参加型災害図上訓練）を実施している。『北九州市政だより』1237 号（2015 年 3 月 1 日）。なお，同会長によると，防災訓練の規模が大きくなったおかげで，町内自治会への参加者募集も容易になり，町内自治会への加入者が増加したので，防災活動と地域活動の関係は大きいそうである。なお，2017 年 9 月 5 日に北九州市小倉南区志井市民センターで大迫会長に対するインタビュー調査を実施したが，紙面の関係から，詳細は別稿に譲ることにする。

ダードだと考えているが，会議にかける要綱づくりも必要になる。手続のルール化についても今後の課題である。

　企業の巻き込みはうまくいってない。最初は，「地区 Bousai 会議」に参加してくれるが続かない。ただ，社会福祉施設である老健施設（老人ホーム）を巻き込んで，避難所を新たに確保する[35]等うまくいったことはある。福祉施設は潜在的に助けを必要としている反面，よい施設を持っているので，一般の避難者を受け入れることができる場合があり，互恵関係にあることが影響している。なお，企業等の BCP とは違うところもある。あと，車座集会で住民の避難受け入れ等の意向を示した企業は，戸畑校区のイオンの例だと思うが，行政が絡むのは難しいので，詳細は，住民とイオンの間でやってもらうことにした。

　地域の負担が増えるという指摘に対しては，前述の福祉施設との連携の話とか，子供を巻き込むことの重要性のような説明によって，防災と地域活動を連携して，まちづくりや地域活性化につなげていくことが，重要であるというような説明が一般にはわかりやすいのではないか。

◆ 4　結びにかえて

　2016 年の熊本地震や 2017 年の九州北部豪雨等を受けて，日本中で地震，台風，豪雨等の災害に対する意識が高まっており，そのような中で，「地区防災計画制度」が改めて注目されている。

　同制度は創設されてから 4 年が経過し，全国で関連する取組が試みられているが，行政主導で計画づくりを進めた結果，住民主体で計画に基づいて活動するのが難しかったり（過度なトップダウン），住民主体で計画づくりを実施しようとしても，住民全体の協力が得られなかったり，住民合意に至らなかったり等難航するケースも少なくない（ボトムアップ型の失敗）。また，計画づくりが，行政への要求のためのプロセスになったり（公助への過度の依存），マニュアルの名簿欄に既存の町内会等の役員名を記入することを計画づくりだと考えている例もあるようである。これらの事例は，制度の本来の趣旨や実効性の確保という観点から問題が指摘されるであろう。

---

(35) 事業の対象地区の中では，地区防災計画について検討する中で，地区の住民が，いざというときに避難所として福祉施設を利用させてもらうかわりに，福祉施設の要支援者のために非常時に車椅子を押してあげる等地域住民と福祉施設の協力関係が構築された事例が注目されている。

◆第5章◆　北九州市の地区防災計画

「地区防災計画制度」のスタンダードである内閣府の『地区防災計画ガイドライン』等（内閣府 2014a; 内閣府 2014b; 西澤・筒井 2014）によれば，同制度の特徴は，①地域住民や企業を主体とした共助によるボトムアップ型の制度で，②各地区の特性に対応したオリジナルなものであり，③計画を作るだけでなく，毎年訓練を通じて見直しを行い，いざというときに備えて，継続的な防災活動の実施を重視した制度である。

同制度の趣旨を踏まえるならば，①行政に何かを要求するのではなく，自分たちが与えられた環境で，相互の助け合いによって何ができるかを考えること，②住民が，地区の特性を把握した上で，過去の災害経験や想定されている災害について認識し，相互に助け合って行政と連携して，各地区にあった活動を展開すること，③地域で連携した防災訓練等を通じて防災活動を継続することがポイントになる。

この点，本章で紹介した北九州市の地区防災計画づくりの取組である「まちづくり推進事業」は，①担当の行政官が，過度なトップダウンとならないようにバランスをとって各校区をうまく支援しており，地域コミュニティの住民自身が校区の状況を認知し，主体となってボトムアップ型の活動を行っている点が注目される。

また，②大学教員である有識者，NPO，自治体の防災担当関係者等の地域コミュニティ外の有識者等にファシリテーター等としてサポートしてもらうとともに，マニュアル等の資料を活用することで，短期間に効果的に各校区の防災力を底上げし，各校区の災害経験や想定災害を踏まえて各校区独自の計画を作成している点も「地区防災計画制度」の趣旨に沿った優れた取組である。なお，その際に，防災を「行政の仕事」であるという住民の誤解を解き，住民に防災を「我が事」として考えてもらっている点も評価されるべきである。

さらに，③福祉施設，学校，企業等の多様な主体を地域の防災活動に巻き込んで，地域防災力を底上げし，④大学生から幼稚園児までの子供・若者をうまく防災活動に参加させて，大人のやる気を引き出して，防災力を底上げしつつ継続させる等地域全体で連携して防災活動を継続させるための工夫がみられる。

そして，⑤校区の自治連合会の会長等のような献身的な住民のリーダーの存在，⑥コミュニティセンター等を中心とした新規居住者を積極的に受け入れた校区単位の良好な人間関係，⑦河川の清掃活動のような日常的な地域活動が防災活動にまで拡大し，結果的に地域防災力の向上につながっている，いわゆる

◇ 4　結びにかえて

「結果防災」といえるような特徴もみられる。

　このような優れた取組の中で，特に注目すべきなのは，⑧これらの活動を支援している担当行政官が，担当業務を離れてからも，担当していた地域コミュニティに寄り添って，地域住民としての立場やNPOとしての立場で，地域コミュニティの活動を側面的に支援していることである。このような立場をかえた個人的な支援が，行政と地域コミュニティの連携を可能にするとともに，行政に蓄積されたノウハウを地域コミュニティに伝えることにもつながっているのである。

　地区防災計画づくりに限らず，地域コミュニティの防災力の向上には，ソーシャル・キャピタル理論等によって，地域コミュニティ内の住民の人間関係の良好性が鍵になるといわれているが(36)，ノウハウを持った担当行政官が異動してからも立場をかえて地域コミュニティの住民として個人的にその防災活動を支援していくことが，大変大きな役割を果たしている。

　「地区防災計画制度」の推進に当たっては，単なる計画の数とかカバーエリアだけでなく，その質や活動の継続の可能性等を十分に考慮する必要があるが，本章で取り上げた北九州市の地区防災計画づくりの事例は，今後の地域防災力の強化を考える上で，大きなヒントになるのではないかと考える。

　特に，市の防災担当出身者の地域コミュニティでの活用の在り方等については，行政と地域コミュニティの連携の鍵となる重要な要素であり，今後さらに継続して観察し，考察を行う必要があると考えている。

---

(36)　地域コミュニティにおける住民のネットワーク，信頼関係，互酬性（お互い様の意識）等を特徴とするソーシャル・キャピタルの醸成が地域コミュニティの活性化や防災力の強化につながることが指摘されている。つまり，地域コミュニティにおける人間関係の良好性が，地域防災力の向上に大きな影響を与えると思われる（内閣府2014a；布施2015）。なお，災害が被災地のソーシャル・キャピタルを強化しているほか，復興過程でソーシャル・キャピタルが重要な役割を果たしており，ソーシャル・キャピタルを活用した防災計画の作成が重要であるという指摘もある（稲葉2017；川脇2017b）。

◆第5章◆　北九州市の地区防災計画

表　SCATによる市防災担当職員へのインタビューの分析例（様式については大谷（2008）参照）

2017年8月4日（金）　北九州市防災担当職員への半構造化面接法によるインタビュー分析（一部抜粋）
インタビュイー：金　インタビュアー：梅木久夫　北九州市消防局警防課防係長ほか１名
場所：北九州市消防局

番号	発話者	テキスト	①テキスト中の注目すべき語句	②テキスト中の語句の言い換え	③左を説明するようなテキスト外の概念	④テーマ・構成概念（前後や全体の文脈を考慮して）	⑤疑問・課題
1	聞き手	モデル校区のうち、志井校区でうまく計画づくりが進んでいる要因は何ですか。					
2	梅木氏	自治連合会会長等をやられている志茂典亮会長の影響が大変大きいと思いますね。熱心に河川清掃とかのため活動がされていて、河川清掃とかの活動が防災活動にまで拡大していきまして、地域防災力が向上しました。	連合自治会会長、熱心、献身的、日頃の地域活動、地域防災力向上	住民のリーダー、献身的、日頃の地域活動、日常性、安全性向上	地域コミュニティのリーダー、勤勉さ、結果、防災	自治連合会会長等の献身的な住民のリーダーの存在、地域活動の拡大による地域防災力向上。	熱心に自治連合会会長等を続けられる秘訣は何か。
3	聞き手	ほかにもうまく進むための特徴がありますか。					
4	梅木氏	マンションも一軒家も新しく移ってきたので、新しく移ってきた住民も積極的に受け入れて町内自治会の加入者を増やしていますね。市民センターで活動して、校区全体で良い関係を構築しています。	新しく移ってきた住民、積極的受け入れ、町内自治会、市民センター、良い関係	新規住民歓迎、地域コミュニティ、コミュニティセンター、良好な人間関係	外部からの人口流入、町内会、活動拠点、防災力向上	新規居住者の積極的受け入れ、校区全体での良好な人間関係	マンション住民の町内自治会加入率などのように変化しているか。

ストーリーライン（現時点で言えること）：うまく防災計画づくりを進めている志井校区では、連合自治会長等の献身的な住民のリーダーの存在とコミュニティセンター等を中心とした新規居住者を積極的に受け入れる校区全体の良好な人間関係という特徴がある。

理論記述：地域コミュニティにおける献身的な住民のリーダーの存在と新規居住者を積極的に受け入れる校区全体の良好な人間関係が防災計画づくりの成功の要因。

さらに追究すべき点・課題：住民のリーダーが、熱心に自治連合会会長等を続けられる秘訣やマンション住民の町内自治会加入率の変化。

〈文 献〉

〈文 献〉

天国邦博・荏本孝久・望月利男（2000）「地震災害の脆弱性に関する都市間比較の試み――政令指定都市を事例として」『自然災害科学』18 巻 4 号.

（公財）アジア成長研究所（2016）『北九州の人口動態と都市構造に関する研究』.

Brown, J., Isaacs, D., & World Café Community, (2005), The World Café: Shaping our futures through conversations that matter. Berrett-Koehler Publ.

布施匡章（2015）「ソーシャル・キャピタルが防災活動に与える影響に関する実証分析――震災関連 3 都市住民アンケートを用いて」地区防災計画学会誌 4 号.

Glaser, B.G. and Strauss, A.L. (1967), The discovery of grounded theory: Strategies for qualitative research. Aldine Publishing Company.

林秀弥・金思穎・西澤雅道・筒井智士（2016）「熊本地震を踏まえた地区防災計画等による地域防災力強化の在り方」『名古屋大学法政論集』267 号.

稲葉陽二（2017）「ソーシャル・キャピタル――震災からの知見と地区防災計画のためのソーシャル・キャピタル調査の重要性」地区防災計画学会誌 8 号.

井上禎男・山﨑裕行・山辺真一・川田伸一（2015）「中山間地における地区防災計画――上大河平地区・えびの市の取組み」福岡大学法学論叢 59 巻 4 号.

川脇康生（2017a）「「住民自治」の実践としての地区防災計画作成の意義と課題」地区防災計画学会誌 8 号.

――（2017b）「『住民自治』の実践としての地区防災計画作成の意義と課題（大会報告予稿）」地区防災計画学会誌 9 号.

北九州市（2015）「北九州市防災ガイドブック――生き抜く術の心得帖（小倉南区版）」.

――（2017）「北九州市市勢概要 2017」.

北九州市危機管理室（2016）「北九州市立大学防災科目『地域防災への招待』の開講について」環境と防災（北九州市立大学地域戦略研究所紀要）5 巻 1 号.

国土交通省水管理・国土保全局河川環境課水防企画室（2016）『水害ハザードマップ作成の手引き』.

厚生労働省地域包括ケア研究会（2008）『地域包括ケア研究会報告書』.

室井研二（2016）「巨大地震被害想定下のコミュニティ――高知市の事例より」社会分析 43 号.

永井拓己（2013）「都市コミュニティにおけるボランティア活動の継続に関する一考察――SCAT 法によるテキストデータ分析の試み」日本福祉大学健康科学論集 16 号.

内閣府（2014a）『地区防災計画ガイドライン』.

――（2014b）『平成 26 年版防災白書』.

――(2017)『(2017 年)地区防災計画フォーラム資料』.
西澤雅道(2014)「地区防災計画で地域活性化」リスク対策.com Vol. 43.
西澤雅道・金思穎・筒井智士(2016)「熊本地震及び地区防災計画に関する社会学的・行政学的考察」福岡大学法学論叢 61 巻 2 号.
西澤雅道・金思穎・西渉・堤宏徳・川島悟・原田佐良子・的場孝文・安部宏紀・山本美桜(2017)「防災と九州地域政策」福岡大学法学論叢 62 巻 3 号.
西澤雅道・金思穎・防災行政研究会(2017)「シンポジウム印象記 熊本地震から 1 年を振り返って」地区防災計画学会誌 10 号.
西澤雅道・筒井智士(2014)『地区防災計画制度入門』NTT 出版.
西澤雅道・筒井智士・田中重好(2015)「東日本大震災後の地域コミュニティにおける住民主体の防災計画の課題」災後の社会学 3 号.
大谷尚(2008)「4 ステップコーディングによる質的データ分析手法 SCAT の提案――着手しやすく小規模データにも適用可能な理論化の手続き」名古屋大学大学院教育発達科学研究科紀要(教育科学)54 巻 2 号.
――(2011)「SCAT: steps for coding and theorization ――明示的手続きで着手しやすく小規模データに適用可能な質的データ分析手法」感性工学 10 巻 3 号.
大矢根淳(2012)「地域防災活動におけるレジリエンス――川崎市多摩区中野島町会「防災マップ」づくりの事例から」かながわ政策研究・大学連携ジャーナル 3 号.
佐藤郁哉(2008)『質的データ分析法――原理・方法・実践』新曜社.
忍正人・小山歩美(2016)「防災における小学校圏域の活用に関する一考察」名寄市立大学社会福祉学科研究紀要 5 巻 10 号.
武田文男・竹内潔・水山高久・池谷浩(2016)「政令指定都市における防災・危機管理対策に関する比較研究」GRIPS Discussion Paper 16 巻 4 号.
田中重好(2014)「東日本大震災を踏まえた防災パラダイム転換」『社会学評論』64 巻 3 号.
出口隆(1999)「回想 五市合併」北九州 80 号.
魚町商店街振興組合・魚町一丁目商店街振興組合(2012)『アーケード誕生 60 周年記念誌 小倉魚町銀天街物語』.
Wisner, Ben, Piers Blakie, Terry Cannon, and Ian Davis (2004), At Risk: Natural hazards, people's vulnerability and disasters, 2ed, Routledge.
矢守克也(2011)『"生活防災"のすすめ――東日本大震災と日本社会』ナカニシヤ出版.
横浜市立大学地理学教室(2011)『北九州市の社会経済と都市環境整備』.

第6章

地域コミュニティと企業等の多様な主体との連携

要 旨

　本章では，熊本地震を受けて防災の意識が高まってきた企業等の事業継続計画（BCP）や事業継続マネジメント（BCM）に関する考え方の変化を踏まえ，地域コミュニティと企業等の多様な主体との連携の在り方について考察を行った。

　その結果，企業等の中には，災害時に，商業活動による利益よりも，地域コミュニティと連携した共助による防災活動を優先し，コミュニティと連携することで，結果として，早期の復旧・復興に成功している事例があることが判明した。また，地域コミュニティ側も，ノウハウとマンパワーを有する企業等の多様な主体との連携を歓迎していることがわかった。

◆ 1 はじめに

（1）背　景

　2016年4月に発生した熊本地震によって，熊本をはじめとする九州の多くの地域で被害が発生し，高速道路や新幹線が寸断され，水，電気，ガス等のライフラインが破壊された。熊本地震による死者は，災害関連死の疑いのある者を含めて約270人となっている。

　筆者らが，被災地で調査を行ったところ，熊本地震については，行政，地域住民，事業者等の防災意識，避難訓練，避難所の整備，備蓄，耐震化，帰宅困難者対策，事業継続計画（Business Continuity Plan: BCP），事業継続マネジメン

ト（Business Continuity Management: BCM）等に問題があり，東日本大震災で指摘されていたことが再び同じように問題になっていることが判明した。特に，九州地方では，東日本大震災の教訓を踏まえ，災害を我が事としてとらえ，それに備えるという予防的な感覚が不足しており，そのことが，被害を拡大させたと思われる（西澤・金ほか 2016; 林・金ほか 2016）。

東日本大震災後の 2013 年の「災害対策基本法」の改正では，新たに「事業者の責務」に関する規定が追加された（7条2項参照）。改正前の同法では，指定公共機関や指定地方公共機関以外の民間事業者は，一般住民と同じように，一般的な防災に寄与する努力義務を有するに過ぎなかった。しかし，東日本大震災では，災害応急対策等に関し，多くの事業者からの協力によって行政は対応していた。また，今後発生が懸念される大規模広域災害に備えるためにも，事業者からの協力を得ることが不可欠である。そこで，「災害応急対策等に関する事業者」の責務として，災害時における事業活動の継続的実施と，国及び地方公共団体が実施する防災に関する施策への協力に努めることを規定し，官民が一体となって災害対策に取り組むことを明らかにした。

この「災害応急対策等に関する事業者」（条文上は，「災害応急対策又は災害復旧に必要な物資若しくは資材又は役務の供給又は提供を業とする者」とされている。）としては，スーパーマーケット，コンビニエンスストア，飲食料品メーカー，医薬品メーカー，医療関係者，輸送関係者，旅客（貨物）運送事業者，建設事業者，セメント・鉄鋼，重機等の資機材を取り扱う事業者が想定されていた。

また，電気，ガス，水道，通信等のライフラインを保有する民間事業者については，その多くが指定公共機関又は指定地方公共機関として指定されていることから，各事業者が定める防災業務計画又は各地方公共団体の地域防災計画に基づき，早期復旧のための備えがなされており，これらのライフラインの事業者が指定公共機関又は指定地方公共機関として行う取組についても，本条文の対象に含むものと解されている（災害対策法制研究会 2014: 14; 防災行政研究会 2016: 95）。

しかし，熊本地震についてみる限り，これらの規定がうまく活用されて，事業者による事業活動が継続的に実施され，災害対策が効果的に進んだとはいえないようである。それでは，BCP 及び BCM に係る取組について，どのような問題があるのであろうか。

◇1　はじめに

(2) 先行研究

　BCP 及び BCM に関する先行研究をみると，研究者によってかなり多様な整理の仕方があるようであるが，ここでは，内閣府の関係ガイドラインや解説書（内閣府 2013; 内閣府 2014a）の整理を参考にして進めていきたい。なお，行政機関向けの BCP に関するガイドラインとしては，内閣官房（2013），内閣府（2014b），内閣府（2010），内閣府（2007）等があるが，ここでは，多様な主体である民間事業者向けの BCP に焦点をあてる。

　日本の民間企業（事業者）向けの事業継続計画については，2005 年以降，情報セキュリティ分野を中心とした事業継続のガイドラインである経済産業省（2005），あらゆる企業・組織向けのガイドラインであり，想定災害として地震から取り組むことを推奨した内閣府（2005），中小企業の BCP 策定を支援するものであり，ネット上で策定作業を行うことができる中小企業庁（〔2006〕2012）等が公表され，その取組が進められてきた。そして，現在は，各府省から多様なガイドラインが出されており，例えば，食品産業については，新型インフルエンザを想定災害とした業務継続計画に関する農林水産省（2009）がある。また，内閣府（2005）は版が 2 回改められ，「あらゆる危機的事業を乗り越えるための戦略と対応」という副題を付けた内閣府（2013）が現在の最新版となっている（表 6-1）。

　また，各業界団体からも多様なガイドラインが出されているが，例えば，食やホスピタリティに関する損保ジャパン・リスクマネジメント（2009）や地震を想定災害として設定し，ホテルにおける従業員等の対応の指針について明らかにした日本ホテル協会（2007）がある（表 6-2）。

　研究者による代表的な論文等としては，内閣府（2005）の執筆者が，同ガイドラインの内容について解説した丸谷・指田（2006），BCP の普及のための専門人材の育成や中小企業への有効な普及方策について論じた丸谷（2008），東日本大震災の教訓を踏まえた事業継続の在り方について論じた丸谷（2011），内閣府（2013）におけるガイドラインの方向性について解説を行った丸谷（2015）等がある。

　内閣府（2013）は，内閣府「事業継続計画策定・運用促進方策に関する検討会」（座長：大林厚臣慶應義塾大学大学院経営管理研究科教授）での議論を踏まえて改正されたが，同検討会の委員等による東日本大震災以後に関わる代表的な著作としては，事業継続マネジメント（BCM）についての戦略的実務書である

◆第6章◆　地域コミュニティと企業等の多様な主体との連携

表6-1　各府省のガイドラインの例（内閣府 2014a: 72）

政府，中央省庁，地方公共団体向けの例

対象	ガイドラインの名称	策定者	策定時期
政府	新型インフルエンザ等対策政府行動計画	内閣官房	平成25年6月
政府	業務継続計画	内閣府	平成26年3月
中央省庁	中央省庁業務継続ガイドライン	内閣府	平成19年6月
地方公共団体	地震発災時における地方公共団体の業務継続の手引きとその解説第1版	内閣府	平成22年4月

民間企業等向けの例

対象	ガイドラインの名称	策定者	策定時期
あらゆる企業・組織	事業継続ガイドライン第三版―あらゆる危機的事象を乗り越えるための戦略と対応―	内閣府	平成25年8月
あらゆる企業・組織	企業の事業継続マネジメントにおける連携訓練の手引き	内閣府	平成24年3月
民間企業等	新型インフルエンザ等対策ガイドライン	内閣官房	平成25年6月
民間企業等	地方公共団体におけるICT部門の業務継続計画（ICT-BCP）初動版サンプル	総務省	平成25年5月
金融機関	主要行等向けの総合的な監督指針	金融庁	平成25年8月
金融機関	中小・地域金融機関向けの総合的な監督指針	金融庁	平成25年8月
金融機関	保険会社向けの総合的な監督指針	金融庁	平成25年8月
金融機関	金融商品取引業者等向けの総合的な監督指針	金融庁	平成25年8月
医療機関	医療情報システムの安全管理に関するガイドライン第4.1版	厚生労働省	平成22年2月
食品産業	～新型インフルエンザ対策～食品廃棄事業者等のための事業継続計画（簡易版）の策定及び取組の手引き	農林水産省	平成21年6月
民間企業等	ITサービス継続ガイドライン（改定版）	経済産業省	平成24年
民間企業等	事業継続計画策定ガイドライン ※企業における情報セキュリティガバナンスのあり方に関する研究会報告書参考資料	経済産業省	平成17年3月
中小企業	中小企業BCP策定運用指針　第2版 ～緊急事態を生き抜くために～	中小企業庁	平成24年3月
建設業	土木工事の一般競争入札にBCPの項目を追加	国土交通省	平成22年4月
下水道	下水道BCP策定マニュアル（地震編）～第1版～	国土交通省	平成21年11月

◇ 1　はじめに

表6-2　業界団体等の取組の例（内閣府 2014a: 73）

業界団体等の取組の例

対象	ガイドラインの名称	策定者	策定時期
銀行	震災対応にかかる業務継続計画（BCP）に関するガイドライン	全国銀行協会	平成24年3月
損害保険	災害等発生時行動基本計画	日本損害保険協会	平成24年6月
証券	会員の緊急時事業継続体制の整備に関するガイドライン	日本証券業協会	平成17年6月
食品卸売市場	事業継続計画策定のイメージと解説【青果市場卸売業】（新型インフル）	株式会社損保ジャパン・リスクマネジメント	平成21年12月
自動車部品	BCガイドライン初版	日本自動車部品協会	平成25年3月
電機・電子・情報通信	電機・電子・情報通信産業BCP策定・BCM導入のポイント～取り組み事例と課題～	電子情報技術産業協会／情報通信ネットワーク産業協会	平成20年1月
商社	商社BCPガイドライン	日本貿易会	平成19年11月
中小企業	中小企業BCPステップアップ・ガイド（4.0版）	事業継続推進機構	平成20年11月
中小企業	BCP策定ガイド	東京商工会議所	平成25年3月
物流	自然災害時における物流業のBCP作成ガイドライン	日本物流団体連合会	平成24年7月
建設	建設BCPガイドライン―大規模自然災害に備えた建設会社の行動指針―	日本建設業団体連合会	平成24年3月
建設	地域建設企業における「災害時事業継続の手引き」	全国建設業協会	
中小トラック運送	中小トラック運送事業者のためのリスク対策ガイドブック	全日本トラック協会	平成24年9月
不動産	不動産協会事業継続ガイドライン	不動産協会	平成19年11月
ホテル	地震発生時の対応活動指針	日本ホテル協会	平成19年11月

KPMG（2013），BCP開示企業の特徴と情報開示効果について述べた野田（2013），事業者のBCP及びBCM策定方法について具体的な解説を行った東京海上日動リスクコンサルティング（2013），政策投資銀行によるBCM格付け等非財務情報を用いた評価認証型の融資について解説した日本政策投資銀行

(2012)，BCM の実践的な再構築に関する解説書である安井（2013），BCP・BCM の歴史からレジリエンスまで地域活性化の視点も盛り込みつつ解説した中澤（2013），2012年5月15日に ISO（国際標準化機構）から出された事業継続マネジメントシステム（BCMS）の国際規格である ISO22301「社会セキュリティ－事業継続マネジメントシステム－要求事項」の考え方について解説した渡辺等（2013）等がある。なお，BCMS を実践するに当たっての ISO22301 との関係については Estall（2012）がある。

2013年の災害対策基本法で創設された地域コミュニティの住民や事業者による自助・共助による防災計画制度である「地区防災計画制度」（西澤・筒井 2014; 西澤ほか 2016; 林・金ほか 2016）と事業継続計画（BCP）及び地域継続計画（District Continuity Plan: DCP; 守 2007）について論じたものとして磯打（2015a）がある。なお，BCP 及び DCP について論じたものとして，丸谷（2013）がある。

（3）本章の位置付け

ここまで紹介してきた先行研究では，2013年に「災害対策基本法」の改正によって盛り込まれた「事業者の責務」のうち，事業活動の継続的な実施の在り方について，その法的な意味を含めて正面から検討を行ったものはみられないように思われる。また，熊本地震を題材として扱った関連研究も，発災から時間が経過していないことから，ほとんど見られない。

そこで，本章では，東日本大震災後に内閣府（2013）を執筆した当時の担当官に対するインタビュー調査を基に，熊本地震の教訓を踏まえて考察を行い，災害対策基本法改正に盛り込まれた「事業者の責務」のうち事業活動の継続的な実施の在り方について検討を行う。その際には，2020年の東京オリンピック・パラリンピックに向けて，日本の「おもてなしの心」を体現する産業として注目を集めつつも，BCP 及び BCM の分野で出遅れているといわれている食とホスピタリティ事業における BCP にも留意して考察を行う。

ところで，本章では，文献調査及びインタビュー調査（質的調査）を基に考察を行っているが，元内閣府の防災担当職員に対するインタビュー調査については，インフォーマント（情報提供者）のプライバシーに対する配慮が重要になるため，インフォーマントに対して事前に十分な説明を行い，調査の進め方や情報の取扱い等について同意を得たほか，調査結果の分析に当たっても，個人情報の取扱いに十分な配慮を行い，人権の保護及び法令等の遵守に係る問題

が生じないようにした。具体的には，インフォーマントの立場に配慮して，事前に調査の意義や位置付け，調査結果の取扱い等について十分な説明を行い（インフォームド・コンセント），調査者との間で信頼関係（ラポール）を築いた。

また，インタビュー調査に当たっては，事前リサーチで収集したインフォーマントの所属や実務経験等に関する情報を踏まえつつ，質問項目についておおまかな計画（インタビューガイド）を作成し，インタビューに臨んだ。

なお，インフォーマントの希望も踏まえ，インフォーマントが積極的に調査に参加できるように，質問項目についておおまかな計画（インタビューガイド）を作成し，質問の流れに応じて柔軟に質問項目を変えることができる「半構造化面接法」(semi-structured interview) を採用することとした。

◆ 2 地域コミュニティと企業等との新しい連携関係──内閣府 BCP ガイドライン

（1）事業継続計画（BCP）

事業継続計画（BCP）は，もともとは，米国で政府維持のための計画から始まったといわれており，1950 年代の冷戦期に核攻撃を受けた場合に，憲法に基づく政府が存続できるように連邦政府存続維持計画（Continuity of Government: COG）を準備したのが最初だといわれる。1962 年のキューバ危機以降は市民防衛の観点からこの計画が強化され，その後も米国を標的としたテロ事件が続いたことを受けて，連邦危機管理庁（Federal Emergency Management Agency: FEMA）を連邦政府の COG のための執行機関とし，1998 年に憲法に基づく政府の存続（COG）と連邦政府の機能の維持（Continuity of Operation: COOP）を保障することとしたといわれている（多田 2007a）。

事業者の防災活動に関して，事業継続計画づくりがあがることがあるが，事業継続計画は，簡単にいえば，事業者が，災害や事故で被害を受けても，重要な業務を中断しないための計画又は中断しても可能な限り短期間で再開するための計画である。

事業継続計画は，事業者による防災計画の一種であり，地域コミュニティにおける地区防災計画とも類似点が多く，日本では，先に民間企業等の実務の分野で取組が進んできた事業継続計画の取組が，「地区防災計画制度」に与えた影響も大きいが，事業継続計画は，ビジネス上での競争を意識した面が強いこ

とに注意が必要である。

　事業継続計画の考え方の背景にあるのは，事業者は，災害に備える防災の取組を実施するだけでなく，当該事業者自体が市場で生き延びるためには，どのような対応が必要であるかという問題である。いいかえれば，市場で行われている事業者間の競争において，発災時にできるだけ不利な立場に立たないようにするという自助的な側面が強調されるのである。また，近年は，経済の高度化に伴い，各市場におけるグローバル企業や大企業と呼ばれる規模の大きな事業者が増加しており，発災等に伴う一事業者の製品やサービスの供給停止が，社会経済に与える影響が拡大していることにも留意する必要がある。

　この事業継続及び事業継続計画について，地域防災力強化の観点も踏まえ，もう少し詳しくみていくことにしたい。

　事業者は，災害や事故で被害を受けても，重要な業務を中断しないこと，中断しても可能な限り短期間で再開することが必要であり，これが事業継続であるとされるが，このような事業継続に関する対応が当該事業者においてできない場合は，当該事業者の顧客がライバルである他社のサービスを利用する可能性がある。さらに，そのような顧客離れが進めば，当該事業者の市場でのシェアや影響力が低下し，収益や株価等にも影響が出るほか，事業者に対する総合的な評価の低下等にもつながる可能性がある。

　当然のことながら，事業者としては，このような事態は避けなければならないわけであり，災害や事故に備え，事業者を守る経営レベルの戦略的課題となっているのが，この事業継続であり，その事業継続を追求する計画が事業継続計画ということになる。

　一般に想定されている事業継続計画の内容としては，バックアップシステムやオフィスの確保，即応要員の確保，迅速な安否確認等が挙げられるが，事業者の規模，事業内容等によって，発災時に継続が求められる事業が異なることから，当然のことながら，事業継続計画の内容は，事業者によって異なるわけで，事業内容や特性に応じた取組を盛り込むことが重要になっている。

　事業継続の概念は，災害発生時に重要業務を許容される期間内に復旧させ，許容限界以上のレベルで事業を継続することである（図6-1）。この事業継続では，何よりも重要なのは，①経営者による方針策定であるとされており，それを受けて②事業継続計画を策定し，③事業継続計画の実施・運用，④従業員の教育訓練を経て，その⑤事業継続計画を点検・是正した上で，⑥その結果を

◇ 2　地域コミュニティと企業等との新しい連携関係

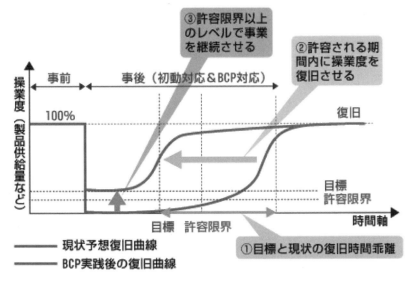

図6-1　事業継続の概念（内閣府 2013）

受けて，経営者が方針や事業継続計画を見直すというサイクルを繰り返し，事業の在り方を継続的に強化していくことが重要になる（図6-2）。

　ここで，事業継続計画の策定方法について簡単に整理しておきたい。

　最初に，①災害後に活用することが可能な人的・物的な資源を整理し，その限界を認識しつつ，発災時に継続すべき重要業務を絞り込むことが必要になる。次に，②各重要業務に目標となる操業の復旧時間を設定するとともに，③重要業務の継続に不可欠で，再調達や復旧に時間や手間がかかり，復旧の制約となる重要な要素や資源（ボトルネック）を洗い出し，これらの重要要素や資源を確保できるように，重点的に対処することになる。

　より具体的な手順について整理すると，①経営者が事業継続に関する方針を策定し，それを受けて，②検討対象とする災害の特定を行い，影響度の評価（停止期間と対応力の見積もり，重要業務の決定，目標復旧時間の設定等）を実施し，重要業務が受ける被害の想定を行った上で，重要な要素を抽出し，事業継続計画（指揮命令系統の明確化，本社等重要拠点の機能確保，対外的な情報発信・情報共有，情報システムのバックアップ，製品サービスの供給関係）を策定し，また，事業継続とともに求められるもの（生命の安全確保と安否確認，事務所・事業所及び設備の災害被害軽減，二次災害の防止，地域との調和・地域貢献，共助・相互

◆第6章◆　地域コミュニティと企業等の多様な主体との連携

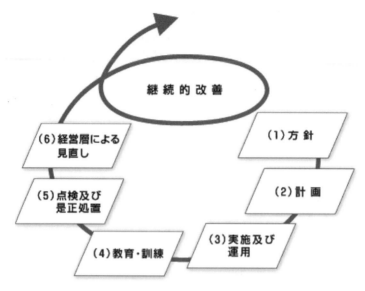

図6-2　事業継続の継続的改善（内閣府 2013）

扶助，その他の考慮項目）についても盛り込むことになる。そして，③事業継続計画に従った対応を実施し，文書の作成（計画書及びマニュアルの作成，チェックリストの作成），財務上の手当て，計画が本当に機能するかの確認等が行われ，災害時の経営判断の重要性について計画の実施及び運用を通じて認識を深めていくことなる。それから，④事業継続に関する教育訓練の実施，⑤事業継続計画の点検及び是正措置を経て，⑥経営層による事業継続計画の見直しが行われ，このサイクルが繰り返されることになる（図6-2）。

（2）内閣府のBCPガイドラインと事業者の取組の変化

事業継続に対する事業者の理解を深め，また，事業者が，事業継続計画を策定するに当たっての手がかりとなるように，内閣府は，2005年に「事業継続ガイドライン第1版」（内閣府 2005）を策定しており，その後，最新の傾向にあわせて，2009年（第2版）及び2013年（第3版）に改訂が行われている。特に第3版（内閣府 2013）は，事業継続計画の普及の状況，東日本大震災やタイにおける水害の教訓，国際動向等を踏まえ，事業者が，ガイドラインをより活用しやすくするために策定されたものである．

その中では，「地元地域社会を大切にする意識を持ち，地域との共生に配慮

◇ 2　地域コミュニティと企業等との新しい連携関係

することが重要」であり，「企業・組織は，地域を構成する一員として，地域への積極的な貢献が望まれる。地元の地方公共団体との協定をはじめ，平常時から地域の様々な主体との密な連携が推奨される。」（内閣府 2013; 20-21）としており，事業者が地域コミュニティに十分な配慮と連携をすることを求めている。

　また，地域コミュニティについては，「本ガイドラインは，取組が未着手の企業・組織に対してはその開始を，不十分である企業・組織に対してはその見直し・改善を推進し，さらにはサプライチェーン（供給網）の重要性等を念頭に，企業・組織間や地域内外での連携を促すことで，企業・組織や産業全体としての事業継続能力の向上を目指している。」（内閣府 2013; 1），「企業の重要な顧客や従業員の多くは地域の人々である場合も多く，また，復旧には，資材や機械の搬入や工事の騒音・振動など，事業所の周辺地域の理解・協力を得なければ実施できない事柄も多いため，地元地域との連携を考えることは大変重要である」（内閣府 2013; 20）等の記述がある。さらに，同ガイドラインの解説書である内閣府（2014a）では，「地元の地方公共団体や地域の様々な主体との連携」に関する協定の例として，「水・食料の提供，避難所の提供，復旧作業への協力から，機器の修理，物資の運送，技術者の派遣など，多様なものが想定され」，「行政以外の地域の様々な主体との関係については，例えば，自治会や非営利団体（NPO）との被災者支援での連携に加え，平常の防災活動に対して集会場所・展示物を提供したり，講師の派遣やセミナーを共催すること等も考えられ」る旨の記述がある（内閣府 2014a; 24）。

　2013年の「災害対策基本法」の改正において，7条2項に事業継続に関する規定が追加され，「災害応急対策又は災害復旧に必要な物資若しくは資材又は役務の供給又は提供を業とする者は，基本理念にのつとり，災害時においてもこれらの事業活動を継続的に実施するとともに，当該事業活動に関し，国又は地方公共団体が実施する防災に関する施策に協力するように努めなければならない。」と規定された。

　本章の冒頭でも触れたが，この「災害応急対策又は災害復旧に必要な物資若しくは資材又は役務の供給又は提供を業とする者」とは，スーパーマーケット，コンビニエンスストア，飲食料品メーカー，医薬品メーカー，医療関係者，輸送関係者，建築業者，旅客（貨物）運送事業者，セメント・鉄鋼・重機等の資機材を扱う者が想定されている。そして，電力，ガス，水道，通信等のライフ

◆第 6 章◆　地域コミュニティと企業等の多様な主体との連携

ラインを保有する民間事業者は，多くが「災害対策基本法」上の指定公共機関又は指定地方公共機関として指定されていることから，同法に基づき各事業者が定める防災業務計画又は地方公共団体の地域防災計画に基づき，早期復旧のための備えがなされている。なお，同項の「事業活動を継続的に実施」する努力義務は，ライフライン事業者が指定公共機関又は指定地方公共機関として行う取組についてもその対象に含んでいる（防災行政研究会 2016: 96）。

　ところで，このようなガイドラインが，政府によって作成され，また，東日本大震災等において，事業者による地域コミュニティでの自助・共助による防災活動が注目されたこともあり，東日本大震災以降は，事業者の意識が大きく変化している。

　東日本大震災の影響を受けて，事業者における防災計画の策定率や事業継続計画の策定率が上昇しており，2017（平成 29）年度の内閣府の調査では，資本金 10 億円以上の大企業において，事業継続計画が策定済み，策定中，策定予定（検討中を含む）と回答した企業の割合は，93.6％となっている。これは，東日本大震災前 2009（平成 21）年度が，75.3％であったことと比較すると，18.3 ポイント増加しており，事業者の防災意識の高まりや政府による普及啓発活動の成果であると思われる（図 6-3）。

　同様に中堅企業における事業継続計画の策定済み，策定中，策定予定（検討中を含む）の割合についても，2009 年度の 42.2％から 2017 年度の 74.2％に大きく伸びている。ただし，大企業の取組と比較すると低くなっていることに留意する必要がある。

　そして，2015 年度の内閣府の同調査によれば，全体的にみて，事業継続計画の策定のような事業者を取り巻くリスクを想定した経営を行うに当たってボトルネックとなっているのは，取組時間や専門家を含む人員の不足，知識・情報不足，業務の中でのリスク想定の欠如等があげられている（図 6-4）。特に中小企業の場合は，知識・情報不足，業務の中でのリスク想定の欠如，マネジメント方法の知識の欠如等が比較的高くなっており，中小企業に対してどのようにこれらのノウハウを伝えていくかが，一つの課題となっている（内閣府 2016: 22）。

　事業者による防災に関する地域コミュニティとの連携や協力も進んでおり，事業者のうち 27.4％が町内会や自主防災組織等地域団体の活動に参加し，また，21.6％は地方公共団体の活動に参加している。また，企業による地域との

◇ 2　地域コミュニティと企業等との新しい連携関係

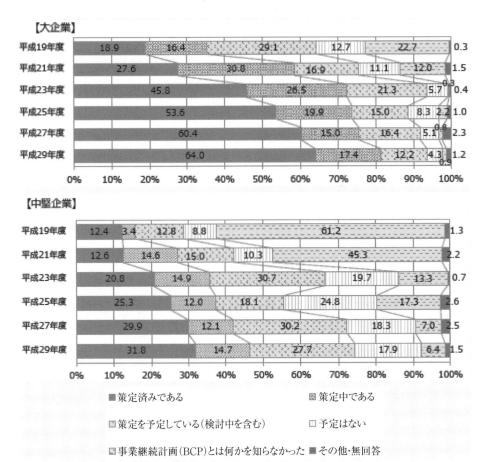

図6-3　大企業と中堅企業のBCP策定状況（内閣府 2018a, 2018b）

　具体的な連携内容としては，平時からの連絡体制の整備，地方公共団体等のシンポジウム・避難訓練への参加が5割近くを占めているほか，災害時支援の実践のための合同訓練，災害応援協定の締結，平時からの協議会等の設置等多様な取組への参加が広がりつつある（図6-5・6-6参照）。

（3）熊本地震と事業継続

　ところで，2016年4月の熊本地震を例に，事業継続計画及び事業継続について振り返ると，熊本地震が日本の企業全体に与えた影響は大変大きいことを指摘できる。

◆ 第6章 ◆ 地域コミュニティと企業等の多様な主体との連携

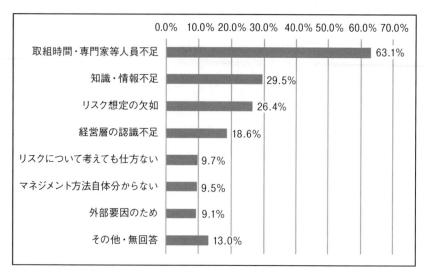

図6-4 企業活動を取り巻くリスクを想定した経営を行う予定がない理由（企業全体）（内閣府 2016）

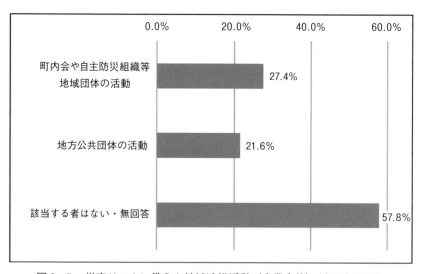

図6-5 災害リスクに備えた地域連携活動（企業全体）（内閣府 2016）

◇ 2　地域コミュニティと企業等との新しい連携関係

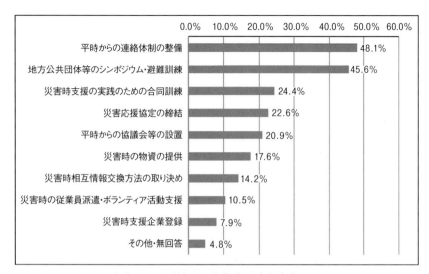

図6-6　企業による地域との具体的な連携内容（内閣府 2016）

　例えば，トヨタ自動車では，熊本市内に工場を持っていた取引先であるアイシン精機のグループ会社が被災し，ドアやエンジンの部品等の調達が難しくなったため，トヨタ自動車のグループ会社を含む国内の大半の工場の車両組み立てラインが止められることになった[1]。トヨタ自動車は，国内で調達できなくなった部品について，系列メーカーの海外拠点から取り寄せる等することによって，4月後半から操業を順次再開した。そして，震災による生産の遅れを取り戻すために，努力が続けられたが，同年8月時点で生産台数面では8万台程度減少し，収益については，その時点で7,000億円程度の減益要因になった[2]。
　その他にも，震災によって熊本県等の主力工場の一部が被災した自動車業界のホンダ，また，電機業界では，ソニー，東京エレクトロン等も16年3月期

---

[1] 『産経新聞』2016年4月25日「トヨタ生産遅れ8万台　ホンダやソニーは業績予想延期　広がる企業への影響」参照。
[2] 『日本経済新聞』2016年8月4日「トヨタ常務役員，地震による生産の遅れ「年内に取り戻す」」参照。なお，トヨタグループは，愛知製鋼で2016年1月に発生した爆発事故に伴う生産停止では約9万台の生産遅れが出ていた。『東京新聞』2016年7月29日「トヨタ，世界販売2位　熊本地震で生産遅れ　首位はVW」参照。

◆第6章◆　地域コミュニティと企業等の多様な主体との連携

の業績予想を延期した。

　このように，多くの企業に影響が広がっている。アジアへの輸出に便利な九州地方は，自動車や半導体関連の事業者が多数集まっていることから，大手の事業者の操業停止の影響が，取引先である中小企業等にも波及しており，各事業者の業績に打撃を与え，日本経済に大きな影響を与えることになった。

◆3　内閣府の防災担当官に対する半構造化面接法によるインタビュー調査

（1）インタビューの目的・手法

　ここで，事業継続計画等についてさらに理解を深めるため，事業継続計画等の背景や基本的な考え方，内閣府（2013）の改訂の背景，事業継続計画と類似した部分のある地区防災計画における事業者による防災活動に対する所感，地区防災計画及び事業継続計画の制度的な問題点等について，元内閣府の防災担当者に対してインタビューを行うこととした。

　インタビューの対象としたのは，筆者らの共同研究者の一人であり，内閣府（2013）及び内閣府（2014a）の執筆等を担当した筒井智士氏である。同氏に対して，2016年8月に香川大学危機管理先端教育センター近くにおいて，約1時間にわたる対面式での個人インタビュー（質的調査）を実施した。

　同氏は，1979年生まれで，東京大学工学部卒業後，2004年に東日本電信電話株式会社（NTT東日本）に入り，日本電信電話株式会社（NTT）に転籍後，内閣府（防災担当）普及啓発・連携担当参事官室企業等事業継続担当主査として内閣府（2013），内閣府（2014a），内閣府（2014c）等を執筆したほか，防災ボランティア活動の推進等を担当した。現在は，東日本電信電話株式会社に復帰している。主な著作は，地区防災計画の標準テキストである西澤・筒井（2014）がある。また，東日本電信電話株式会社復帰後も，内閣府地区防災計画アドバイザリーボード（座長：室﨑益輝神戸大学名誉教授）の顧問，地区防災計画学会（会長：室﨑益輝神戸大学名誉教授）の執行理事・事務局長等を歴任しており，地区防災計画及び事業継続計画に関する先駆者である。

　本インタビューに当たっては，事前リサーチで収集した同氏の文献等も踏まえつつ，質問項目についておおまかな計画（インタビューガイド）を作成し，インタビューに臨んだ。

当初は，質問数，質問内容，質問順番等をあらかじめ固定した構造化面接法 (structured interview) で実施する予定であったが，同氏から，インタビューガイドの質問を踏まえつつも，知己でもある質問者（筆者ら）とコミュニケーションをとって自由に回答したいという希望があったため，話の流れに応じて質問の項目，内容等を柔軟に変えることのできる半構造化面接法 (semi-structured interview) で実施することとした。そして，①質問項目作成，②事前説明（インフォームド・コンセントの徹底，ラポールの構築等），③インタビュー調査の実施，④調査結果の再構成，⑤メール等での追加情報収集，⑥確認依頼，⑦最終取りまとめ等の作業のうち，①，④及び⑦について金が，残りを西澤が主に担当した。

　以下に掲載したインタビューの内容は，筒井氏の了承を得て，インタビュー時の筆者らのメモを基にインタビューの内容を質問ごとに再構成し，まとめたものであり，事後に筒井氏の確認を得たものである。（一部は，後日情報を追加した。）。なお，同氏の指摘事項については，できるだけ網羅することによって，客観化を図り，恣意的にならないように努めた（篠原ほか 2010: 130, 181; 佐藤 2008: 6）。

　なお，同氏は筆者らの共同研究者であることから，ラポール関係（インタビュー対象者との信頼関係）を構築することは容易であり，同氏に対してインタビューについて十分な説明を行い，インフォームド・コンセントの手続を実施した。以下のインタビュー部分に掲載した図は，同氏よりインタビューの際に提示のあった内閣府（2014a）の図を参考までに付けている。

　なお，質問項目のおおまかな計画（インタビューガイド）で挙がられた項目は，以下のようになっている。

① 事業継続の取組が注目されてきた理由はどのようなものか。
② 『事業継続ガイドライン第3版』を作成した意義はどのようなものか。
③ 『事業継続ガイドライン第3版』で強調されている事業継続マネジメント（BCM）と事業継続計画（BCP）の関係はどのようになっているのか。また，地区防災計画制度との関係はどのようになっているのか。
④ 事業継続マネジメントと経営戦略との関係はどのようなものか。
⑤ 事業継続マネジメントの実施体制についてどのように考えればいいのか。
⑥ 事業継続能力を高める方法はどのようなものか。

◆第6章◆　地域コミュニティと企業等の多様な主体との連携

⑦　利害関係者（ステークホルダー）との関係が重視されているが，どのように考えればいいのか。

⑧　他の主体との連携の重要性も指摘されているが，どのように考えればいいのか。

⑨　事業継続マネジメントにおいて求められるリーダーシップはどのようなものか。

⑩　「地区防災計画」や「事業継続計画」は，うまく制度を活用できる地域住民や事業者とそうでないところとで，差が出てしまうのではないか。

⑪　大規模災害から時間が経つと，「地区防災計画」や「事業継続計画」も活用されなくなってしまうのではないか。また，いざというときに活用できるようにするための留意点は何か。

⑫　日本の「地区防災計画」や「事業継続計画」は，世界的に応用できるのではないか。

⑬　業種別事業継続計画の現状と課題，特に食とホスピタリティ事業における事業継続についてどのように考えているか。

（2）BCP ガイドラインの執筆担当官に聞く

（ⅰ）事業継続の取組が注目されてきた理由はどのようなものか

　事業継続は，1970年代から情報システムの普及とともに認識されるようになった。これは，被害を受けてから復旧を図るのでは，情報システムを扱う業務に対応できないということが判明したためである。米国の地震，米英のテロ，1999年の台湾集集地震，コンピューターの2000年問題，2001年の米国での9.11同時多発テロ，2011年のタイの大洪水等でサプライチェーンと事業継続マネジメントの重要性が認識されるようになり，事業継続マネジメントは，米英等で先行して普及が進んだ。例えば，英国では，BCM ガイドライン策定，BCM の専門家の養成等を目的に1994年に設立された会員制組織である事業継続協会（Business Continuity Institute: BCI）を中心に BCP の普及を進めている(3)。これらの国の事業者との取引で日本の事業者にも事業継続計画の提示や事業継続マネジメントの状況説明を求められることが増えてきた（図6-7）。

　日本では2001年の米国での9.11同時多発テロが契機となって，事業継続計画の必要性が広く認識されるようになり，2004年の新潟県中越地震，2007年

---

(3)　http://www.thebci.org/ 参照。

◇3 内閣府の防災担当官に対する半構造化面接法によるインタビュー調査

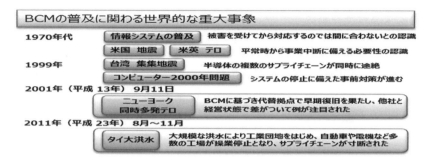

図6-7 事業継続マネジメントに関わる重大事象（内閣府 2014a: 5）

の新潟県中越沖地震，2011年の東日本大震災等を経験して，生産支障の影響がサプライチェーンを通じて日本全国，世界中に波及することが明らかになり，事業継続マネジメントや事業継続計画への取組に対する注目が集まっている（図6-8）。

（ⅱ）『事業継続ガイドライン第3版』を作成した意義はどのようなものか。

内閣府の『事業継続ガイドライン』は，2005年に我が国の事業継続の取組の在り方の指針として作成され，その後も新型インフルエンザの流行を踏まえて地震以外の災害にも対応できるように2009年に第2版を作成し，さらに，2011年の東日本大震災の教訓等を踏まえ，2013年に第3版を作成した。

第3版では，事業継続マネジメントを経営戦略の一部として平常時から取り組むことの重要性，事業継続マネジメント推進における経営者の責任及び主体的関与の必要性，幅広い発生事象への対応やそれに対する有効な戦略を持つ重要性を強調した。

（ⅲ）『事業継続ガイドライン第3版』で強調されている事業継続マネジメント（BCM）と事業継続計画（BCP）の関係はどのようになっているのか。また，「地区防災計画制度」との関係はどのようになっているのか。

事業継続計画は，大地震等の自然災害，感染症，テロ，大事故，サプライチェーン（供給網）の途絶，突発的な経営環境の変化等不測の事態が発生しても，重要な事業を中断させない，又は中断しても可能な限り短時間で復旧させるための方針，体制，手順等を示した計画である。

一方，事業継続マネジメントは，事業継続計画策定，維持・更新，事業継続のための予算・資源の確保，対策の実施，関連する教育・訓練，点検，継続的

◆第6章◆　地域コミュニティと企業等の多様な主体との連携

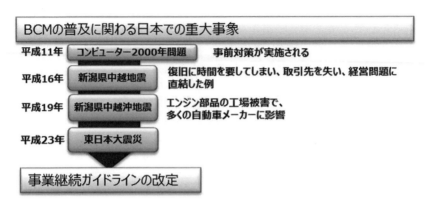

図6-8　事業継続マネジメントに関する日本での重大事象（内閣府 2014a: 6）

改善等平常時からのマネジメント活動である。
　事業継続マネジメントは，経営レベルの戦略的活動であり，事業継続計画は，これに包含される。
　なお，地区防災計画は，地域コミュニティの住民及び事業者を主体とした防災計画であり，「災害対策基本法」上に根拠規定を有しつつも，あくまでも努力義務であり，罰則等がかかるわけではない。そのような性格は，事業継続計画とも類似しているが，事業継続計画は，地区防災計画のような共助による防災活動を前面に出したものとは違い，企業価値の向上，平常時の企業競争力の強化を目的としたものであり，事業者の市場における生き残りを目的とした自助的な要素が強いように思われる（図6-9）。
　（ⅳ）事業継続マネジメントと経営戦略との関係はどのようなものか。
　事業継続マネジメントは，平常時からのマネジメント活動で，経営レベルの戦略的活動であり，単なる防災活動の延長とは異なり，災害等に関する事業対策と復旧だけの対応ではない。平常時からの取組によって危機対応に強い企業としての評価を受け，取引を拡大したり，代替戦略となる同業他社との災害時協力協定の締結，平常時からの一部生産委託，ステークホルダーとの関係維持・発展，業務プロセスやシステムの共通化・簡略化・合理化等経営戦略とも密接に絡むものである（図6-10）。

◇ 3　内閣府の防災担当官に対する半構造化面接法によるインタビュー調査

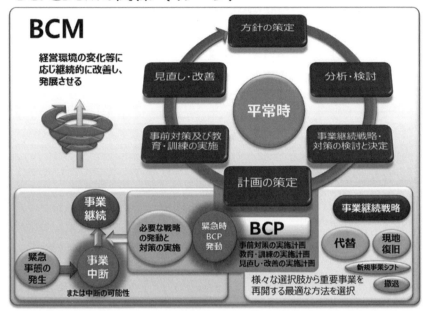

図6-9　事業継続計画と事業継続マネジメントの関係（内閣府 2014a: 10）

（ⅴ）事業継続マネジメントの実施体制について，どのように考えればいいのか。

　事業継続マネジメントの実施体制については，事業継続マネジメントの導入に当たり，事業継続マネジメントの責任者や事務局メンバーを指名し，関係部門の担当者によるプロジェクトチームを立ち上げる等全社的な体制を構築することが重要である。

　そして，平常時の事業継続マネジメントに関する体制と，緊急時の事業継続計画の両方について準備を行う必要がある。両体制は，目的もメンバーも異なっているのである。

　平常時の体制については，事業継続マネジメントに関する責任，権限を有する者をメンバーに任命し，その活動に取り組むことが評価される環境を作ることが必要になる。

　緊急時には，事業継続計画に沿って活動することになるが，同計画の中で，経営者自身又は経営陣の中から責任者を決め，各部署からメンバーを選び，事

◆第6章◆　地域コミュニティと企業等の多様な主体との連携

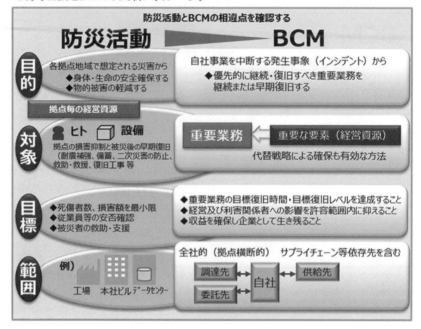

図6-10　防災活動と事業継続マネジメントの違い（内閣府 2014a: 13）

務局を設置し，メンバーの緊急参集の発動要件，参集場所，迅速な意思決定や指示ができる体制，指揮命令系統の明確化，代行者及び代行順位等について定める必要がある（図6-11）。

（ⅵ）**事業継続能力を高める方法はどのようなものか。**

　事業継続能力を高めるためには，緊急時に適切な対応を行う計画を定め，平常時の事業継続の取組の中で危機的事象への対応力を高めておくことが重要である。

　つまり，危機的事象が発生した場合には，重要業務を時間内に再開できるように戦略を練っておき，その戦略に基づき，対策・対応を速やかに実行できるように計画に盛り込み，それを実現できるように事前対策を行い，事業継続に係る教育・訓練，見直し・継続改善を行っていくことになる。

　なお，自社だけではなく，多様な危機的事象に対して有効となる事業継続戦略を持つとともに，サプライチェーンを構成する調達先や供給先の事業者も事

◇ 3 内閣府の防災担当官に対する半構造化面接法によるインタビュー調査

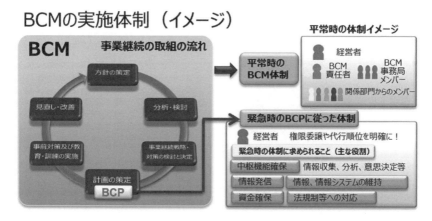

図6-11 事業継続マネジメントの実施体制のイメージ（内閣府 2014a:15）

業継続をすることができる体制になっていることが重要になる。
　(vii) 利害関係者（ステークホルダー）との関係が重視されているが，どのように考えればいいのか。

　事業継続を考えるに当たっては，取引先，顧客，従業員，株主，資金借入先，地域住民，行政等利害関係者のニーズを十分に認識し，事業継続マネジメントを経営戦略に反映することが重要になるほか，関係情報を適宜発信することにより，取引先等事業者にとって重要な利害関係者に対する信頼関係を構築することが重要になる。

　その際には，利害関係者である地域住民等と共生することが重要であり，緊急時における地元への貢献も重要になる。

　利害関係者に対する情報発信を適切に行うことができず，その信頼を失った場合には，供給先や顧客が代替調達に切り替えたり，資金借入先の金融機関の信頼を失い資金繰りに窮したり，地域住民や自治体の不信を買ったり，マスコミの批判的な報道を受ける等の問題が起こる可能性がある（図6-12）。
　(viii) 他の主体との連携の重要性も指摘されているが，どのように考えればいいのか。

　『事業継続ガイドライン第3版』では，サプライチェーン（供給網）の重要性を念頭に，事業者間や地域内外での連携を促し，企業や産業全体としての事業継続能力を目指し，それに伴う企業や産業としての価値の向上を図ろうとし

◆第6章◆　地域コミュニティと企業等の多様な主体との連携

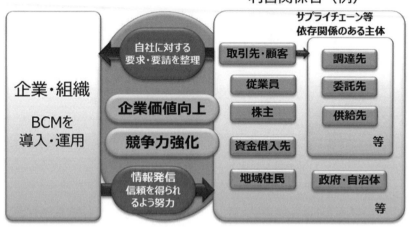

図6-12　事業者の事業継続マネジメントと利害関係者の関係（内閣府 2014a: 20）

ている。これは，東日本大震災では，被災による直接倒産よりも製品・原材料・資材の入手不足，取引先等の被災による販路縮小や受注キャンセル等サプライチェーン問題による間接型の倒産が多かったことを踏まえたものである。

　また，行政との連携によって，平常時から他の事業者や業界と連携し，行政に対して緊急時の規制緩和措置等に関する要請を行っておくことの重要性等を指摘している。行政側には，緊急時における規制緩和の検討，許認可等の業務を緊急時に優先実施できるような体制の確保等が求められる。

　事業者は，地域を構成する一員としての社会的責任から，地域への積極的な貢献が求められており，地方公共団体との災害時協力協定の締結等平常時から地域の多様な主体と連携することが推奨されている。

　なお，被災後に，事業者が応急対応要員以外の従業員等に自宅周辺地域の災害対応に協力させれば，従業員等が自宅周辺地域の災害時要支援者の支援等を行い，社会貢献をする機会にもなる。

　(ix) 事業継続マネジメントにおいて求められるリーダーシップはどのようなものか。

　経営者は，平常時も有事にもリーダーシップを発揮することが必要である。つまり平常時においては，事業継続マネジメントを経営環境の変化等に応じて

継続的に改善し発展させ，企業価値の向上と競争力の強化を図っていくことが必要になる。また，有事には，事業継続マネジメントを有効に機能させるため，状況に応じて戦略を選択したり，戦略を修正する等柔軟な対応が必要になるほか，場合によっては，新規事業へのシフトや事業からの撤退の判断等が必要になる。

（x）「地区防災計画」や「事業継続計画」は，うまく制度を活用できる地域住民や事業者とそうでないところとで，差が出てしまうのではないか。

地区防災計画と事業継続計画は，どちらも罰則に基づいて強制されるものではなく，地域住民や事業者が主体となって作成する計画である。そのため，これらの取組に熱心な地域住民や事業者とそうでないところとでは，地域防災力や事業継続力に差が出ることも考えられる。

ただ，これらの制度は，地域住民や事業者が，計画の内容の優劣や計画の数を争うことを目的としたものではなく，それぞれの地域や事業に応じた計画を作成し，地域防災力や事業継続力を向上させることを目的としたものであり，横並びの計画を求めるものではない。

金太郎飴のような横並びの発想ではなく，過去の災害経験，想定災害，地区や事業の特徴等に応じたオーダーメイドの計画を作成し，その特徴に応じた防災活動や事業継続に関する活動をいざというときに実際に行うことが重要である。

ただし，他主体との連携とか，災害時の対応の迅速性の観点から，標準的な枠組みやアプローチが必要となる。そういった観点からは，様々な論議はあるが，ISO22301等の国際規格を採択することも検討のひとつとなる。

（xi）大規模災害から時間が経つと，「地区防災計画」や「事業継続計画」も活用されなくなってしまうのではないか。また，いざというときに活用できるようにするための留意点は何か。

事業者の記憶が風化して取組が疎かにならないように，毎年事業継続に関する訓練を行い，事業継続マネジメントの見直し，改善を行うことが重要になる。

そして，事業継続を考えるに当たっては，単なる文書化を目的に進めるのではなく，実際にいざというときに活用できるように必要なメンテナンスを行うこと，また，緊急時に迅速に使用できるように，簡潔なマニュアルやチェックリストを用意すること，さらには，担当者が異動した後も後任の担当者が迅速に使用できるように，配慮することが重要である。

◆第6章◆　地域コミュニティと企業等の多様な主体との連携

　この点，最初の事業継続マネジメントの構築の際に，外部に委託して膨大な費用と時間をかけて詳細に作り込みすぎると，実際に訓練をしてみて問題点が多数出てきたり，メンテナンスが難しくなったり，実際に緊急時に活用することが難しくなる場合があることに留意する必要がある。

(xii) 日本の「地区防災計画」や「事業継続計画」は，世界的に応用できるのではないか。

　事業継続計画は，米英等が先行して40年くらい前に始まった仕組みであり，歴史もそれほど長くない。米英等では，テロ，戦争，病気等に関する研究は比較的進んでいるが，地震，火山等の災害については，米英等では例が限られていることから，あまり進んでいない。そのような意味では，我が国における多様な災害経験や災害対応は，世界的に大きな価値を有するものである。そのため，日本の「地区防災計画」や「事業継続計画」が，日本と同じような災害のある国で活用される可能性は，今後高くなると考えている。このほか，地域コミュニティにおける住民や事業者の共助による活動が盛り込まれており，我が国の伝統的な習慣が反映された面もあるが，それは，世界的にも優れた部分ではないかと考えている。

(xiii) 業種別事業継続計画の現状と課題，特に食とホスピタリティ事業における事業継続についてどのように考えているか。

　内閣府（2016）によれば，業種別に事業継続計画の策定状況は，2015年度の場合は，金融・保険業のBCP策定率が89.1％と最も高く，情報通信業が59.1％，建設業が50.0％と続いている。一方，食とホスピタリティ事業と関係が深いと思われる宿泊業・飲食サービス業の策定率は9.4％となっており，この調査で比較できる業種の中では一番低くなっている（図6-13）。

　宿泊業・飲食サービス業は，「災害対策基本法」の改正で「事業者の責務」として事業継続を実施することが明記された「災害応急対策又は災害復旧に必要な物資若しくは資材又は役務の供給又は提供を業とする者」とは少し性格が異なるが，これらの事業者とも関係が深い隣接市場であり，宿泊業・飲食サービス業で事業継続計画の策定率が低くなっているのは大きな問題である。早急に同業種の中でモデルとなる事業者を見つけ，普及・啓発活動を実施する等改善策が必要ではないかと考えている。

　なお，東京駅周辺防災隣組，徳島県鳴門市の大塚製薬工場，ロイヤルホールディングス等では先進的取組が行われており，食とホスピタリティ事業との関

係も深いようである。
　(3) 参考事例
　ここで，インタビュー調査の中で最後に言及のあった①東京駅周辺防災隣組②徳島県鳴門市の大塚製薬工場の取組及び③ロイヤルホールディングスの取組について，参考事例という形で，関係者の報告等の概要を紹介しておきたい。
　(i) 東京駅周辺防災隣組の取組について
　まず，2016年3月23日に東京都千代田区の日建設計NSRIホールで行われた東京駅前の自主防災組織である東京駅・有楽町駅周辺地区帰宅困難者対策地域協力会（東京駅周辺防災隣組）の守茂昭氏の「東京駅周辺防災隣組の取組について」と題した報告内容の概要を紹介する（金 2016: 52; 内閣府 2014c: 32）。
　守氏は，1955年生まれで，東京大学工学部卒業後，1984年に（株）EX都市研究所に入所し，高度情報通信都市・計画シンクタンク会議事務局長，日本都市計画家協会事務局長，都市防災研究所事務局長等を経て，2011年より都市防災研究所上席研究員を務めている（現在は，同研究所の理事でもある。）。学界でも著名であり，地区防災計画学会理事，災害食学会副会長，高度情報通信都市・計画シンクタンク会議副理事長等を歴任している。
　東京駅周辺防災隣組の特徴は，三菱地所等大規模事業者が中心になって，都心のターミナルの地域特性に応じた防災活動を実施していることである。
　この活動は，2004年に当該地区の事業者62社が中心となって，帰宅困難者対策を目的とする「東京駅周辺防災隣組」を設立したのが始まりである。
　東京駅周辺防災隣組は，同年に，千代田区より東京駅・有楽町駅周辺地区帰宅困難者対策地域協力会として指定されており，千代田区との連携の下で多様な活動を進めてきている。そして，エリア内の会社約4,000社のうち約100社が加盟している。
　同隣組では，発災時の帰宅困難者対策の一環として活動ルールを明確化し，東京駅周辺の混乱を防止するため，大丸有地区における事業者の自発的な防災活動に関する「東京駅周辺防災隣組ルールブック」を東京駅周辺防災隣組事務局等が中心になって作成しており，毎年のように改正を行っている。
　ルールブックでは，平常時のルールとしてシンクタンク機能やコーディネーター機能の強化等を定め，発災時のルールとして情報連絡本部の開設基準や発災直後の取組内容等を定めている。
　発災直後の取組内容としては，地区内を9組に分けたうえで，(1) 安否・

◆第6章◆　地域コミュニティと企業等の多様な主体との連携

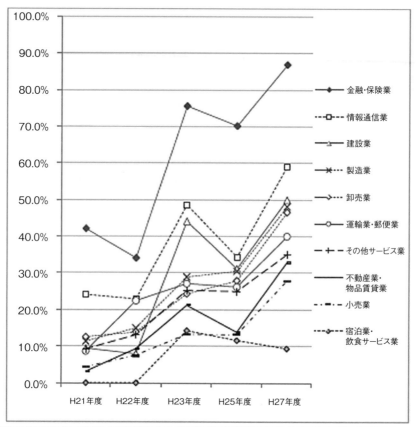

	H21年度	H22年度	H23年度	H25年度	H27年度
金融・保険業	42.1%	34.1%	75.6%	70.2%	86.9%
情報通信業	24.1%	22.9%	48.6%	34.4%	59.1%
建設業	9.4%	7.9%	44.1%	31.2%	50.0%
製造業	11.3%	15.0%	28.9%	30.5%	48.1%
卸売業	12.5%	13.9%	24.3%	27.9%	46.6%
運輸業・郵便業	8.6%	22.4%	27.1%	26.2%	40.0%
その他サービス業	9.2%	13.1%	25.3%	25.0%	35.1%
不動産業・物品賃貸業	3.1%	9.3%	21.2%	13.9%	33.0%
小売業	4.3%	7.5%	13.3%	13.2%	27.9%
宿泊業・飲食サービス業	0.0%	0.0%	14.3%	11.6%	9.4%

図6-13　業種別事業継続計画の策定状況（内閣府 2016: 8）

被害情報の収集・伝達，（2）帰宅誘導（帰宅経路の案内），（3）応急救護，（4）食料・飲料水の配布，（5）千代田区災害対策本部への支援要請，（6）ボランティアの統括，（7）国等の行政情報の収集を行うこととしている。

　東日本大震災での経験を踏まえつつ，千代田区等と連携した「ルールブック」に基づく帰宅困難者避難訓練等を通して，防災活動の検証・見直しを行い，ルールブックの改定等を実施している。また，災害時に避難施設において収容する人数がオーバーしたときには，入所希望者を断ることが難しいという問題があることから，発災時には，インターネットを通じて避難施設に関する情報を流して避難者を誘導する等の対応が必要になっている。

　東京駅周辺防災隣組では，組織的に災害時に重要な役割を果たす非常食の在り方についてアカデミックな研究を実施している。食とホスピタリティについては，守氏が災害食学会の副会長でもあるので，学会と連携して，災害時の食の在り方について研究を行ってきた。具体的には，災害に備えた備蓄としての食糧の重要性，発災後の調理方法，発災からの時間の経過とともに避難者が必要とする食糧の種類が変化すること等について，東日本大震災の被災地等でのインタビュー調査等を踏まえた研究を行っている（守ほか 2016）。特に発災後数日は，被災地への物資の補給が難しいので，避難所等に備蓄されているアルファ米等が重宝がられる。しかし，アルファ米は何回も食べると飽きてしまうので，行政等によって避難所等に対する補給が行われるようになると，菓子パンが好まれるようになる。避難所生活が長期化した場合は，カップラーメンのような温かいものが好まれるようになり，さらに避難生活が長期化した場合には，炊き出しで作られたものが好まれる。このように被災者の食の嗜好は，発災後に変化していくものである。そして，そのような時間の経過とともに変化する被災者の需要に応える形で食糧等の支援物資を供給し，食によるホスピタリティを重視することが，避難所の被災者のストレスを減らし，その健康を守り，災害関連死を少なくすることにもつながる。そのような意味では，外食産業を含めた食のプロによる被災地支援が重要な役割を果たす可能性がある。なお，食のプロによる支援としては，平常時から食材等を複数ルートで調達することによって，発災時に，被災地に対して迅速に物資を補給できるようなネットワークの整備と，それを被災地においても適切に調理できるような人材の養成を行うことが重要であり，CSR やコミュニティの連携という観点から，食に関わる事業者の事業継続計画（BCP）の中にも，そのような点を盛り込むべ

◆第6章◆　地域コミュニティと企業等の多様な主体との連携

きである。

（ⅱ）大塚製薬工場の取組について

　次に，2015年7月18日に大阪市の一般財団法人関西情報センターで行われた輸液や医療用食品等を主力としている（株）大塚製薬工場総務部次長の喜田哲也氏の「事業者による防災と地域住民との連携」と題した報告内容の概要を紹介したい（磯打2015b; 51）。

　喜田氏は，1978年に大塚製薬（株）に入社し，（株）大塚製薬工場高知出張所所長，神戸支店支店長，仙台支店支店長，ダイバーシティープロジェクトリーダー等を経て，2011年6月から同社BCM委員会事務局長を務めている。

　（株）大塚製薬工場は，販売部門の大塚製薬（株），輸入医薬品部門の大鵬薬品工業（株），化学品部門の大塚化学（株），輸送部門の大塚倉庫（株）とともに大塚グループ（大塚ホールディングス）を構成しており，1935年に大塚製薬工業部が基になって設立され，1946年より医薬品の製造販売を担ってきた。

　同社の主力商品は，輸液や医療用食品である。特に医療用の輸液は，国内シェアが50％であり，災害等が発生しても決して止めることができない事業であると同社では考えている。特に，徳島県鳴門市にある松茂工場の生産量は，国内シェアのうち30％を占めており，発災した場合には，シェアが大きいこともあり，とても他社に代替生産を委託することができない。なお，2011年の東日本大震災の発災時には，同社は四国にあって被災しなかったことから，被災した他社の代替生産を請け負って，なんとか，輸液等の国内総需要をカバーすることができた。

　同社では，事業継続計画は，経営戦略の位置付けであり，浸水対策，自家発電，液状化対策，在庫備蓄，配送対策等を実施している。四国エリアに在職する大塚グループの職員は，約8,000人におよぶが，災害時に卸店と連絡がとれなくなった場合には，現場からの要請を待たないで，いわゆるプッシュ型で1週間分の商品を現場に配送する事業継続計画を持っている。

　地域貢献については，同社の拠点周辺に社員やそのOBやその家族等が多数住んでいることから，同社のための「自助」として考えている。そして，同社が，地域から求められる役割が当然のことながら，大変大きいと認識しており，社内外の帰宅困難者に関する取組，地元自治体や地域との積極的な連携強化等を図っている。

　具体的には，防災協定を同社の工場が立地する徳島県鳴門市及び松茂町と締

結した。また，同社の車両を緊急車両として登録したり，地元の自主防災会，学校関係者，行政，警察，消防等と連携したCCP（地域継続プラン）の実践を行い，その実践を通じて危機管理を担う社員の育成を行っている。

事業継続活動を突き詰めると，災害環境が厳しい場合には，現在の拠点から移って，代替地で生産を行う可能性もあるので，事業継続活動が，必ずしも地域継続力の強化にはつながらない場合もあるが，自社の立地環境で想定しうる限りのハード対策を施すことは，地域住民や関係者に対して，現在の立地での事業継続の覚悟を示すことにもなっている。

このことが，企業の事業継続力の向上につながるほか，例えば，周辺企業の従業員が同社の建物に津波の際に避難できるように協定を結び，同社が周辺企業を助けることによって，周辺商業地全体の価値が向上したほか，地方公共団体の企業誘致，税収増加等にもつながり，地域全体として，正のスパイラルに発展しており，永続的な地域貢献に寄与している。

このような事業継続の制度を地域で維持継続していくための担い手の留意点としては，社員目線，社会目線及び家族目線からの取組を重視することが挙げられる。

(iii) ③ロイヤルホールディングスの取組について

三番目に筆者が，公益財団法人江頭ホスピタリティ事業振興財団から紹介を受けて，同財団と関係の深いロイヤルホールディングス（株）の事業継続計画（BCP）担当者である経営企画部担当部長の大坂賢治氏及び総務部の西眞一郎氏に熊本地震に関連してインタビュー調査を実施した際の概要を紹介する。

福岡に本社を置く同社は，東日本大震災の教訓を踏まえて先進的なBCPづくりに取り組んでいるが，さらに，インタビュー調査では，以下のような特徴的な取組が判明した。

まず，同社は，（株）日本政策投資銀行が実施している「DBJ　BCM格付」を外食業として初めて取得し，東日本大震災の教訓を踏まえ，先進的なBCPを作成し，そのノウハウを隠すことなく，競合している他社にも広く伝授して業界全体の災害対策レベルの向上に貢献していた。この点は，内閣府防災担当に所属していた筆者の一人である西澤には，大きな驚きであった。なぜなら，従来，BCP関係者の間では，災害が発生したならば，外食産業等のホスピタリティ産業は，衛生上の問題等を考慮して，閉店するのが得策であるとされており，外食産業では，BCPが発展するはずがないと考えられていたからであ

る。また，これまでは，BCP は，自らの弱点をさらすことになることから，外部には秘密にするのが普通であると考えられていたこともある。

そのような点から考えると，BCP の考え方に革命を起こすような同社の取組であるが，さらに，熊本地震発災後には，発災後は閉店するのが普通だと従来考えられてきた外食産業において，発災後も復旧・復興のために積極的に採算を度外視して店舗を開き続け，東日本大震災の教訓をいかして，限られた食材で提供できるメニューを開発・提供し続けた。その背景には，九州に拠点を置く企業として，被災地に寄り添って支援を続けるべきであるという，同社の強い信念があった。

従来の BCP の考え方は，発災時の企業の市場での生き残りのための方策を論じることを前提としているものが多く，そのような BCP が各社で運用されてきた。そして，発災時に企業が生き残るための「したたかさ」を強調する関係者が多かった。そのような中で，同社の東日本大震災や熊本地震の被災地での対応事例は，これまでの BCP の考え方を大きく変えるものである。

◆ 4　結びにかえて

本章で紹介したインタビュー調査は，内閣府（2013）及び内閣府（2014a）の当時の執筆担当者が，その策定経緯や現状分析について語ったものであり，今後の地域コミュニティでの事業者の防災活動や事業継続マネジメントの在り方を検討するに当たり，重要な示唆に富んでいる。

ここでは，まず，防災における共助を意識して，事業者を主体とした地区防災計画や事業継続計画の在り方について，事業者の地域コミュニティとの連携という論点に焦点を当てて，解題という形で整理する。

地区防災計画は，地域コミュニティの住民及び事業者を主体とした防災計画であり，「災害対策基本法」上に根拠規定を有しつつも，関係規定は，あくまでも努力義務の規定であり，罰則等がかかるわけではない。このような努力義務としての性格は，事業継続計画と同じである。

ただし，事業継続計画は，地区防災計画のような共助による防災活動を前面に出したものとは違い，企業価値の向上，平常時の企業競争力の強化を目的としたものであり，事業者の市場における生き残りを目的とした自助的なものである。

この点が，地区防災計画と事業継続計画の地域コミュニティとの連携や共助

◇4　結びにかえて

の姿勢に関する違いとなってあらわれている。

　地区防災計画については，地域コミュニティにおける相互の助け合いが強調された制度であるが，事業継続計画については，自社だけではなく，サプライチェーン（供給網）を構成する調達先や供給先の事業者が事業継続できる体制になっていることが重要だと考えられている。その際に，利害関係者である地域住民等と共生することが重要であり，復興等も勘案して，緊急時における地元への貢献が重要事項になる。なお，事業者は，地域の構成員として，地域への積極的な貢献を行い，地方公共団体との災害時協力協定の締結等平常時からの地域の多様な主体と連携することが重要になっている。

　また，利害関係者に対する情報発信を適切に行うことができず，その信頼を失った場合には，供給先や顧客が代替調達に切り替えたり，資金借入先の金融機関の信頼を失い資金繰りに窮したり，地域住民や自治体の不信を買ったり，マスコミの批判的な報道を受ける等の問題が起こる可能性がある。

　さらに，行政との連携によって，平常時から他の事業者や業界と連携し，行政に対して緊急時の規制緩和措置等に関する要請を行っておくことが重要になっている。

　地区防災計画と事業継続計画の共通点についてみると，取組に熱心な地域住民や事業者とそうでないところとでは，地域防災力や事業継続力に差が出ることが予想されているが，これらの制度は，地域住民や事業者が計画の内容の優劣や計画の数を争うことを目的としたものではなく，それぞれの地域や事業に応じた計画を作成し，事業継続力や地域防災力を向上させることを目的としたものである。つまり，両計画とも，金太郎飴のような横並びの発想ではなく，過去の災害経験，想定災害，地区や事業の特徴等に応じたオーダーメイドの計画を作成し，その特徴に応じた防災活動や事業継続に関する活動をいざというときに実際に行うことができるようにしておくことが重要になる。

　事業継続計画で先進的な取組を行ってきた米英等と比較すると，日本は，災害経験も想定災害の種類も違っていることから，その違いについて理解しつつ議論する必要がある。そして，日本の地区防災計画や事業継続計画は，日本と同じような地震，火山，台風，洪水等の災害のある国で活用される可能性が今後高くなると思われる。そして，日本の習慣である地域コミュニティにおける住民や事業者の共助の活動は，世界的にも優れており，今後，世界的に注目される可能性がある。

◆第6章◆　地域コミュニティと企業等の多様な主体との連携

　ところでインタビュー調査のインフォーマントである筒井氏は，内閣府（2016）において，食とホスピタリティ事業と関係が深い宿泊業・飲食サービス業の事業継続計画の策定率が9.4％と，この調査で比較できる業種の中で一番低くなっていることを問題視しているが，これは事業継続の動きがもともと欧米の金融や情報通信産業から発生したことによる影響が大きいと思われる。ただ，事業継続は，取引先の一つの事業者の影響が，隣接する事業にも影響を与える分野であり，国民生活や経済活動の柱である食とホスピタリティ事業で有効な事業継続が行われない場合には，社会全体に大きな影響が出ることも予想される。インフォーマントも提案しているように，早急に食とホスピタリティ事業の中で，モデルとなるような事業者の取組を分析し，同業種において広く応用ができる部分について，モデル事業等を通じて，広く普及させていくことが重要になる。

　その際には，東京駅周辺防災隣組の守氏が指摘しているように，発災後には，避難所で必要とされる食糧等の支援物資が時間の経過とともに変化し，ホスピタリティの在り方にも変化が生じること，外食産業を含めた食のプロによる被災地支援が重要な役割を果たす可能性があること，被災地に対して迅速に物資を補給できるようなネットワークの整備と調理ができるような人材の養成の必要性等を踏まえつつ，CSRやコミュニティの連携の観点から，食に関わる事業者の事業継続計画（BCP）の中にも，食のプロによる被災地支援に関する記述を盛り込むべきであろう。

　また，大塚製薬工場の喜田氏が指摘しているような事業者と地域コミュニティとの人間関係の良好さや充実した事前の危機管理対策と関係者の危機意識の向上が，事業者が地域と連携して事業継続力や地域防災力を高めるに当たっての重要なポイントになる。

　さらに，東日本大震災及び熊本地震でのロイヤルホールディングスの取組について考えてみると，そのような取組は，従来の外食産業等の食とホスピタリティ事業のBCPに関する考え方を超えて，大規模災害の発災後も被災地の復旧・復興のために店舗を開き続け，被災地支援のために可能な範囲でサービスを提供し続けることであり，今後の同事業のBCPの考え方を大きく変える可能性がある。

　なお，事業継続計画の分野は，2013年の「災害対策基本法」の改正に先立って取組が進んできた分野であり，「地区防災計画制度」を推進するに当た

◇ 4　結びにかえて

り，参考にされてきた制度でもある。そして内閣府は，事業継続計画の取組も参考にしつつ，地区防災計画のモデル事業を2014〜2016年度に展開した。両計画は，どちらも事業者が主体となりうる制度であることから，各々の利点を活用しつつ，各事業者が自らの防災活動に適したほうを選択することが望ましいが，いずれにしても，現在は，モデルとなる取組の数が限られていることがボトルネックとなっており，内閣府等行政側が，各業種の先進的な取組を支援し，その内容を調査・分析することで，各業種における標準的な事業継続計画について方向性を示していく必要がある。

　本章では，食とホスピタリティ事業における事業継続の現状等については，関係業界のガイドライン，学会大会及び研究会での報告記録等を調査したのみであり，BCP及びBCMの成功事例及び失敗事例を収集したり，実際に運用について具体的な考察を行うことができなかった。2020年の東京オリンピック・パラリンピックに向けて，日本の「おもてなしの心」を体現する事業として食とホスピタリティ事業は注目を集めており，海外の人々に安心して来客してもらうためにも，食とホスピタリティ事業の事業継続計画（BCP）及び事業継続マネジメント（BCM）を充実していくことが求められている。

　最後に，防災行政の関係者が例に出すことが多い2005年8月の米国のハリケーン・カトリーナの際の食やホスピタリティ事業に関するスターウッドホテルの対応に触れておきたい（多田2007b）。

　米国史上最悪の自然災害であるハリケーン・カトリーナによって，ルイジアナ州南部のニューオーリンズ市で堤防が決壊する等して，1500人以上の死者が出たほか，50万人以上が住居を喪失した。連邦政府の危機管理がうまく機能しなかったことも原因であるとされており，当時のブッシュ政権において2003年に危機管理機関の組織改革が行われ，国土安全保障省（Department of Homeland Security: DHS）の設立により，FEMAの地位と権限が低下していたほか，指揮系統が混乱していたことや，政治的任用（情実任用）により危機管理の専門性や実務経験のない者がFEMA長官等FEMA幹部に任命されていたこと等が指摘されている（Silverstein 2005）。

　このような状況でもBCMに成功したのがスターウッドホテルである。同社は，世界規模で展開するホテル会社であるが，もともとあらゆる災害を想定したオールハザード型の優れたBCPを策定しており，それを活用することによって，発災時に，ニューオーリンズ市内の3つの自社のホテルの宿泊客，従

業員及びその家族等を数日間無料で自社のホテルに収容し，怪我人や病人を出すこともなく，地域住民を助けつつ，危機を乗り切った。また，同社は，発災後にニューオーリンズのダウンタウンで最初にホテル営業を再開したほか，ホテルで提供する食事についても発災前から主要電源の喪失を予想して，早くから調理をはじめ，電源喪失後にも温かい食事を提供した。これらは，食とホスピタリティ事業の関係者にも参考になる例である。同社の Kevin Regan 副社長が，上院の聴聞会で下記のように語っている。危機を乗り切るための鍵は極めて単純なものであるが，実現は容易ではない。これは，まさに，事業継続の要諦を語っているのではないだろうか[(4)]。

The lessons we learned from Katrina are, quite frankly, not unlike those learned from past disasters. In our view, the keys to successfully managing a crisis are planning, leadership, teamwork and communication. Simple words, but not so simply accomplished.

〔意訳〕我々がハリケーン・カトリーナから学んだ教訓は端的なものであり，過去の災害から学んだ教訓と異なりません。我々は，危機対応の要諦は，計画づくり，リーダーシップ，チームワーク，コミュニケーションにあると考えています。簡単に聞こえますが，成し遂げるのは簡単ではありません。

〈文　献〉（アルファベット順）

安井肇・あらた基礎研究所編（2013）『備える BCM から使える BCM へ』慶應義塾大学出版会．

中小企業庁（〔2006〕2012）『中小企業 BCP 策定運用指針』

Estall Hilary (2012), *Business Continuity Management Systems: Implementation and certification to ISO 22301*, BCS, The Chartered Institute for IT.

林秀弥・金思穎・西澤雅道・筒井智士（2016）「熊本地震を踏まえた地区防災計画等による地域防災力強化の在り方」名古屋大学法政論集 267 号．

防災行政研究会編（2016）『逐条解説災害対策基本法 第三次改訂版』ぎょうせい．

磯打千雅子（2015a）「土器川流域における気候変動に適応した強靱な社会づくり DCP（地域継続計画）策定プロセスにみる多様な地区防災計画展開の可能性

[(4)] Statment of Kevin T. Regan, Regional Vice President Starwood Hotels & Resorts Worldwide, Inc., November 16, 2005, https://www.hsgac.senate.gov/download/111605regan 参照．

〈文 献〉

　　──「地域継続計画 DCP と地区防災計画の関係に着目して」地区防災計画学会誌 5 号.
　　──（2015b）「事業者と地域が連携した地区防災計画　地区防災計画学会第 6 回研究会印象記」地区防災計画学会誌 5 号.
経済産業省（2005）『事業継続計画策定ガイドライン』.
金思穎（2016）「勤務者と地域住民の共助のあり方　地区防災計画学会第 13 回研究会印象記」地区防災計画学会誌 7 号.
KPMG ビジネスアドバイザリー（2013）『経営戦略としての事業継続マネジメント』東洋経済新報社.
丸谷浩明（2008）「事業継続計画（BCP）と普及方策について」第 1 回防災計画研究発表会発表論文.
　　──（2011）「東日本大震災の教訓を踏まえた事業継続計画（BCP）改善への提言」土木学会論文集 F6（安全問題）67 巻 2 号.
　　──（2013）「事業継続計画（BCP）と防災計画・DCP との関係の考察」PRI Review49 号.
　　──（2015）「企業の事業継続計画と連携」21 世紀ひょうご（ひょうご震災記念 21 世紀研究機構）18 号.
丸谷浩明・指田朝久編著（2006）『中央防災会議「事業継続ガイドライン」の解説と Q & A ──防災から始める企業の事業継続計画（BCP）』日科技連出版社.
守真弓・佐藤美嶺・守茂昭（2016）「災害エスノグラフィーによる仙台市の被災食生活実態調査」災害食学会誌 3 巻 1 号.
守茂昭（2007）「DCP（District Continuity Plan）発祥の地の防災活動──大丸有における企業と行政の協働の防災まちづくり活動」新都市 61 巻 5 号.
内閣官房（2013）『新型インフルエンザ等対策政府行動計画』.
内閣府（2005）『事業継続ガイドライン第 1 版』.
　　──（2007）『中央省庁業務継続ガイドライン』.
　　──（2010）『地震発生時における地方公共団体の業務継続の手引きとその解説第 1 版』.
　　──（2013）『事業継続ガイドライン第 3 版』.
　　──（2014a）『事業継続ガイドライン第 3 版解説書』.
　　──（2014b）『業務継続計画』.
　　──（2014c）『平成 26 年版防災白書』.
　　──（2016）『平成 27 年度企業の事業継続及び防災の取組に関する実態調査』.
　　──（2018a）『平成 30 年版防災白書』.
　　──（2018b）『平成 29 年度企業の事業継続及び防災の取組に関する実態調査』.

中澤幸介 (2013)『被災しても成長できる 危機管理「攻めの」5 アプローチ』新建新聞社.
日本ホテル協会 (2007)『地震発生時の対応活動指針』.
日本政策投資銀行環境・CSR 部 (2012)『責任ある金融——評価認証型融資を活用した社会的課題の解決』金融財政事情研究会.
西澤雅道・金思穎・筒井智士，2016,「熊本地震及び地区防災計画に関する社会学的・行政学的考察」福岡大学法学論叢 61 巻 2 号.
西澤雅道・筒井智士 (2014)『地区防災計画制度入門』NTT 出版.
野田健太郎 (2013)『事業継続計画による企業分析』中央経済社.
農林水産省 (2009)『新型インフルエンザ版 食品事業者等のための事業継続計画 (簡易版) の策定及び取組の手引き』.
災害対策法制研究会 (2014)『災害対策基本法改正ガイドブック——平成 24 年及び平成 25 年改正』大成出版社.
佐藤郁哉 (2008)『質的データ分析法』新曜社.
Silverstein Ken (2005), "Top FEMA jobs : no experience required- Director Brown wasn't the agency's only senior official appointed under Bush with little or no background in dealing with natural disasters," Los Angeles Times, 9 September 2005.
篠原清夫・清水強志・榎本環・大矢根淳 (2010)『社会調査の基礎』弘文堂.
損保ジャパン・リスクマネジメント (2009)『事業継続計画策定のイメージと解説 (青果市場卸売業)』.
多田浩之 (2007a)「BCM とは何か」シンクイット 2007/1/12.
——(2007b)「ハリケーン・カトリーナ災害から学ぶ——ホテル会社の対応事例」シンクイット 2007/2/9.
東京海上日動リスクコンサルティング (2013)『実践事業継続マネジメント (第 3 版)』同文舘出版.
渡辺研司・インターリスク総研 BCM/ERM 融合研究会編 (2013)『BCMS (事業継続マネジメントシステム)——強靭でしなやかな組織をつくる』日刊工業新聞社.

第7章

グリーンコープの支援活動と地区防災計画

要旨

本章では，熊本地震の被災者から高く評価されている環境重視型の生協である「グリーンコープ」の支援活動に着目して，生協等の多様な主体と連携した地域コミュニティの防災力の強化の在り方について考察を行った。

◆ 1 はじめに

（1）研究の背景

2016年4月の熊本地震では，九州地方に大きな被害が出た。地震による直接死だけでなく，災害関連死も含め多数の方が亡くなった。

筆者らが勤務している大学の学生には，熊本の被災地の出身者も多く，親族や友人が被災した者も少なくなかった。そのようなこともあり，発災直後から被災地出身の学生やその親族に案内してもらって，熊本市，益城町，西原村等で調査を行った。

調査の中では，1995年の阪神大震災や2011年の東日本大震災で指摘されてきた問題が，再び同じように発生しているのを目の当たりにした。例えば，防災意識の欠如，建物の耐震化の遅れ，備蓄の不足，避難所の未整備，支援物資の不足や到着の遅れ等の問題は，これまでも繰り返し対応が求められてきた問題である（西澤ほか 2016; 林・金ほか 2016）。

◆第7章◆　グリーンコープの支援活動と地区防災計画

　被災地で参与観察的な長期的な調査を行っていると，大きな災害の発災直後は，全国から多数の研究者や活動家が，被災地所かまわず写真を撮影し，地元の不評を買っていることが少なくないことがわかった。また，逆に，一部の被災地のみがメディアや研究で繰り返しとり上げられて，自分たちも被災したのに，全く意識をしてもらえないという声もきかれた。

　メディアも研究者も，このようなことをあまり意識することなく，現地で得た情報を発表するが，被災者からみると，発災前に見たこともない人が，発災して気が動転しているときにやってきて，短時間で撮影やインタビューをして，すぐにメディアやネットで発表していることに対して，大変厳しい印象を持っている場合もあった。そして，それらのメディアや研究者等は，時間が経過すると被災地のことなどを忘れてしまうという指摘もあった。

　そのような状況を踏まえ，筆者らの研究は，被災地出身の学生やその親族を介して，被災者等との人間関係を形成し（ラポール），被災地に寄り沿った時間をかけた研究を目指した。また，写真を撮影するよりも，学生等を交えて雑談を含めて意見交換することに時間をかけるようにしたほか，研究の目的であるとか，その結果の取り扱い等についても，時間をかけて関係者に説明するように心がけた（インフォームド・コンセント）。

　この中で，筆者らが着目したのは，全国の多くの企業等が被災地で支援活動を実施し，その模様について幅広く広報を行っているものの，それらの活動が，被災地では意外に知られていないとか，知られていても筆者らが予想したほど評価されていないということである。

　もちろん，この点筆者らの調査範囲や調査時間が限定されていることにも留意する必要があるが，筆者らの参与観察的な現地調査で判明したのは，被災地域外からの支援が，発災直後の被災者が本当に困っているときには，ほとんど届かなかったことと，その後既に足りている物資が大量に届いて，かえって困ったという問題が影響していることである。リアルタイムに変化する被災地の状況を踏まえた被害地から評価される支援というものが，実は大変難しい。

　ところで，本章では，「グリーンコープ」の支援活動に焦点をあてた。これは，熊本地震で被災して避難所生活を送ることになった旧知の防災研究者から，「グリーンコープ」の活動を高く評価する意見が出たこと，被災者等のインタビュー調査においてグリーンコープの支援活動を評価する意見が頻繁に出たためである。

◇1　はじめに

　また，筆者らの被災地出身の教え子からも同様の指摘があった。そこで，2017年9月に，「グリーンコープ生協くまもと」の災害支援担当者に対して，基本となる質問項目をあらかじめ準備した上で，実際のインタビューの中で，それらの質問項目を基本に，調査対象者（インフォーマント）とのやり取りやその反応を踏まえて柔軟に対応する「半構造化面接法」のインタビュー調査を実施し考察を行うこととした。

　なお，本章で紹介する「グリーンコープ」の活動内容は，本インタビュー調査のほか，発災直後から，筆者らが関係者に対して行ったインタビュー調査や関係文献・HP等を踏まえたものである。

（2）先行研究等

　生協の災害支援に関する防災研究者による主な先行研究としては，例えば，以下のようなものがあげられる。

　1995年の阪神・淡路大震災の教訓を踏まえた生協の災害支援の役割について考察したものとしては，村井（2001），室﨑（2002），丸谷（2006）等があげられる。また，2011年の東日本大震災の教訓を踏まえつつ，災害復興と生協との関係について論じたものとしては，林（2014），中林（2014），廣井（2018）がある。

　また，東日本大震災時のみやぎ生協や全国の生協による被災地への食品提供等を取り上げた西俣（2011）や東日本大震災からの復興における生協の役割や地域貢献ついて考察を行った山口（2011），東日本大震災のような大規模自然災害とサードセクターの在り方について，生協の支援を中心に考察を行った生協総合研究所理事による栗本（2012），東日本大震災の被災地である岩手県大槌町を対象に，仮設住宅から恒久住宅への移行期における高齢住民の買い物行動の現状及び課題について住民や関係者へのヒアリング及び高齢住民へのアンケート調査等を通して考察を行い，買い物支援サービスで採算面から今後の継続が見込まれるものとして生協の宅配サービスをあげるとともに，コミュニティの構築の必要性を指摘した松田・松行（2016）がある。

　東日本大震災の教訓を受けて，大規模災害時の生協のBCPや広域災害対応の在り方について論じたものとしては，嶋田（2011），馬杉（2014），山本（2014），五十嵐（2014）等があるほか，大規模自然災害時における生協の役割について，東日本大震災の際にみやぎ生協が行った活動を例に考察を行ったみやぎ生活協同組合理事長スタッフによる説明資料である五十嵐（2017），阪神・

◆第 7 章◆　グリーンコープの支援活動と地区防災計画

淡路大震災及び東日本大震災の際の生協の役割を例に大規模災害時の生協の役割について考察を行った日本生活協同組合連合会代表理事会長による説明資料である浅田（2017）等がある。

　熊本地震との関係では，生協総合研究所の研究員が，生活協同組合くまもとや熊本県連の幹部に対して，発災から約 3 カ月後に実施したヒアリング等を基に，自ら被災しつつも全国の生協から支援を受けて地域コミュニティを支援し続けた地元の生協の活動等についてまとめた白水（2016），日本生活協同組合連合会の地域・コミュニティの担当者が，災害時の物流支援に注目しつつ熊本地震での生協の支援活動について紹介した宮地（2017），全国の生協の多くの支援活動を紹介する中で，生協の災害復興支援等の活動について紹介した厚生労働省（2017），日本生活協同組合連合会（2017）等にも熊本地震での生協の役割が紹介されている。そして，生協くまもとや熊本県生活協同組合連合会の活動については，『CoopNabi』772・773 号（2016 年 7 月・8 月）記事「「平成 28 年（2016 年）熊本地震」の被災地にて　生協の支援活動」，同 782 号（2017 年 5 月）記事「被災地の「つながり」「連携」を全国に伝える「感謝のつどい～ありがとう熊本支援」等に紹介されている。

（3）本章の位置付け

　先行研究からは，阪神・淡路大震災や東日本大震災後の生協を中心とした共助の裾野の広がりがわかるほか，生協が地域コミュニティ等の災害対策を考えるに当たり，大きな役割を果たしていることがわかるが，熊本地震の被災地でインタビュー調査等を行ったところ，企業や生協を含め多くの「多様な主体」が被災地に入って支援活動を行っているはずなのに，「グリーンコープ」を評価する声が多いように感じた。

　この点生協という分野では，熊本県には 8 つの生協がある。組合員の総数は約 36 万人であり，一番多い「生協くまもと」は約 14 万人であり，「グリーンコープ生協くまもと」は約 6 万人である。生協という分野だけを見ても，他に大きな支援組織がある中で，「グリーンコープ」を評価する声がよく聞かれるのはなぜか。本章は質的調査であるため，インフォーマントの数は限定されているものの，それらのインフォーマントは，防災の専門家から筆者らの教え子の実家まで，居住地域，職業，年齢等の属性が重なっているわけではない。「グリーンコープ」の災害支援活動については，筆者らを除けば，研究者が取り上げたことがないため，全国的には，その支援活動が知られていないように

思われるが，被災地でここまで評価されているのはなぜか。そのような問題意識を踏まえて，本章では，「グリーンコープ」の熊本地震での支援活動について，多様な主体と被災地の地域コミュニティとの関係や被災地の需要を踏まえた迅速な支援の在り方等に焦点をあてて分析を行った。

　最後に，東日本大震災での教訓を踏まえて，2013年の「災害対策基本法」の改正で創設された地域コミュニティの住民等による共助による防災計画である「地区防災計画制度」との連携の在り方について考察を行った。

◆ 2　発災直後の避難所の物資不足と被災地域外からの支援の難しさ

　熊本地震の被災地では，従来の大規模広域災害等でも見られた問題が再び繰り返されたが，本章では，避難所における支援物資の不足や到着の遅れの問題，つまり，避難所で不足した物資が適切な時期に避難所に届かなかったという点に注目することとした。

　これは，熊本地震の際に避難所に避難した住民に対するインタビュー調査の中で，避難所生活の中で大きなストレスを感じた要因の一つとして，発災直後に動転して先が見えない中での物資の不足や物資の供給における混乱があげられる場合が多いからである。

　熊本地震の被災地では，地震による家屋の倒壊をおそれた多くの住民が避難所に避難したことから，避難所は，想定を超えた多くの住民を受け入れる必要に迫られた。そのため，備蓄が避難所によっては即日底をつく等，避難所で必要とされる物資が大きく不足した。

　その模様は，テレビ等でも繰り返し報道されたことから，それを受けて，全国から多くの善意の支援物資が被災地に送られた。しかし，それらの物資が迅速に避難所に届かず，行政の物資集積所等で滞留する等大きな混乱が発生した。

　この点，東日本大震災以降，支援物資の輸送の問題は，行政ではなく，民間の物流会社等の支援を受ければ解決するとする指摘もある。

　しかし，熊本地震の被災地に寄り添ったインタビュー調査等では，数日間の物資不足の後に，支援物資到着のタイミング，支援物資の中身や送付方法，最終的な物資余り等の問題が発生したことが指摘されている（渡辺 2018）。

　熊本地震の際には，「被災地域外」から，被災地からの要請を待つことなく実施する「プッシュ型」の支援が実施され，多様な支援物資が被災地に送られた。これは，被災地が大混乱して，地元の行政が「公助の限界」を迎える中で，

◆第7章◆　グリーンコープの支援活動と地区防災計画

「被災地域外」に対して組織的に支援を求めることが遅れた東日本大震災の教訓を踏まえた支援の手法である。

　しかし，後日熊本地震の際の「プッシュ型」支援の効果については，以下のような問題点が指摘された。①支援物資が不足していたのは，発災後ほんの数日であり，その後は大半の物資は余りがちで，長く避難所にそれらの物資が積まれたり，廃棄されたりしたほか，②避難所での物資不足は，あくまでも「被災地域内」での物資の滞留によるものであり，③近隣自治体等の市民による物資支援であっても，結局のところ「被災地域外」の支援が，配送のための時間を考えると，避難所での需要に間に合うとは言えない状況であり，④被災地の需要を把握していない被災地域外からの支援は，仕分けの問題等でかえって被災地の負担が増した可能性があること等が報告されている。

　つまり，被災地の需要を把握しないで実施する「被災地域外」からの支援は大変難しく，「プッシュ型」の支援の再検討の必要性が指摘されているのである。

　この点，熊本県に隣接した福岡市では，市長自身が，被災地である熊本市長と直接相談し，水，毛布，ウェットティッシュ等の被災地で必要とされている物資に絞って市民から支援物資を募集し，それらの支援物資を福岡市の防災担当者等が自ら被災地の避難所に運ぶという「被災地域外」からの被災地に負担をかけない自己完結型の支援を実施した。

　筆者らが訪れた避難所では，発災後かなりの時間が経過した後でも，福岡市から届いた支援物資であるペットボトルの水等が，段ボール箱に入れられたまま大量に積まれていた。

　被災地の避難所が必要とする支援物資は，災害発生後にリアルタイムに変化する。そのため，被災地が必要としている支援物資に関する情報を正確に把握し，それを迅速に被災地の避難所に届けることが重要になるが，被災地域外からそれを行うのは，輸送に時間がかかることもあり，大変難しい。

　この点，生協の支援活動でも同様に支援の難しさが指摘されており，例えば，白水（2016）では，熊本地震発災時に，熊本県との緊急時における物資協定に基づく支援を行おうとしたが，①県からの支援要請が遅かったこと，②必要な支援物資の種類や量について行政からの情報入手が遅れたこと，③熊本市の「うまかな・よかなスタジアム」等の集積場では，大量の物資が集まり，荷下ろしができなかったこと，④被災地である熊本市とは協定締結を行っていな

かったため，市の担当者から直接支援物資に関するやり取りをすることができず，県と市で調整に時間を要したこと等が指摘されている。

　被災地での情報を入手することの難しさや，プッシュ型の支援の難しさがわかる事例である。

◆ 3　被災者の評価の高いグリーンコープ

（1）グリーンコープに関する調査の契機

　熊本地震における支援活動の問題点については，防災系の多くの学会で議論されているが，2017年3月に京都大学防災研究所で開催された「地区防災計画学会第3回大会」のシンポジウム「熊本地震を踏まえた地域防災力強化の在り方」では，自ら被災して避難所での暮らしを経験した熊本大学の教員から，「グリーンコープ」が，避難所の需要を正確に把握して，迅速に物資を提供してくれて助かったという指摘があった（磯打 2017: 87-90）。

　これまでの「グリーンコープ」の熊本地震での支援活動に関する学術的な研究は発見できなかったが，被災した専門家による実体験に基づく指摘であったことを受けて，被災地出身の筆者らの教え子やその親類等からヒアリングを行ったところ，被災地での「グリーンコープ」の支援活動は，地元ではよく知られており，避難所での需要を把握した丁寧な支援やこだわった食材を使用した炊き出し等が高く評価されていることがわかった。

　「グリーンコープ」は，合成洗剤による水環境の汚染を防ぐため，せっけんを使う運動を展開してきた「せっけん派」の生協で，九州・中国・関西にある14の生協で構成されており，福岡市に本部を置いている。食の安全・安心に関する運動に加えて，地域活動を重視しており，子供，高齢者の見守りから地域再生まで多様な活動を展開している。

（2）グリーンコープの支援活動の特徴

　筆者らは，教え子等から提供された情報を踏まえ，被災者等に対するインタビュー調査や関係文献やHP等の調査に加えて，熊本市西区に本部を置く「グリーンコープ生活協同組合くまもと」の被災地支援の担当者に対してもインタビュー調査を実施した。

　その結果，「グリーンコープ」は，平時から発災時の地域コミュニティ支援のための準備をしていたこと，1995年の阪神・淡路大震災以降は災害対策に

◆第7章◆　グリーンコープの支援活動と地区防災計画

積極的に取り組んでおり，東日本大震災，熊本地震の際には，早期に独自の災害支援センターを立ち上げて，避難所への緊急物資の支援，炊き出し，家屋の片づけ・修繕支援等の多様な支援活動を実施していることがわかった（西澤ほか 2018）。

　「グリーンコープ」の熊本地震での被災地への支援に当たって，一般企業等の支援と比較した場合に特徴的であるのは，以下の点である。なお，これらの特徴の何点かは，生協の被災地支援活動ではほぼ共通した事項でもあるが，ここでは，一般企業等との比較の観点から整理してみたい。

（ⅰ）行政情報に頼ることなく避難所情報をリアルタイムに把握

　必要な支援物資の種類や量について，県等から提供される行政情報に頼ることなく，「グリーンコープ」の組合員と職員が自らで各避難所の情報をリアルタイムに入手し，必要とされている物資の種類や量を把握している点である。熊本では，「グリーンコープ」の組合員（利用者）が各避難所に必ずいたことから，それらの組合員を通じた避難所のリアルタイムな情報の入手が容易であった。

（ⅱ）日頃から利用している ICT サービスの活用

　「グリーンコープ」に避難所情報を提供するに当たって，組合員は，日頃から利用しているスマートフォンのメールや SNS 等の ICT サービスを利用して，情報を「グリーンコープ」に届けており，その情報を「グリーンコープ」の組織内で ICT を利用して共有していた。これらは，防災目的であることが強く認識されているわけではなかったが，日常的に利用しているものを活用した「生活防災」や「結果防災」の例になるであろう（大矢根 2012; 矢守 2011）。

　なお，支援物資の在庫状況等を「グリーンコープ」は自身の HP にアップしており，被災者から直接必要物資に関する情報を受け付ける仕組みも持っていた。

（ⅲ）柔軟かつ迅速に物資を配送

　「グリーンコープ」は，各避難所からのリアルタイムな情報を踏まえ，柔軟に避難所に直接支援物資を届けた。そのため，行政や集積所の混乱に巻き込まれることなく，迅速に被災者に物資を届けることができた。

（ⅳ）地域コミュニティとの良好な人間関係

　「グリーンコープ」は，日頃から物資を宅配しており平時から，地域コミュニティと継続的に人間関係を構築していた。

◇ 4　緊急時のリアルタイムな支援の重要性

写真　グリーンコープ生活協同組合くまもと本部(熊本市西区)(左)と福岡大学西澤ゼミによる災害支援担当者へのインタビュー調査の模様(右)
（2017年9月筆者撮影）

発災後もそのような地域コミュニティとの人間関係をいかして，被災地で配達担当者が丁寧に聞き取り調査を行い，被災地の情報を迅速にかつ継続的に収集していた。

（ⅴ）地域コミュニティの交通事情に精通

「グリーンコープ」は，組合員から提供される避難所情報を踏まえ，支援物資を迅速に避難所に届けるに当たっても，日頃から地域コミュニティに直接配達することが多いことから，避難所の地理等にも精通しており，組合員から通行止め等の情報をあらかじめ収集して，地元の人々が使う間道等を利用して，被災者に必要なものを迅速に宅配した。

（ⅵ）継続的で長期的な被災地支援

「グリーンコープ」は，食を重視する生協として，素材にこだわった炊き出し等を実施して被災地での評判を上げたほか，行政や家電メーカー等とも連携して，家電製品等を避難所に届ける等被災者の生活支援を継続的かつ長期的に実施した。

◆ 4　緊急時のリアルタイムな支援の重要性

ここまでの調査結果を踏まえるならば，「グリーンコープ」が，発災直後から，避難所の状況を迅速に把握し，行政等による情報収集に依存することなく，独自の情報網をいかして，避難所に必要な物資を必要なときに届けてくれたという点が，被災者の高い評価につながっているように思われる。

熊本地震の被災地に対しては，多様な主体が物資の支援を行ったが，現場の混乱や輸送路・物資集積場所等の問題もあって，物資支援協定による被災地域

◆第7章◆　グリーンコープの支援活動と地区防災計画

外からの大規模な被災地支援が機能しなかったわけであるが，そのようなときに，「グリーンコープ」が実施したような地域コミュニティに日頃から寄り添った地道な支援活動が，日頃から利用しているICTサービスの活用等とも結びついて，迅速で貴重な支援ということで，被災者に高く評価されたと思われる。

つまり，「公助の限界」を迎えて行政が，各避難所からリアルタイムに情報を得ることが難しくなる中で，自らの日常的に形成してきた人的なネットワークや日頃から使っているICTサービスを使ってその隙間を埋めることによって，迅速に避難所情報を把握し，必要な支援物資だけを適切な時期に避難所に届けたということが，大きなポイントになったように思われる。

この「グリーンコープ」による被災地支援の事例を踏まえると，企業や生協のような「多様な主体」が共助による被災地への支援活動を行うに当たっては，以下のような点に留意すべきである。まず，発災前に行政との物資協定を締結しておくことは，災害への備えとして重要であり，一定規模の災害の発災時には有効に機能する可能性がある。しかし，大規模広域災害時には，「公助の限界」を迎え，行政機能が混乱したり麻痺したりすることもあることから，行政からの情報提供等に依存した支援の仕組みのみを前提とするのは問題である。むしろ避難所から直接情報をとって，直接避難所に物資を届ける等，行政を介さなくても，地域コミュニティと連携した上で，迅速に自己完結型で支援ができるリアルタイムな支援活動の仕組みを構築しておくべきである。

◆ 5　結びにかえて

ここまで見てきたように，熊本地震の被災地では，被災地域外からの「プッシュ型」・「ブリッジング型」（橋渡し型）の支援活動については，時間的・距離的な問題から，被災地のリアルタイムに変化する需要を把握し，それに対応して迅速に支援物資を送るということが課題であることがわかった。

一方で，「グリーンコープ」の熊本地震における支援活動は，日頃からの人間関係をいかした地域コミュニティと結びついた支援が特徴的であり，発災直後から迅速に被災地の需要を把握して，その需要にあわせて支援物資を避難所に届けたことが被災者から評価された。これは，地域コミュニティと適切に連携した被災地域内を中心としたいわゆる「ボンディング型」（結合型）の支援活動である。

◇ 5　結びにかえて

写真　グリーンコープによる熊本の被災地支援の様子（グリーンコープHPより）

　この事例からは，平時からの広域的な支援活動とあわせて，コミュニティレベルの「ボンディング型」の共助による支援活動の準備が重要であるということがいえる。

　さらに，地域コミュニティの防災力強化の在り方について，地区防災計画の活用の観点から，少し考察を加えておきたい（西澤・筒井 2014；内閣府 2014a；内閣府 2014b）。

　内閣府では，2014～2016年度に全国44地区で地区防災計画づくりのモデル事業を実施しており，モデル事業を受けて，地区防災計画づくりは全国に広がりつつある。

　ただ，熊本地震発災前には，熊本地震の被災地で地区防災計画が作成された例はなかった。もし，熊本地震の発災前に多くの地域コミュニティで地区防災計画が作られていれば，被害の状況は，大きく変わったのではないかといわれている（磯打 2016：2-15）。ところで，地区防災計画の普及に向けては，企業等の多様な主体との連携の重要性が指摘されてきた。

　ここまで紹介をしてきた「グリーンコープ」は，平時から地域コミュニティと人間関係を構築し，発災時には，日頃の人間関係をいかしてICTを利用してリアルタイムに避難所の情報を把握し，必要な支援物資を必要な時期に必要なだけ避難所に届けたことが，被災者から高く評価されていたが，このようなコミュニティによりそった活動を日頃から行っている主体と連携することによって地域コミュニティの防災力を向上させることができる。また，SNSやメールのような日頃から生活で利用しているICTサービスを災害対策のために利用することが有用である（大矢根 2012；矢守 2011）。

　熊本地震の教訓を踏まえ，地域コミュニティの住民等が，「グリーンコープ」

のような支援能力とその意思を持つ主体と日頃から連携し，人間関係をいかして地区防災計画づくりに取り組んでいくことは，住民等が主体となって，未知なる災害に備えるだけでなく，地域コミュニティを活性化させるための効果的なツールとなる可能性がある（林・金ほか 2018; 林・西澤 2018; 金・西澤 2018; 西澤 2018）。

〈文　献〉（アルファベット順）

浅田克己（2017）「阪神・淡路大震災，東日本大震災　大規模災害における生協の役割を考える」（福島県生活協同組合連合会講演資料）．

林春男（2014）「災害レジリエンスを高めるには」生活協同組合研究 463 号．

林秀弥・金思穎・西澤雅道・筒井智士（2016）「熊本地震を踏まえた地区防災計画等による地域防災力強化の在り方」名古屋大学法政論集 267 号．

林秀弥・金思穎・西澤雅道（2018）「熊本地震におけるグリーンコープの支援活動と地区防災計画」地区防災計画学会誌 12 号．

林秀弥・西澤雅道（2018）「生活協同組合等による地域コミュニティの防災力強化の在り方」『生協総研賞・第 14 回助成事業研究論文集』．

廣井悠（2018）「南海トラフ巨大地震後の疎開シミュレーションと安全・安心な国土の形成」生活協同組合研究 506 号．

五十嵐桂樹（2014）「東日本大震災を機に見直しを図っている物資協定」日本生活協同組合連合会生協運営資料 277 号．

──（2017）「大規模自然災害時における生協の役割を考える」（大東文化大学「生協社会論」講義資料）．

磯打千雅子（2016）「シンポジウム印象記　熊本地震を踏まえた地域防災力強化の在り方 in 福岡 2016」地区防災計画学会誌 7 号．

──（2017）「第 3 回大会シンポジウム印象記　住民と企業の地区防災計画」地区防災計画学会誌 10 号．

金思穎・西澤雅道（2018）「熊本地震後のグリーンコープのコミュニケーション的合理性による支援活動に関する考察」地域共生研究 6 号．

厚生労働省社会・援護局地域福祉課消費生活協同組合業務室（2017）「生協が行う地域福祉の先駆的な取組事例」．

栗本昭（2012）「大規模自然災害とサードセクター──東日本大震災における生協の支援を中心に」（東京大学社会科学研究所全所的プロジェクト研究ガバナンスを問い直す資料）．

丸谷浩明（2006）「災害に向かい合う市民組織の役割と可能性」生活協同組合研究

〈文献〉

366号.

馬杉弦（2014）「復元力のある生協をめざして──コープネット事業連合におけるBCPの取り組み」生活協同組合研究463号.

松田真依・松行美帆子（2016）「東日本大震災被災地における恒久住宅への移行期における高齢者の買い物行動の実態とその支援に関する研究」都市計画論文集51巻3号.

宮地毅（2017）「企業による被災者支援──災害時の物流支援のこれまでとこれから」（災害時の連携を考える全国フォーラム資料）.

村井雅清（2001）「自然災害時における市民活動と生協」生活協同組合研究322号.

室崎益輝（2002）「災害に強い社会と市民力：阪神・淡路大震災の教訓」生活協同組合研究322号.

内閣府（2014a）『地区防災計画ガイドライン』.

──（2014b）『平成26年版防災白書』.

中林一樹（2014）「首都直下地震と首都の復元力の向上」生活協同組合研究463号.

日本生活協同組合連合会（2017）「生協の社会的取り組み報告書」.

西俣先子（2011）「災害の備えとしての応急生活物資供給協定と全国の生協による連携」農業と経済77巻9号.

西澤雅道（2018）「熊本地震でのグリーンコープの活動と地区防災計画」生活協同組合研究506号.

西澤雅道・金思穎・防災行政研究会（2018）「第23回研究会シンポジウム印象記 九州北部豪雨と地域防災力」地区防災計画学会誌11号.

西澤雅道・金思穎・筒井智士（2016）熊本地震及び地区防災計画に関する社会学的・行政学的考察」『福岡大学法学論叢』61(2).

西澤雅道・筒井智士（2014）『地区防災計画制度入門』NTT出版.

大矢根淳（2012）「地域防災活動におけるレジリエンス──川崎市多摩区中野島町会「防災マップ」づくりの事例から」『かながわ政策研究・大学連携ジャーナル』3.

嶋田裕之（2011）「大規模災害の発生に備えた「全国生協BCP」策定の課題」日本生活協同組合連合会生協運営資料262号.

白水忠隆（2016）「熊本地震から半年」生活協同組合研究489号.

渡辺浩（2018）「熊本地震における被災地の物資不足と近隣市民による物資支援」地区防災計画学会誌11号.

山口浩平（2011）「大規模自然災害と日本の生協──「危機につよい」地域づくりへの貢献」生活協同組合研究428号.

山本哲朗（2014）「コープネット事業連合コープネット事業連合の大規模・広域災

◆第 7 章◆　グリーンコープの支援活動と地区防災計画

　　害対応」日本生活協同組合連合会生協運営資料 277 号.
矢守克也（2011）『"生活防災"のすすめ——東日本大震災と日本社会』ナカニシヤ
　　出版.

第8章

消費者安全とコミュニティ防災

要 旨

　本章では，少し視点を広げて，消費者安全とコミュニティ防災の在り方に焦点をあてた。本書でとり上げたここまでの事例では，地域コミュニティにおける良好な人間関係を背景に，地域活動が活発化し，防災活動に広がったり，逆に，防災活動が起点となり，地域コミュニティにおける人間関係が活発化したりしていたが，ここでは，消費者安全という比較的新しい地域活動を広げるために地域コミュニティの防災活動と連携しようとしている事例に注目している。

　消費者安全について振り返ると，2000年代のガス湯沸かし器やエレベーターによる死亡事故等を受けて，消費者の安全・安心を守る観点から，事故の加害者の責任を追及するだけでなく，同じような事故の再発をいかに防ぐかが重視されるようになった。そして，消費者三法が制定され，事故の原因の調査を職務とする消費者庁が2009年に設立された。

　この点，事故の再発防止のためには，国民からの相談に専門的に対応する必要があるが，その総合窓口が国の国民生活センターや自治体の消費生活センターである。しかしながら，これらのセンターの人員や予算は極めて限られており，対応すべき事故や相談件数の増加に対応できていない。そのため，地域コミュニティの防災活動等の共助と連携したり，情報通信技術（ICT）を活用して効率化を図り，事故の被害者となりやすい高齢者等の要支援者の支援を行うことが重要になっている。

　本章では，このような流れを踏まえつつ，特に「消費者安全法」の改正

◆第8章◆　消費者安全とコミュニティ防災

> の経緯や消費者事故調の設置等の背景となった事件について整理しつつ，内閣府の「消費者白書」で取り上げられた事例を分析し，消費者安全と連携したコミュニティ防災の在り方について考察を行った。

◆ 1　はじめに

（1）消費者行政の改善強化の動き

　近年の消費者安全の歴史を振り返ると，2009年に「消費者庁設置法」等とともに成立した「消費者安全法」を注目する必要がある。同法は，その後，2012年の1次改正及び2014年の2次改正（「不当景品類及び不当表示防止法等の一部を改正する法律」2条）を実施し，その充実強化が図られてきた。

　2015年3月に閣議決定された「第3期消費者基本計画」の整理を踏まえると，消費者安全法が担うべき役割は，消費者の安全確保，表示の充実と信頼の確保，適正な取引の実現，国や地方の消費者行政の体制整備等である（消費者庁2015）。

　さらに，同法には，2回の改正によって，①消費者事故等の情報収集，原因調査，被害の発生・拡大防止措置，②地方公共団体における消費生活相談等の実施について，機能強化が図られている。

（2）先行研究と本章の位置付け

　消費者安全法の制定等に関する代表的な論文等としては，例えば，消費者安全法を含むいわゆる消費者庁設置法等三法の制定までの経緯について，福田内閣及び麻生内閣での法整備の経緯について詳細にまとめた倉田論文（倉田2008），森論文（森2009），消費者庁解説（消費庁消費者安全課2009）がある。また，同三法と消費者庁の概要については，寺西論文（寺西2009）や及川論文（及川2011）がある。

　次に，2012年改正については，消費者事故についての独立した調査機関の創設について整理した宮崎論文（宮崎2012），2012年改正を踏まえた逐条解説書として，消費者庁解説（消費者庁2013）がある。

　そして，2014年改正については，地方消費者行政の体制整備について整理した齋藤論文（齋藤2014）がある。

　これらの論文等は，現行法令の制定経緯や各条の詳細な解説であり，価値の

高いものであるが，一方で，法制定・法改正後の制度の状況や今後の在り方については，国会の議論等を中心に紹介している。

本章では，これらの先行研究も踏まえ，「消費者安全法」の成立及び2回の法改正を振り返りつつ，同法の現状と課題について考察を行う。

◆ 2　消費者三法

日本の消費者行政を振り返ると，2000年代の後半は，事故米穀の不正規流通事件，ガス瞬間湯沸かし器による一酸化炭素中毒事件，エレベーター事故等消費者事故が多数発生した。また，食品表示偽装問題，高齢者に対する悪質商法等消費者の財産被害が問題になった。このような国民の生活の安全・安心に対する問題が発生する中で，規制行政の在り方も大きく見直された。

2007年に就任した福田康夫内閣総理大臣は，「国民の安全，安心が重視されなければならない時代」[1]になったことから，「消費者行政を推進するための強い権限を持つ新組織」[2]を発足させることとした。2008年2月には，消費者行政推進担当大臣のポストが新たに設けられ，消費者行政全般を統一的・一元的に推進するための新組織の在り方を検討するため，「消費者行政推進会議」（座長：佐々木毅学習院大学法学部教授（当時））を設置した。そして，会議では，消費者問題の実態，消費者窓口に関する課題，国と地方の役割，組織形態の在り方等が議論され，同年6月に同会議の議論が取りまとめられた（消費者行政推進会議 2008）。

これを受けて，福田内閣は，「消費者行政推進基本計画」を2008年6月に閣議決定し，法制化作業が進められ，同年9月に，「消費者庁設置法案」，「消費者庁設置法の施行に伴う関係法律の整備に関する法律案」及び「消費者安全法案」が閣議決定された。

その概要は，①消費者庁は，内閣府の外局とし，消費者庁長官をその長とすること，②消費者庁は，消費者が安心して安全で豊かな消費生活を営むことができる社会の実現に向けて，消費者の利益の擁護及び増進，商品及び役務の消費者による自主的かつ合理的な選択の確保並びに消費生活に密接に関連する物資の品質に関する表示に関する事務を行うことを任務とすること，③消費者の

---

(1)　2007年10月1日福田康夫内閣総理大臣所信表明演説参照。
(2)　2008年1月18日福田康夫内閣総理大臣施政方針演説参照。

利益の擁護及び増進に関する基本的な政策の企画及び立案並びに推進のほか，「消費者安全法」及び消費者庁に移管され又は消費者庁と他府省との共管となる 29 本の個別作用法に係る事務等を所掌すること，④消費者庁に 15 人以内の委員からなる消費者政策委員会を置き，同委員会は，諮問に応じ，消費者の利益の擁護及び増進に関する基本的な政策等の重要事項を調査審議し，意見具申を行うこと等であった（倉田 2008: 4）。

続く麻生内閣において，これらの三法案は国会に提出され，衆議院で修正が行われた後，2009 年 5 月に「消費者庁及び消費者委員会設置法」，「消費者庁及び消費者委員会設置法の施行に伴う関係法律の整備に関する法律」及び「消費者安全法」の三法が成立した（寺西 2009: 17-18）。

国会における修正点は，①消費者庁の任務を明確化するため，消費者の権利の尊重及びその自立の支援その他の基本理念にのっとり任務を遂行することを明記したほか，②消費者庁に設置することとしていた消費者政策委員会を内閣府の審議会等として消費者行政全般に対する監視機能を有する消費者委員会とし，法律の題名を「消費者庁及び消費者委員会設置法」に改めたほか，③消費者委員会の所掌事務に自らの調査審議の結果に基づく内閣総理大臣等に対する建議及び「消費者安全法」に基づく内閣総理大臣に対する勧告・報告徴収を追加し，④消費者委員会の委員の職権行使の独立性の明記や関係行政機関の長に対する資料の提出等の要求権限を盛り込み，⑤委員会の機動的な運営を確保するため，その委員数を 10 人以内とすることとした[3]。

また，「消費者安全法」についても，①国及び地方公共団体の責務に，消費者事故等に関する情報の開示，消費生活に関する教育活動の追加，②消費事故等に関する情報の公表の対象を取りまとめた結果の概要ではなく，結果そのものとすること，③消費者委員会が，内閣総理大臣に対して消費者被害の発生又は拡大の防止に関して勧告できること，その勧告に基づき講じた措置について報告を求めることができること等の規定の修正・追加が行われた。

これを受けて，同年 9 月に消費庁及び消費者委員会が設置されたほか，「消

---

[3] この他，整備法では，消費者行政担当大臣による消費者行政に関する総合調整機能の発揮を明確にするため，内閣補助事務（内閣府設置法 4 条 1 項に規定されている内閣府が行政機関を総括する機能を助けるための事務。同条 3 項に規定されている内閣総理大臣自らが担当することがふさわしい各省と同列の事務である分担管理事務と区別されている。）の表現の変更等もあった。

費者安全法」も施行された。

　消費庁設置を契機として，消費者政策については，内閣府が行政機関を総括する機能を助けるための事務である内閣補助事務となり，内閣府の外局である消費者庁が，各府省に対して権限が発揮しやすくなったほか，消費者行政に関する組織・権限・法律が一元化され，消費者事故等に関する情報が一元的に集約・分析されるようになった。

　また，他府省が他の法律で措置できる事項については，各府省に内閣総理大臣が措置要求できるほか，どの府省も対応できなかった隙間事案については，消費者庁が，「消費者安全法」に基づいて自ら対処できるようになった。

　消費者委員会は，消費者庁と同格の位置付けであり，自ら調査審議を行い内閣総理大臣に勧告等を行う独立した第三者機関として，消費者庁とともに，車の両輪として消費者行政を行うことになった。なお，消費者行政を推進する特命担当大臣が常設とされた（及川 2011: 74-75）。

　ここで，2009 年の法制定時の「消費者安全法」の概要についてみていきたい（倉田 2008: 9-11; 消費者庁 2010; 木村ほか 2009; 黒木 2010）。

　①ガス湯沸器による一酸化炭素中毒事故のように，消費者事故等に関する情報の収集や共有が不十分であったため，迅速に行政から消費者にこれらの情報が伝わらなかった結果，被害の拡大を防止できなかった問題，②エレベーター事故のように，事故情報の収集について関係省庁間での緊密な連携協力及び情報の共有が不十分であった問題，③こんにゃく入りゼリーによる窒息事故のように，各行政機関の所管する既存の法律に防止措置がない，隙間事案の問題等を背景として[4]，同法 1 章の目的規定では，「消費者の消費生活における被害を防止し，その安全を確保」し，内閣総理大臣による基本方針の策定について定めるとともに，①地方公共団体による消費生活相談等の実施及び消費生活センターの設置，②消費者事故等に関する情報の集約等，③消費者被害の発生又は拡大の防止のための措置の 3 つの事項について規定した。

---

(4)　例えば，こんにゃくゼリーによる窒息死亡事故については，食品衛生法を所管する厚生労働省は食中毒対策中心，JAS 法（農林物資の規格外及び品質表示の適正化に関する法律）を所管する農林水産省は原材料表示中心，消費生活用製品安全法を所管する経済産業省では食品は対象外のように，隙間事案が生じており，たらい回し，情報共有の不備，連携不備等の問題もあり，行政上有効な対策が講じられていなかった（及川 2011: 74）。

◆第8章◆　消費者安全とコミュニティ防災

　そして，消費者安全の確保のためのインフラの整備と同時に，内閣総理大臣に，各省庁所管法に規定される措置を関係各大臣に要求する権限を与え，事業を所管する法律がない場合，事業者への措置命令等の権限を与えた。つまり，措置命令等の権限を通じて，隙間事案への対応を可能にした。そして，内閣総理大臣は，この法律による権限を消費者庁長官に委任することとした。

　2章には，基本方針に関する規定が置かれており，内閣総理大臣は，関係行政機関の長と協議し，消費者委員会の意見を聴いて，消費者安全の確保に関する基本的な方針（基本方針）を定めなければならないとされた。基本方針には消費者安全の確保の意義に関する事項，消費者安全の確保に関する施策に関する基本的事項，施策効果の把握及び評価に関する基本的事項等が定められることになった。基本方針は，消費者基本法に規定されている消費者基本計画と調和が保たれなければならないとされ，また，都道府県知事は基本方針の変更の提案をすることができることとされた。

　3章には，消費生活相談等に関する規定が置かれており，市町村は，消費者からの苦情相談，苦情処理のためのあっせん，消費者の安全確保のために必要な情報の収集及び住民への提供等を実施する。また，都道府県は市町村の事務の実施に関する市町村相互間の連絡調整及び市町村に対する技術的援助，広域的な見地から行う苦情相談，苦情処理のあっせん等を実施する。さらに，国及び国民生活センターは，地方公共団体に情報の提供等必要な援助を行うことになっている。

　3章2節には，消費生活相談等を行う消費生活センターについて規定されており，都道府県は設置義務を，市町村は設置の努力義務を負っている。消費生活センターには，専門的な知識及び経験を有する者の配置，事務の効率的な実施のために適切な電子情報処理組織等の設備が必要とされる。都道府県及び消費生活センターを設置する市町村は，相談員を始めとする消費生活センターの事務に従事する人材の確保及び資質の向上を図るよう努めるものとされている。

　4章には，消費者事故等の発生に関する情報の集約等に関する規定が置かれており，行政機関の長，地方公共団体の長及び国民生活センターの長は，重大事故等[5]が発生した旨の情報を得たときは，直ちにその概要を内閣総理大臣

---

(5)　「消費者事故等」とは消費生活における，①事業者が供給等する商品等（物品・施設・工作物）又は事業者が提供する役務の使用又は利用に伴い，消費者の生命・身体に被害が生じた事故，②使用・利用時に通常有すべき安全性を欠く商品等又は役務が使

に通知しなければならないとされている。また，重大事故以外の消費者事故等については，被害の拡大，同種又は類似の事故等が発生するおそれがあると認めるときは，内閣総理大臣に通知することになっている。

内閣総理大臣は，迅速かつ適確に情報の集約，分析及び結果の取りまとめを行い，関係行政機関，関係地方公共団体及び国民生活センターに提供し，消費者委員会に報告するとともに，結果を公表することにより，情報の有効な活用を図ることになっている。

5章には，消費者被害の発生又は拡大の防止のための措置に関する規定が置かれており，内閣総理大臣は，消費者事故等の発生に関する情報を得た場合，消費者被害の発生又は拡大の防止のため消費者の注意喚起が必要であるときは，消費者被害の発生又は拡大の防止に資する情報を地方公共団体に提供するとともに，公表することになっている。

内閣総理大臣は，消費者事故等の発生に関する情報を得た場合，消費者被害の発生又は拡大の防止のため他の法律の規定に基づく措置があり，かつ，消費者被害の発生又は拡大の防止を図るため，当該措置の速やかな実施が必要であるときは，措置の実施に関する事務を所掌する大臣に，措置の実施を要求することができる。

内閣総理大臣は，商品等又は役務が消費安全性を欠くことにより重大事故等が発生した場合，商品等又は役務を供給，提供又は利用に供した事業者に点検，修理，改造，安全な使用方法の表示，役務の提供方法の改善等必要な措置をとることを勧告することができ，事業者が正当な理由がなく勧告に係る措置をとらなかった場合，消費者委員会の意見を聴いて，措置をとることを命ずることができる。

内閣総理大臣は，商品等が消費安全性を欠くことにより重大事故等が発生し，かつ，当該重大事故等による被害が拡大し，又は当該重大事故等とその原因を同じくする重大事故等が発生する急迫した危険がある場合，重大消費者被害の

用・利用された事態であって，①の事故が生じるおそれがあるもの，③虚偽・誇大な広告その他の消費者の利益を不当に害し，又は自主的かつ合理的な選択を阻害するおそれがある行為が事業者により行われた事態をいう。また，「重大事故等」とは，(a) 生命・身体に被害が生じた事故（「消費者事故等」の①）のうち，その被害が重大であるもの，(b) 生命・身体に被害が生じるおそれのある事態（「消費者事故等」の②）のうち，(a) の事故を発生させるおそれがあるものをいう（内閣府 2009）。

発生又は拡大を防止するため特に必要があると認めるときは，消費者委員会の意見を聴いて，6月以内の期間を定めて，当該商品等を事業として又は事業のために譲渡し，引き渡し，又は役務に使用することを禁止，又は制限できる。

消費者委員会は，内閣総理大臣に対し，消費者被害の発生又は拡大の防止に関し必要な勧告をすることができる。

都道府県知事は，内閣総理大臣に書面により消費者安全の確保に必要な措置の実施を要請することができる。

内閣総理大臣は，事業者に報告を求め，職員に当該事業者の事業を行う場所への立ち入り，調査，質問をさせ，調査に必要な限度において当該事業者の供給する物品を集取させることができる。

◆ 3 消費者安全法の改正

法制定時の附帯決議や法施行後の消費者事故等の状況を踏まえ，「消費者安全法」について，これまで2回の改正が実施された。以下，その概要について整理しておきたい（宇賀 2011）。

（1） 2012年改正の概要

この改正の背景としては，前述の消費者庁関連三法制定時の参議院での附則において，消費者事故等についての独立した調査機関の在り方を含めた検討を行うこととされたこと，法附則2条で政府は，法施行後3年以内に消費者の財産に対する重大な被害を含め重大事故等の範囲について検討を加え，必要な措置をとることとされたことがある（消費者庁事故調査機関の在り方に関する検討会 2011; 消費者庁消費者の財産被害に係る行政手法研究会 2011）。

従来から，ガス瞬間湯沸器事故，エレベーター事故等が繰り返し発生しており，誰が悪かったのかを追及する仕組みは，警察による刑事捜査で整備されていたものの，「何が悪かったのか」を科学的に調査し，同じ様な事故が繰り返されないための知見を得るための仕組みは，整備されていなかった。事故には，多様な教訓が含まれているが，それを十分にくみ取り生かすための仕組みが不十分であり，事故を専門的に調査し，事故の予防・再発防止対策に結びつけていく仕組みとして，事故調査機関を設置すべきであるとの指摘があった。

また，消費者の財産被害については，法律の隙間において被害が発生・拡大し，事後的に対応することを繰り返してきており，例えば，悪質商法により重大な財産被害が発生しても，それに対応する法改正等は後追いになることが多

かった。そのため，財産被害に対して隙間のない対応を行えるようにすることが，消費者行政において重要であるとの指摘があった。

これらを受けて，2012年の改正では，生命・身体被害についての事故等原因の究明と再発拡大防止のための知見を得るための事故等調査の仕組みの導入と，財産被害についての隙間対応を可能とするため，①消費者事故についての独立した調査機関である「消費者安全調査委員会」が創設された。そして，②消費者事故等の調査等に関する規定が整備されたほか，③消費者の財産被害に係る隙間事案への行政措置の導入等に関する規定が盛り込まれた。あわせて，消費者安全法の目的規定の改正も行われ，「消費者安全調査委員会による消費者事故等の調査等の実施」が追加された。

もう少し詳細に説明すると，生命・身体の消費者事故等の事故調査機関として，「消費者安全調査委員会」が消費者庁に設置され，内閣総理大臣が任命する非常勤の委員7名のほか，臨時委員や専門委員も任命された。調査委員会は，自ら事故調査を行うが，他の行政機関等が行った調査結果で活用できるものがある場合は，それについて事故原因を究明しているかどうかについて評価を行い，必要に応じて意見を述べることができる。被害の発生・拡大の防止や被害の軽減のための施策等について内閣総理大臣に勧告を行い，関係行政機関に意見を述べる権限が与えられた。

また，隙間事案において重大な財産被害が発生している場合に，消費者庁が行政措置をとることができるように，消費者に重大な財産被害を生じさせる事態を「多数消費者財産被害事態」とし，生命・身体の「重大事故等」の財産版とでも言うべき仕組みを創設した。財産の消費者事故等のうち，消費者の財産上の利益を侵害することとなる不当な取引であって，事業者が消費者に対して示す商品等取引の対象となるものの内容・取引条件が，実際のものと著しく異なるものが[6]，事業者によって行われることにより，多数の消費者の財産に被害を生じ，またはそのおそれがあるものである（消費者庁 2012a; 消費者庁 2012b; , 河上 2012, 2013; 南・佐川 2013）。

（2）2014年改正の概要

2014年6月に成立した「不当景品類及び不当表示防止法等の一部を改正す

---

[6] 例えば，実態のない老人ホーム利用権の取引，国内での換金が困難な外国通貨の取引等を想定している。

る法律」による改正であるが，消費者安全法関係部分の改正の背景としては，前述の消費者庁関連三法制定時の衆議院修正により追加された附則4項において，法施行後3年以内に，消費生活センターの法制上の位置付け並びにその適正な配置及び人員の確保，消費生活相談員の待遇の改善等について検討を加えるとされたことがある。そして，消費生活相談の質の向上と全国的な水準を確保し，消費生活相談員が専門職であることをより明確にするとともに，その信頼を一層向上させる必要が明確になり，また，高齢者からの消費生活相談が高齢者人口の伸び以上に増加し，高齢者等の消費者被害が深刻化したことがある（消費庁消費生活相談員資格の法的位置付けの明確化等に関する検討会 2014; 消費者委員会地方消費者行政専門調査会 2011; 消費者委員会 2013; 消費者庁消費者の安全・安心確保のため「地域体制の在り方」に関する意見交換会 2013)。

そのため，この改正では，①消費生活相談員の職を法律上位置付け，②消費生活センターを設置する地方公共団体が当該センターの組織，運営等に関する条例を整備することを規定した。また，③国及び地方公共団体の機関，地域の関係機関，民間団体等の間で「消費者安全確保地域協議会」を組織し，地域社会において消費者被害に遭いやすい高齢者等消費生活上特に配慮を要する消費者を見守る仕組み（見守りネットワーク）を創設した。そして，例えば，個人情報保護法の特例として，必ずしも本人の同意を得なくとも，消費生活上特に配慮を要する消費者に関する情報の提供をすることができること等が盛り込まれた。なお，一部の規定を除いて2016年4月から施行された。

もう少し詳細に説明すると，消費生活相談体制の充実・強化のため，市区町村支援のための都道府県の役割の明確化や，広域連携等の活用による消費生活相談体制の整備について規定したほか，消費生活相談等の事務を民間委託する際には，委託をすることにより消費生活相談等の事務の質が低下することのないよう一定の要件を満たす者に委託すること，消費生活センターを設置する地方公共団体が消費生活センターの組織及び運営についての条例を整備すること等を定め，消費者が「どこに住んでいても，質の高い相談・救済が受けられる体制」を構築した。

また，高齢者等の消費者被害を防止するため，消費者行政担当部局のみならず，福祉部局等の他部局や地域で活動する団体等との連携を強化し，地域のネットワークによる見守り体制の構築を図ることが重要であることから，地方公共団体が「消費者安全確保地域協議会」を設置できることや，消費者安全の

確保のための活動等を行う地域の民間団体・住民を「消費生活協力団体」又は「消費生活協力員」として委嘱できること等を定めた。

さらに，地方消費者行政の核となる消費生活センター等は，消費生活相談員によって支えられているが，従来は，消費生活相談員の法的位置付けが明確ではなかったことから，地方公共団体における消費生活相談員の人材確保や質の向上のため，消費生活相談員の職を法律に位置付け，登録を受けた機関により実施される消費生活相談員に関する資格試験制度を創設し，試験に合格すること等を消費生活相談員の要件とした（消費者庁 2016; 池本 2014; 川口 2014; 岩本 2015）。

◆ 4　施 行 状 況

（１）消費者事故等に関する情報集約等

消費者庁設置以降，消費者庁は，消費者安全法等の規定に基づき，関係行政機関や地方公共団体等から寄せられる消費者事故等に関する情報の集約・分析を行っている。消費者安全法 12 条に基づき 2015 年度に通知された消費者事故等は 1 万 2282 件（前年度比 1.7％増）となっており（図 4-1），その内訳は，生命身体事故等が 2,897 件（前年度比 0.3％減），財産事案が 9,385 件（前年度比 2.3％増）であり，生命身体事故等のうち，死亡等の重大事故等は 1,304 件（前年度比 4.5％増）であり，2013 年度を除き，通知された消費者事故等の内訳は，約 8 割が財産事案，約 2 割が生命身体事故等で推移している（消費者庁 2016）。

消費者事故等の情報の消費者庁への一元的な集約が徹底されるためには，関係行政機関等の理解・協力が不可欠であり，消費者事故の拡大及び再発の防止の観点から，2011 年 7 月に消費者委員会（2011）では，消費者安全法における重大事故等の通知義務について，関係省庁によって十分に遵守されていたとは言い難いこと，事故の発生場所によっては，重大事故等の通知に遅れや漏れが生じていることを指摘され，消費者庁においては，法に基づく通知義務が励行されるよう督励するほか，関係省庁間で定期的な協議の場を設けて改善を図ること等が求められた。

しかしながら，教育・保育施設における事故情報の収集及び活用は不十分であったことから，消費者委員会（2014）が出され，消費者事故等が発生した場

◆第8章◆　消費者安全とコミュニティ防災

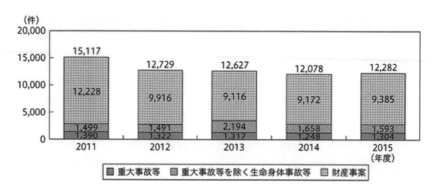

図4-1　消費者庁に通知された消費者事故等に関する情報（消費者庁 2016: 132）

合，被害の拡大と再発の防止を図るため，政府全体として事故の発生状況を的確に把握し，また，収集した消費者事故等の情報について，確実に活用されるよう，消費者庁及び関係省庁は密接に連携し対応すること等が指摘された。

総務省（2014）では，財産被害に係る消費者事故等の消費者庁への通知について，府省によって取扱いにばらつきがあり，制度を理解していない都道府県もあると指摘した。このため，消費者庁では運用マニュアルを改訂し，的確な通知がなされるよう，関係行政機関等に周知徹底を図っている（消費者庁 2015）。

（2）消費者安全調査委員会による消費者事故等の調査等

2012年10月に消費者庁に「消費者安全調査委員会」が設置され，同委員会は，生命・身体の被害に関する消費者事故等の中から，事故等の発生・拡大の防止及び被害の軽減を図るために原因を究明する必要性が高い事故を選定し，調査を行ってきた。委員会自らが調査を行うほか，他の行政機関等により調査等が行われている場合には，その結果を評価して原因を究明し，必要に応じて，被害の発生・拡大防止のため講ずべき施策・措置について，内閣総理大臣や関係行政機関の長に勧告や意見具申を行ってきた。

この点，把握された生命身体事故等全てを調査対象とすることが難しいため，委員会は，事故調査等原因を究明する必要性が高いものを選定して調査等を実施している。調査等の対象の選定に関しては，「公共性」，「被害の程度」，「単一事故の規模」，「多発性」，「消費者による回避可能性」及び「要配慮者への集中」の要素を総合的に勘案して判断することとしており，委員会発足以来，11

件の調査等を開始し，うち7件の事案について最終報告を行い，関係行政機関の長に対して意見を述べた（表1；消費者庁 2016: 171）。

（3）消費者被害の発生拡大の防止

消費者庁では，消費者安全法の規定に基づき通知された生命・身体被害に関する消費者事故等について，2015年度に重大事故等1,304件の事故の概要等の公表を計49回行った。

また，消費生活用製品安全法の規定に基づき報告のあった重大製品事故については，2015年度に885件の事故の概要等の公表を計112回行った。

さらに，特に消費者が注意すべき事案については，被害の未然防止・再発防止を図るために，消費者への注意喚起を行った（消費者庁 2016: 215）。

（4）消費生活相談等

全国の消費生活センター等に寄せられた消費生活相談件数は，2004年度の192.0万件をピークに減少傾向にあったが，2015年度は前年度よりやや減少したものの，92.7万件の相談が寄せられており，相談件数は高水準となっている（図4-2）。

過去2004年度がピークとなったのは，架空請求に関する消費生活相談が相談全体の3割以上を占めるほど急増したことが大きな要因であったが，その後，架空請求に関する相談は大きく減少した。2015年度の消費生活相談件数が，この数年では高水準となった要因として，情報通信技術（ICT）が消費生活に浸透し，スマートフォンへの移行により，消費者一人ひとりがインターネットサイトにアクセスする機会が増え，便利になった反面，トラブルに巻き込まれるケースも増加したことがある。

なお，高齢者に関する相談が若干減少したが，高齢者に関する相談件数が他の世代に比べて多い状況に変わりはなく，依然として詐欺的なトラブルのターゲットになっている（消費者庁 2016: 111）。

◆ 5　結びにかえて

消費者事故等の情報収集，原因調査，被害の発生・拡大防止措置については，2009年に規定が設けられ，2012年改正で，被害の発生・拡大防止措置に関連して，多数消費者財産被害事態に対する勧告・命令の規定が整備され，生命身体，財産のいずれの被害についても隙間事案への対応が可能となり，調査委員会による生命身体事故の原因調査の規定も整備された。今後は，これらの規定

◆第8章◆　消費者安全とコミュニティ防災

表1　消費者安全調査委員会案件一覧（消費者庁 2016: 173）

	案件	経過
調査を終了した事案	ガス湯沸器事故（東京都内）	2012年11月選定 2014年1月評価書公表とともに経済産業省に意見
	幼稚園で発生したプール事故（神奈川県内）	2012年11月選定 2014年6月報告書公表とともに内閣府，文部科学省及び厚生労働省に意見
	機械式立体駐車場事故	2013年7月選定 2014年7月報告書公表とともに消費者庁及び国土交通省に意見 2015年1月解説書公表
	家庭用ヒートポンプ給湯機の事案	2012年11月選定 2014年12月報告書公表とともに消費者庁，公害等調整委員会，経済産業省及び環境省に意見
	エスカレーター事故（東京都内）	2012年11月選定 2015年6月報告書公表とともに消費者庁及び国土交通省に意見
	毛染めによる皮膚障害	2014年10月テーマ選定 2015年10月報告書公表とともに消費者庁及び厚生労働省に意見
	子供による医薬品誤飲事故	2013年12月テーマ選定 2014年12月経過報告書公表とともに消費者庁及び厚生労働省に意見 2015年12月報告書公表とともに消費者庁及び厚生労働省に意見
調査中の事案	エレベーター事故（東京都内）	2012年11月選定 2013年8月評価書公表 2014年7月経過報告書公表
	ハンドル形電動車椅子を使用中の事故	2014年11月テーマ選定 2015年10月経過報告書公表
	体育館等の床から剥離した床板による負傷事故	2015年9月テーマ選定
	家庭用コージェネレーションシステムの事案	2015年11月テーマ選定

を適切に運用し，実効性を高めていくことが求められる。

　また，地方公共団体における消費生活相談等については，高齢化の進展とあわせて，高齢者の消費者被害が増加しており，その防止・救済が重要な課題となっている。この点，消費活動が行われ，問題が発生する現場である地域コミュニティの役割が極めて大きいといわれている。2014年改正により，地域

◇ 5　結びにかえて

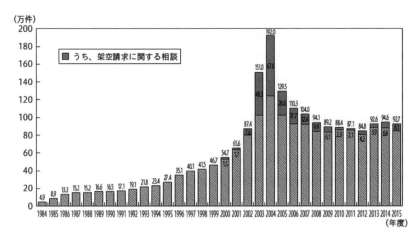

図4-2　生活相談の件数（消費者庁 2016: 112）

　コミュニティにおける高齢者の消費者被害の防止・救済のための取組として，地域における「見守りネットワーク」の運営体である「消費者安全確保地域協議会」に関する規定が設けられ，消費生活相談員の資格制度も法律に位置付けられたことから，これらを適切に運用し，地域コミュニティで質の高い消費生活相談が受けられるようにすることが重要である。

　ただし，地域コミュニティでの対応は，複雑な人間関係が絡むものであり，必ずしも机上の想定のようには進まない。また，昨今はICTを介した契約問題も多数発生しており，見守りには，多様な体制整備が重要になる。

　この点について考察を行うため，最後に，消費者庁（2016）から2つの事例を取り上げて考えてみたい。

(1) コミュニティの防災活動と連携した高齢者の「見守り」

　2014年改正では，「消費者安全確保地域協議会」を組織し，高齢者等消費生活上特に配慮を要する消費者を見守る仕組みが創設されたが，地域によっては，個々の協議会の消費者を見守る活動だけでは，継続性や実効性の観点から効果が上がらない場合もある。

　この点，防災活動等他の地域活動を行っている関係者からも個々の地域活動だけでは限界があると指摘が出ており，地域コミュニティの防災，防犯，福祉，地域のお祭り等多様な地域活動を組み合わせることが，地域活動を通じた地域コミュニティの活性化にもつながるという指摘も出ている（内閣府 2014）。

◆第8章◆　消費者安全とコミュニティ防災

　この点，消費者庁（2016）では，地方公共団体の様々な取組として，岡山県東備地域の「防災に向けた取組の中で築かれた見守り体制」が紹介されている。この事例が，まさに，地域コミュニティにおける地域活動間の連携の観点から広く参考になると思われることから，以下，要点を紹介する。

　岡山県東備地域では，消防が中心となって，地域コミュニティにおける弱者を見守る仕組みを作ることに成功した。東備消防本部は，岡山県の最東部に位置する備前市と和気町から成る一部事務組合である。当地域は，南海トラフ地震が発生した際に災害の被害が懸念されるが，高齢化が全国平均よりも約10％進んでいるため，高齢者を守るための対策が求められていた。そこで，地域の助け合い，支え合いの仕組みを作ることに取り組んだ。阪神・淡路大震災，東日本大震災等から，地域のコミュニティがしっかり機能している地域ほど犠牲者が少ない傾向があるという教訓を踏まえたものである。

　東備消防本部は，消防職員が地域内の町内会へ足を運び，地域住民と膝を交えて話し合い，防災訓練の計画を立てた。海岸沿いの地域では津波の犠牲とならないために高台へ避難する訓練，山間部においては崖崩れから身を守る方法，高齢化が進んでいる「限界集落」地域では住民による「声掛け」等を進めている。消防職員が，町内会が機能していないところや，自主防災組織が結成されていないところにも足を運び，地域が動くように働き掛けた結果，2012年度までは備前市での防災訓練の実績は1か所のみだったが，2015年度には，全228町内会で防災訓練が実施された。

　この取組を通じて，町内会が活性化され，また，地域住民がお互いのことに気を配るようになり，助け合い，支え合いの仕組みが形成された。その影響で，救急要請の件数は上昇することなく，また，「日常的に挨拶が，よく行われるようになった」という声が聞かれるようになった。

　これらの，地域のコミュニティの助け合い，支え合いの仕組みが機能することは，防災のみならず，生活全体の見守りを機能させることになる。悪質事業者が高齢者に近づいて来た時にも，近所の住人が気付き，日常の会話の中で「おばあちゃん，それはおえんじゃろう（地元の言葉で「いけないよ」の意味。）」と言って，被害の事前防止につなげている。

　東備消防本部の「地域コミュニティにおける見守り」活動を見て，岡山県消費者教育コーディネーターが，地域住民の消費生活における「安全・安心」の

分野において，地域の消費者行政の担い手である岡山県消費生活センターと連携・協働することについて働き掛けを行った。

東備消防本部では，消費生活センターとの協働に応じ，岡山県消費生活センター作成の高齢者向け啓発パンフレット等を，消防団の事務所等の地域拠点へ備置する等の地域住民への消費生活領域での啓発活動にも協力している。また，岡山県消費生活センターの消費生活コーディネート人材養成のための公開講座においても，「地域の見守り」の担い手として，東備消防本部の消防長が講演し，連携・協働の取組の呼び掛けを行っている。2016年度にも消費生活センターと連携して，消防職員による各戸訪問時に，消費者ホットラインのチラシ等を住民に届けた。

（2）ICTを活用した消費生活相談

消費者庁（2016）の「消費者問題の動向」では，全国の消費生活センター等に寄せられた消費生活相談情報に基づき，最近の特徴的な消費者被害・トラブルについて，紹介しているが，携帯電話やスマートフォンの契約トラブルやインターネット接続回線のトラブル，SNS（ソーシャル・ネットワーキング・サービス）をきっかけとしたインターネット利用に関する相談等，ICT関係のトラブルが幅広い年齢層にみられ，相談件数全体の3割以上を占めていることを紹介している。

ICTの普及とネット取引による問題が増加する中で，逆にこのICTを活用して相談体制を整えた広島県の事例について，以下，要点を紹介する。

広島県では「身近な窓口で，いつでも，どこに住んでいても同様の相談サービスが受けられる相談体制」の実現を目指し，2014年度にICTを活用した市町相談体制の強化事業をモデル的にスタートさせた。このシステムは，県内6拠点にノートPC又はタブレット等を配備し，専用のポータルサイトを構築することにより，ウェブ会議システムで各拠点を結んでおり，県と市町相談員の共同相談対応や弁護士等の専門家との連携，様々な相談ナレッジ等の共有を図るものである。ウェブ会議システムでは，①市町相談員が複雑，困難な案件に直面した場合に県相談員と共同処理，②市町相談員が不在の際に市町行政職員と県相談員が共同処理，③県センターで実施する弁護士相談及び専門家相談を相談者が市町窓口から利用，④市町相談員が相談者宅等で訪問相談する際にタブレットで県相談員と共同処理等の活用を行っている。

試行の過程で，随時改善を加えた結果，操作も簡単で，音声，映像とも違和感なくウェブ会議が可能であり，利用した相談者や市町相談員からも好反応であったことから，県が要支援市町（相談員一人体制，平日毎日窓口を開設していない市町）と考える市町に，このシステムを導入した。

（3）両事例を踏まえて

岡山県の事例は，地域コミュニティの防災活動を契機として，地域コミュニティの人間関係が良くなり，地域の相互の助け合いがうまく機能するようになったことによって，高齢者等の見守り体制が整備され，地域の消費者行政との連携にもつながった事例であるが，地域コミュニティの共助や地域活性化を考えるに当たっての一つのヒントになる事例である。

広島県の事例は，いつでも，誰でも，どこでも利用できるICTの利点を生かしたものであり，システムの工夫次第で，ネット上で被害を受けた住民が，すぐにレベルの高い相談担当者のアドバイスを受けることが可能になり，また，複数の行政機関と連携して，早期の問題解決につながる可能性もある。ICTの普及によって消費者問題の増加が指摘される中で，逆に，ICTを活用して速やかな問題解決につなげる優れた手法であり，地域コミュニティの見守り体制と組み合わせることによって，より大きな効果を発揮する可能性がある。

両事例から，消費者行政だけでなく，防災，防犯，福祉等の各分野で地域コミュニティの共助による相互の助け合いが重要なキーワードとなりつつあり，各分野の関係者が，連携して対応することが地域コミュニティにおいて重要になっている。また，少子高齢化によって，人的資源が限られている多くの地域では，ICTの活用が急がれるところである。

最後に，ここまでの考察を踏まえ，2013年の災害対策基本法改正で創設された地域コミュニティや地元企業による自発的な共助による防災活動に関する法定計画である「地区防災計画制度」（内閣府 2014; 西澤・筒井 2014）と2014年に改正された消費者安全法による「見守りネットワーク」との連携の必要性について提言したい。

前者は，コミュニティ防災における画期的な制度であり，地域コミュニティの住民や地元企業による市町村に対する計画提案制度を導入する等地域特性に応じた形でのボトムアップ的な側面が強調されているが，一方で，実際の運用に当たっては，行政や他の地域活動を行っている関係機関との連携が欠かせないといわれている。後者は，地域コミュニティで住民間のネットワーク，信頼

関係，互酬性（お互い様の意識）等がうまく形成されていて，これらを要素とするいわゆるソーシャル・キャピタルがうまく醸成され（内閣府 2014; Putnam 1993, 2000），地域コミュニティの人間関係がうまくいっていることが前提であるが，災害は，全ての人が関心を持っている分野であることから，地域コミュニティの人間関係形成の契機となりやすい。そのような点を勘案すると，二つの法制度が連携する意味は，大変大きいと考える[7]。

上記の岡山県の事例もその類似事例であるともいえるが，今後，行政等の関係機関，地域コミュニティ，地元企業等が連携して，共助による相互の助け合いを地域コミュニティで総合的に進めていくことが，地域コミュニティ活性化と地域防災力向上についての一つの鍵になると考える。

〈文 献〉（アルファベット順）
池本誠司（2014）「消費者安全法改正と地方消費者行政の課題」国民生活 27 号.
岩本諭（2015）「学者の目 消費行政における意識と組織の課題――消費者安全法の改正にあたって」消費者法ニュース 102 号.
川口康裕（2014）「消費者安全法の改正について」消費者法ニュース 101 号.
河上正二（2012）「霞が関インフォ 消費者委員会消費者安全法一部改正――消費者事故調の設置」ジュリスト 1448 号.
――（2013）「霞が関インフォ 消費者委員会消費者安全法一部改正（その2）――『多数消費者財産被害事態』への対処」ジュリスト 1449 号.
木村茂樹・山下善太郎・扇慎太郎（2009）「法令解説 消費者・生活者の視点に立つ行政への転換」時の法令 1843 号.
倉田保雄（2008）「消費者行政の統一的・一元的推進に向けた法制の整備――消費者庁設置法等3法律案」立法と調査 287 号.
黒木理恵（2010）「消費者安全法（特集消費者庁関連実務 Q&A）」ビジネス法務 10 巻 2 号.
南雅晴・佐川聡洋（2013）「消費者の財産被害に係る隙間事案への対応に向けた消費者安全法の改正」現代消費者法 18 号.
宮崎雅史（2012）「消費者事故についての独立した調査機関の創設」立法と調査 334 号.
森雅子監修（2009）『消費者行政が変わる！ 消費者庁設置関連三法』第一法規.

---

[7] 本章とは論点が異なるが，岡本（2014）は，行政効率化の観点から，両法の運用を連携させて，必要な個人情報の第三者提供を進めること等を提言している。

内閣府（2009）『消費者安全法案のポイント』.
── (2014)『平成 26 年版防災白書』.
西澤雅道・筒井智士（2014）『地区防災計画制度入門』NTT 出版.
及川和久（2011）「消費者庁の発足と課題」レファレンス 61 巻 8 号.
岡本正（2014）「改正災害対策基本法と改正消費者安全法にみる個人情報保護と利活用の課題」情報処理学会研究報告 66 巻 3 号.
Putnam, Robert D. (1993), *Making Democracy Work: Civic Traditions in Modern Italy*, Princeton University Press.
── 2000, *Bowling Alone: the Collapse and Revival of American Community*, Simon & Schuster.
齋藤綾音（2014）「事業者の表示管理体制の強化及び地方消費者行政の体制整備」立法と調査 352 号.
総務省（2014）『消費者取引に関する政策評価』.
消費者行政推進会議（2008）『消費者行政推進会議取りまとめ──消費者・生活者の視点に立つ行政への転換』.
消費者委員会（2011）「消費者安全行政の抜本的強化に向けた対応策についての建議」.
── (2013)「地方消費者行政の体制整備の推進に関する建議」.
── (2014)「教育・保育施設等における事故情報の収集及び活用に関する建議」.
消費者委員会地方消費者行政専門調査会（2011）『地方消費者行政専門調査会報告書』.
消費者庁（2010）「消費者安全法 平成 21 年 6 月 5 日法律第 50 号（法律解説消費者庁関連三法）」法令解説資料総覧 339 号.
── (2012a)「特集 消費者安全法の一部改正案」消費者庁 Now! 5 号.
── (2012b)「消費者安全法の一部を改正する法律 8 月 29 日成立」消費者庁 Now! 8 号.
── (2013)『逐条解説 消費者安全法（第 2 版）』商事法務.
── (2015)「消費者安全法のこれまでの施行状況について」(2015 年 7 月 31 日 198 回消費者委員会本会議資料).
── (2016)『平成 28 年版消費者白書』.
消費者庁事故調査機関の在り方に関する検討会（2011）『事故調査機関の在り方に関する検討会取りまとめ』.
消費庁消費生活相談員資格の法的位置付けの明確化等に関する検討会（2014）『消費生活相談員資格の法的位置付けの明確化等に関する検討会中間報告』.
消費庁消費者安全課（2009）『消費者安全法の解釈に関する考え方』.

〈文　献〉

消費者庁消費者の安全・安心確保のための「地域体制の在り方」に関する意見交換会（2013）「消費者の安全・安心確保のための「地域体制の在り方」に関する意見交換会報告書」.

消費者庁消費者の財産被害に係る行政手法研究会（2011）『財産に対する重大な被害の発生・拡大防止のための行政措置について』.

寺西香澄（2009）「国民目線に立った行政組織「消費者庁」の創設」立法と調査 294号.

宇賀克也（2011）「消費者安全法，消費生活用製品安全法の執行状況と課題」現代消費者法13号.

第9章

総　括
──熊本地震，九州北部豪雨，大阪北部地震，西日本豪雨を踏まえて──

　最後に全体の総括を行うに当たって，改めてここまでの各章を簡単に振り返ってみたい。

　「第1章　防災の法と社会の分析視角」では，本書が，社会学，法律学及び行政学の関係研究者による学際的な分析を特徴としていることに触れつつ，社会哲学的な視点から，2013年の「災害対策基本法」の改正によって創設された「地区防災計画制度」の位置付けを整理し，脆弱性（vulnerability）を小さくし，自然現象による被害である災害を小さくするための社会的な仕組みの創設という考え方があることを紹介した。また，本書では，法律学及び行政学による法制度の枠組み分析を踏まえつつ，地域コミュニティ等の現場で実際に法制度がどのように運用され，またどのような問題点をはらんでいるのかいう点も重視しており，防災担当官や地域コミュニティの住民等に対するインタビュー調査を実施し，その調査を受けてテキストデータを作成し，近年，看護学，医学，教育学等多くの分野で注目されているSCAT（Steps for Coding And Theorization）の手法によって質的分析を行うことについて説明した。

　「第2章　日本の災害と戦後の主な防災法制」では，日本の地理的な特性や被災経験等を整理しつつ，戦後の防災法制の変遷について整理したほか，東日本大震災後の「災害対策基本法」の改正に基づく「事業継続」の概念や「地区防災計画制度」の法制化について紹介し，制度の企画立案者によって，それらがどのように法的に説明されているのか，コンメンタール等の解説書も参考に整理した。

　「第3章　東日本大震災と地区防災計画制度の創設」では，東日本大震災の教訓を受けて，「災害対策基本法」の改正で創設された地域コミュニティの住民や企業による共助による防災計画である「地区防災計画制度」について，制

度創設の背景，法制度の内容，国会での議論，モデル地区における代表的な実践例等に焦点をあてて整理した。戦後日本のコミュニティ防災は，町内会等を中心とした自主防災組織に大きな期待がかけられたが，阪神・淡路大震災等では十分に機能せず，その後も改善を重ねてきたものの，その効果は十分ではなかったため，東日本大震災の教訓を受けて住民主体の「計画提案制度」を導入した「ボトムアップ型」の共助による「地区防災計画制度」が創設された。研究方法としては，有識者会議や国会の議論，内閣府の白書やガイドライン等の文献調査のほか，内閣府の防災担当官及びモデル地区であった横須賀市の「マンションソフィアステイシア」の住民のリーダーに対する「半構造化面接法」によるインタビュー調査を踏まえ，質的データ分析を実施した。なお，筆者が，内閣府のガイドラインづくりに携わったことから，参与観察的な視点も導入した。そして，地区防災計画制度は，中央集権的な行政中心の「トップダウン型」の戦後日本の防災体制を大きく転換する可能性（防災のパラダイム転換）があるが，全てのコミュニティで同じように対応するのは難しい可能性がある。

「第4章 熊本地震と地区防災計画」では，熊本地震では，地震による直接死よりも，災害後の環境の変化等によって亡くなる災害関連死のほうが多くなったという特徴があるが，災害対策基本法改正によって創設された「地区防災計画制度」に従って，被災地の地域コミュニティで相互の助け合いを進め，共助の防災計画を作成していたならば，災害関連死を防ぐことができたのではないかという議論があることを紹介した。そして，内閣府では，2014年から全国で地区防災計画モデル事業を実施してきたが，熊本等の被災地では，熊本地震発災前にはモデル地区として指定された地区はなく，発災後に初めてモデル地区に追加することとしたが，このような熊本地震の状況を踏まえ，「地区防災計画制度」の現状と課題について整理するとともに，今後の地域防災力強化の在り方について考察を行った。研究の手法としては，熊本地震のほか，東日本大震災，「地区防災計画制度」に関する論文等の先行研究を渉猟した（文献調査）。また，2016年4月の熊本地震発災直後から熊本市，益城町，西原村等の被災地に調査に入り，復興に向けて支援を続ける中で，参与観察的な観点からインタビュー調査を行った。また，熊本市のマンションコミュニティのリーダーに対して半構造化面接法によるインタビュー調査を実施した（質的調査）。その結果，熊本地震の被災地では，東日本大震災等をみて地震が危険であるということはよくわかっていたが，近年大きな地震がなかったこともあり，

◆第9章◆ 総 括

九州には地震がこないという根拠のない思い込みがあったことがわかった。被災地で支援を続けていく中で，災害関連死で親族や近所の住民を亡くした被災者の中には，事前の備えがなかったことを悔やむ住民も多かった。被災地の避難所運営では，事前の受援に対する準備がなかったことから，全国から支援を受けたにもかかわらず，支援物資の配給が滞ったり，支援にきた自治体職員やボランティアをうまく活用できなかったことがわかった。マンションコミュニティのリーダーが仕事上でBCP関係の業務の経験があった事例では，地区防災計画が作成されていたわけではないものの，コミュニティ全体で相互の助け合いが行われ，発災後も堅牢なマンションで生活を継続した事例があった。

「第5章　北九州市の地区防災計画」では，2016年の熊本地震が2017年の九州北部豪雨等の教訓を受けて，政令指定都市の中でも先進的な取組が実施されている北九州市独自のモデル事業に関する調査を踏まえ，地区防災計画づくりを通じた住民主体のコミュニティ防災の在り方について考察を行った。調査手法としては，同市の防災担当官2人に対して，半構造化面接法によるインタビュー調査を実施し，SCATを用いた質的データ分析を行った。その結果，地区防災計画づくりに成功した地区では，①地域コミュニティの住民主体のボトムアップ型の活動，②大学教員，NPO，行政の防災担当経験者等の地域コミュニティの外部からの有識者等によるサポート，③福祉施設，学校，企業等の多様な主体との連携，④大学生から幼稚園児までの子供・若者の参加，⑤自治連合会長等の献身的な住民のリーダーの存在，⑥コミュニティセンター等を中心とした新規居住者を積極的に受け入れた校区単位の良好な人間関係，⑦河川の清掃活動のような日常的な地域活動を結果的に地域防災力の向上につなげる活動（「結果防災」），⑧自治体の防災担当経験者による自発的で長期的な支援，⑨地区の特性に応じた行政と地域コミュニティの連携等の特徴があることが判明した。

「第6章　地域コミュニティと企業等の多様な主体との連携」では，熊本地震を受けて防災意識が高まってきた法人（企業）の防災計画である事業継続計画（BCP）やそれに基づく事業継続マネジメント（BCM）に関する考え方の変化を踏まえ，地域コミュニティと企業等の多様な主体との連携の在り方について考察を行った。研究方法としては，東日本大震災を受けて2013年の災害対策基本法改正で盛り込まれた「事業の継続な実施」に関して内閣府の「事業継続ガイドライン」等に関する文献調査を基に分析を行った。また，関連して，

総括

　2013年の内閣府の「事業継続ガイドライン」の改正を担当した元内閣府防災担当職員に対する「半構造化面接法」によるインタビュー調査を実施した。その結果，法人（企業）の中には，災害時に，商業活動による利益よりも，地域コミュニティと連携した共助による防災活動を優先し，コミュニティと連携することで，結果として，早期の復旧・復興に備え，成功している事例があった。また，地域コミュニティ側も，ノウハウとマンパワーを有する企業等の多様な主体との連携を歓迎していることがわかった。

　「第7章　グリーンコープの支援活動と地区防災計画」では，熊本地震の被災者から高く評価されている環境重視型の生協である「グリーンコープ」の支援活動に着目して，「地区防災計画制度」にも関連させて，生協等の多様な主体と連携した地域コミュニティの防災力の強化の在り方について考察を行った。研究手法としては，福岡大学学生，熊本大学教員等から提供された情報を踏まえ，熊本市等の被災者に対するインタビュー調査，関係文献やHP等の調査等を行ったほか，熊本市西区に本部を置く「グリーンコープ生活協同組合くまもと」の被災地支援の担当者に対してインタビュー調査を実施した。その結果，①行政情報に頼ることなく組合員等から避難所情報を集め，その変化をリアルタイムに把握していたこと，②組合員等は，日頃から利用しているSNSやメール等のICTサービスを効果的に利用して避難所情報を「グリーンコープ」に提供したほか，「グリーンコープ」は，支援物資の在庫状況等をHPにアップしており，被災者から直接必要物資に関する情報を受け付ける仕組みを持っていたこと，③行政との物資支援協定等の手続に縛られることなく，また，大混乱した行政の物資集積場等を介することなく，柔軟かつ迅速に避難所に直接物資を配送していたこと，④日頃からの物資の宅配等を通じて，地域コミュニティと継続的に人間関係を構築しており，そのような人間関係を背景にして，被災地の情報を迅速かつ継続的に収集していたこと，⑤発災後の地域コミュニティの交通事情に精通しており，⑥継続的な被災地支援を実施していたこと等他の一般企業と比較して特徴的な支援活動が実施されていることがわかった。そして，多くの多様な主体が同じような支援活動を行っている中で，被災者からの評価が高くなっているのは，緊急時の行政に依存しないリアルタイムな支援活動が大きく影響している可能性があることがわかった。そして地域コミュニティの住民等が，「グリーンコープ」のような多様な主体と日頃から連携し，一体となって地区防災計画づくりに取り組んでいくことは，住民等が主体と

◆第9章◆　総　括

なって，地域コミュニティを活性化させるための効果的なツールとなる可能性がある。

「第8章　消費者安全とコミュニティ防災」では，少し視点を広げて，内閣府の外局として2009年に設立された消費者庁とその関係法について，「消費者白書」で取り上げられた先進事例を踏まえ，消費者安全とコミュニティ防災の在り方に焦点をあてた。ここまでの事例は，地域コミュニティにおける良好な人間関係を背景に，地域活動が活発化し，防災活動に広がったり，逆に，防災活動が起点となり，地域コミュニティにおける人間関係が活発化したりしている面もあったが，ここでは，消費者安全という比較的新しい地域活動を広げるために地域コミュニティの防災活動と連携しようとしている事例に注目した。消費者安全について振り返ると，2000年代のガス湯沸かし器やエレベーターによる死亡事故等を受けて，消費者の安全・安心を守る観点から，事故の加害者の責任を追及するだけでなく，同じような事故の再発をいかに防ぐかが重視されるようになった。そして，消費者三法が制定され，事故の原因の調査を職務とする消費者庁が2009年に設立された。この点，事故の再発防止のためには，国民からの相談に専門的に対応する必要があるが，その総合窓口が国の国民生活センターや自治体の消費生活センターである。しかしながら，これらのセンターの人員や予算は極めて限られており，対応すべき事故や相談件数の増加に対応できていない。そのため，地域コミュニティの防災活動等の共助と連携したり，情報通信技術（ICT）を活用して効率化を図り，事故の被害者となりやすい高齢者等の支援を行うことが重要になっている。本章では，このような流れを踏まえつつ，特に「消費者安全法」の改正の経緯や消費者事故調の設置等の背景となった事件について整理しつつ，内閣府の「消費者白書」で取り上げられた広島及び岡山の消費生活センターの事例を分析し，消費者安全と連携したコミュニティ防災の重要性について考察を行った。

それでは，以下各章での考察を踏まえつつ，いくつかの特徴について触れてみたい。

まず，地区防災計画づくりに取り組んでいる自治体には，住民主体の地域活動に成功している地区が多いといわれるが，内閣府の44のモデル地区や先行して地区防災計画に取り組んでいる市町村の事例をみると，①行政が主導して市町村全体の地区防災計画の作成を進めているパターン，②住民主体の地域活動が防災活動に広がったパターン（本書5章の北九州市小倉南区志井校区の事例

参照），③防災活動等が契機となって地域活動にも広がりつつあるパターン（本書3章の横須賀市のマンションソフィアステイシアの事例参照）がある。また，地区防災計画の対象地区の広さも，従来人間関係づくりが難しいと思われてきたマンション単位のもの（本書3章及び5章の熊本市砂取校区や横須賀市のマンションの事例参照）から，小学校区（本書5章の北九州市小倉南区志井校区の事例参照）や市町村全単位のものまで多様である。

　次に，地区防災計画に成功している地区では，行政とうまく連携していたり，従来地区を担当していた防災担当官が異動した後も個人的にアドバイスを行っていたり，もしくは行政OBが防災リーダーとして活躍している等，住民間だけでなく行政とうまく連携して人間関係を作っている。そして，住民としての主体性を失うことなく，うまく行政の支援を受けている場合が多いようである。

　さらに，「地区防災計画制度」の創設時のモデルの一つであった東京駅防災隣組，「地区防災計画制度」の施行後のモデル地区であった大塚製薬工場のほか，地区防災計画づくりに取り組んでいるわけではないものの本書7章で紹介したグリーンコープや，本書6章で紹介したロイヤルホールディングスの事例のように地元の企業のようなノウハウやマンパワーを持った多様な主体と地域コミュニティが日頃から連携して，うまく企業等から支援を受けている例もあるようである。

　また，発災時には，日常的な人間関係やSNS等のICTをはじめ普段利用しているサービスを使った防災活動が有効であり，地域活動，学校活動，福祉活動等との連携も有効である。そして銀行でのBCM関係業務，自衛隊での業務のような日頃の仕事の経験を生かしていることも有効である。さらに，日頃からの地域活動の中に防災活動を組み入れてしまい，防災ということを特段強調しないで災害に備える生活防災・結果防災の考え方が重要な役割を果たしている。

　ところで参与観察を通して，住民主体で地区防災計画づくりをはじめとする防災活動をうまく運営するには，リーダーが仕事や地域活動の経験等を通じて防災に関する十分な知識と活動能力があることが前提だが，ある程度の期間継続して成功している地域コミュニティでは，住民がそれぞれ思いを口にするだけでなく，それぞれが思いを持ちながらも適度に譲り合って，リーダーが活動しやすいように個々の住民ができる範囲でうまく協力してあげるところに鍵があるように思うようになった。そのような適度な地域コミュニティ内のリー

第9章 総括

ダーとの協力関係こそが地域活動や防災活動の活性化のキーである可能性がある。そして，そのような住民関係の背景にあるのは，ソーシャル・キャピタルの醸成であったり，それを可能にするような教育，収入，仕事等の日頃の個々人の精神や生活の余裕のようなものであるのかもしれないし，そのような土壌があるからこそ，リーダーも活動しやすく，行政や企業等の多様な主体ともうまく連携できている可能性がある。

　行政による被災者支援である公助が限界を迎えたときに，住民や企業の防災意識の欠如，避難所の未整備，備蓄の不足，地域コミュニティの連携不足等がクローズアップされる。「災害は忘れたころにやってくる」とも言われるが，いつやってくるかわからない災害に備えるためには，行政の公助に頼るだけでなく，日頃からの自助・共助が重要であることは明らかである。しかし，実際には，災害が発生した直後だけは，防災の重要性が強調されるものの，継続して「防災を我が事として考える」のは，大変難しい。これは，時間とともに防災意識が薄れる「記憶の風化」の問題もあるが，一番の原因は，「正常性バイアス」と呼ばれる，災害のような悪いことは自分にだけは起こらないと考える人間の心理的な特性によるところも大きい。そのような特性を踏まえつつ，災害に備えるための方策について，「地区防災計画制度」とからめて，3点指摘しておきたい。

　1点目は，地域コミュニティで地区防災計画づくりを実践しようとすると，「それは行政の仕事だから，自分たちがやる必要はない」という意見が出ることが多い。しかし，公助の限界を迎えた際には，自助・共助が重要な役割を果たすわけで，地区防災計画づくりは，地域住民や企業が自発的に自ら実施できるように作り上げることが大きなポイントになる。また，その際には，計画づくりの中で，災害に対するイメージを作り上げ，「正常性バイアス」を乗り越える必要がある。

　2点目は，防災計画というと，全国一律で同じものを作りたがる傾向が，住民にも行政にもあり，マニュアルに沿って行政が作成した計画の雛形に地域住民の人名を書き込んで終わりという地区もある。しかし，住民が主体となって，自らが活動できるように計画を作り上げなければ，発災時には機能しない。形式的に計画書を作るのではなく，定期的に訓練を実施して見直しを行い，それぞれの地区の特性を踏まえて継続的に活動できるレベルに引き上げることが不可欠である。

3点目は，行政や企業をはじめとした多様な主体との連携の重要性を指摘しておきたい。大規模広域災害時には，地域コミュニティと行政・企業との連携は大変重要である。相互のマンパワーとノウハウを効果的に活用して，危機を乗り切ることが求められる。また，そのような連携体制の構築は，消費者安全のような他の地域活動にも良い影響を及ぼすことが明らかになっていることにも留意すべきである。

　従来，防災活動は行政主体のトップダウンのものだと思われていたが，「地区防災計画制度」は，ボトムアップ型で住民や企業が主体となって自ら共助の精神で活動することに大きな特徴がある。これは，容易なことではなく，一朝一夕で防災力が大きく上がるわけではないが，住民や企業が計画づくりのプロセスを大切にして，地域コミュニティ内での良好な人間関係を形成し，ソーシャル・キャピタルを醸成していくことが，コミュニティ防災の鍵になる。

　最後に，日本では，本格的な人口減少と少子高齢化を迎えており，地域が抱える社会問題として，人口の減少，労働力人口の減少，低い労働生産性，バス路線や小学校等の公的サービスの減少，医療・介護需要の増加等のほかに，自然災害の増加があげられる。

　このうち，自然災害について，2014年4月の「地区防災計画制度」施行以降の主な自然災害を振り返ってみると，24時間雨量の観測史上の記録を更新し，74名の死者を出した2014年8月の広島土砂災害，63名の死者・行方不明者を出した2014年9月の御嶽山噴火，関東・東北地方の記録的な大雨で鬼怒川が氾濫して14名の死者（災害関連死を含む。）を出した2015年9月の関東・東北豪雨，約270名の死者（災害関連死を含む。）を出した2016年4月の熊本地震，北海道・東北で死者・行方不明者27名を出した2016年8月の台風第10号，福岡・大分で死者・行方不明者41名を出した2017年7月の九州北部豪雨があげられる。自然災害による被害が目立つ背景には，豪雨や地震等の自然災害の頻発と高齢者や障害者の避難のための時間的な余裕の不足，土砂崩れや河川水位の網羅的な観測が困難であること等の共通した問題があげられる。

　この点，テクノロジーを駆使して，例えば，ドローンを活用して災害状況を迅速かつ網羅的に把握したり，PCやスマートフォン等のICT端末を利用して住民と行政の情報伝達・共有を迅速かつわかりやすいものにしたり，IoTセンサーを河川の水位計測に用いることでリアルタイムかつ網羅的に河川水位を計測したりすることによって，ICTの活用により，余裕をもった適切な避難や

◆第 9 章◆　総　括

発災後の状況把握を進めることが重要である。特に，超高速・多数同時接続が可能な 5G が都市圏以外でも展開されることによって，ドローンが撮影する映像や消防隊が身につけるウェアラブルカメラの映像が同時かつリアルタイムに伝送可能となり，災害の全体像が即時に把握され，国や地方公共団体間で情報を共有することが可能になりつつあり，高度な ICT によって，防災技術が広がる可能性があることにも注目すべきである（総務省 2018）。

　しかしながら，テクノロジーを駆使したハードウェアだけで災害が乗り切れるわけではない。本書の最終校正中に大阪府北区，高槻市，枚方市，茨木市及び箕面市で震度 6 弱を観測した 2018 年 6 月の大阪北部地震が発生した。気象庁によれば，1923 年に観測を開始してから大阪府で観測した初めての震度 6 弱以上の地震である。4 人（編集時点）の死者が出ており，多数の被災者が避難所に避難をしたり，企業が臨時休業したりした。比較的ハードウェアの整った大阪のような都市圏でも，人口が集中していることから，発災した場合には，大きな被害が発生する可能性があり，避難や避難所の運営には，地域コミュニティの住民や地元企業による相互の助け合いによる地区防災計画等の準備が欠かせない。

　さらに，大阪北部地震の直後には，西日本豪雨が発生し，百数十人（編集時点）の死者が出ている。また，避難所へ避難している被災者も 1 万人以上となっているほか，例えば，倉敷市真備町では，川の堤防が切れ，約 700 ヘクタールの範囲に浸水が発生した。西日本豪雨では，行政やメディアが，九州北部豪雨等の教訓を踏まえ，早い段階から避難を呼びかけていたにもかかわらず，大きな被害が発生するのを防ぐことができなかった。その原因の中には，避難の呼びかけが住民等に届いても，根拠もなく「自分だけは大丈夫だ」と考える人間の性質である「正常性バイアス」が働き，住民が適切な避難行動をとることができなかった面もあったようである。これまでの災害の例をみても，「正常性バイアス」を乗り越えるのは，決して容易ではないが，この教訓を重く受け止め，地域コミュニティが連携して，地区防災計画づくり等を通じて日頃から災害に対して備えたり，訓練を重ねていざというときのための心構えを持ったりすることが重要であろう。

　大阪北部地震発災直前にまとめられた内閣府の防災白書では，2014～2016 年度の 3 年度にわたり 44 地区で実施された内閣府の地区防災計画モデル事業（内閣府 2017）について，2018 年 3 月 31 日時点で 44 地区のうち約 6 割の 27

〈文　献〉

地区で地区防災計画の素案が策定され，16 地区では市町村の地域防災計画に地区防災計画が掲載されたほか，愛知県岡崎市では，モデル地区での取組が周辺地区にも影響を与え，モデル地区とは別に新たに市内 8 地区で地区防災計画の素案が策定されたことや，全国における市町村地域防災計画に定められた地区防災計画が，2017 年 4 月時点で 21 都道府県 46 市町村の 984 件となったことを紹介していた（内閣府 2018a:43-44; 2018 年 6 月 12 日『共同通信』「地区防災計画策定は 984 件 18 年版防災白書」）。

　また，事業継続計画（BCP）の策定が，2017 年度に大企業で 64.0%（2015 年度比 3.6 ポイント増），中小企業で 31.8%（同 1.9 ポイント増）になったことを紹介していた。そして，企業の BCP 策定のきっかけについて，近年多発する自然災害への備えという面が強くなっており，BCP の定期的な見直しが進んでいることや，被災した大企業の約 6 割が，自然災害時に BCP が「とても役立った」又は「少しは役に立った」と回答しており，企業に BCP の有効性が実感されているとしていた（内閣府 2018b，2018a: 47-50）。

　今回の大阪北部地震や西日本豪雨が発災してから間もないことから，ここでは詳細な分析を避けるが，これらの災害において，地区防災計画や事業継続計画による備えが，どのように役立ったのか，また，どのような課題があったのかについては，今後細かく検証していく必要があるが，いずれにしても，日本では，あらゆるところで災害が発生する可能性があることから，過去の災害経験だけにとらわれることなく，日頃から柔軟な発想力を持って，地域コミュニティの住民や企業が主体となって，防災の取組をさらに強化し，地域防災力の底上げを図っていくとともに，他の地域活動とも連携を進め，防災活動ということを強調しないでも取組が自然に進むように内発化を進め，防災を地域の文化にしていくことが重要である。そのような取組を通して，いつ起こるかわからない未知なる災害に備えることの重要性を再認識する必要があろう。

　なお，本書は，限られた地域コミュニティ，校区，企業等に関する事例に基づく質的調査を中心とした研究であることから，さらなる精緻な検証のためには，事例の類型化やサーベイ調査等が必要である。

〈文　献〉（アルファベット順）

内閣府（2017）『地区防災計画モデル事業報告』．
内閣府（2018a）『平成 30 年版防災白書』．

◆第 9 章◆　総　括

内閣府（2018b）『平成 29 年度企業の事業継続及び防災の取組に関する実態調査』．
総務省（2018）「ICT インフラ地域展開戦略検討会資料」．

〈謝　辞〉

　本書の執筆に当たっては，室﨑益輝先生（神戸大学名誉教授），矢守克也先生（京都大学防災研究所教授），大矢根淳先生（専修大学人間科学部社会学科長）をはじめとする多くの先生方から御示唆をいただいた。

　なお，本書は，一般財団法人住総研2017年度出版助成を得て出版されたものであり，江頭ホスピタリティ事業振興財団，生協総合研究所及びアサヒグループ学術振興財団の研究助成による研究成果の一部でもある。また，金にとっては，日本学術振興会特別研究員奨励費（JP17J09978）による研究の成果の一部である。本書の刊行に当たっては，信山社出版株式会社編集部の今井守様に大変お世話になった。

〈初出文献・執筆分担〉

本書は，三人の著者による共著であり，明確な執筆分担を設けていないが，第3章及び第5章のみは金の単著を基にした金の分担執筆によるものである。なお，各章に係る初出文献は，以下のようになっている．

第1章　書き下ろし
第2章　書き下ろし
第3章　金思穎（2018）「北九州市の地区防災計画に関する地域社会学的研究」専修人間科学論集社会学篇8巻2号.
第4章　林秀弥・金思穎・西澤雅道・筒井智士（2016）「熊本地震を踏まえた地区防災計画等による地域防災力強化の在り方」名古屋大学法政論集267号.
第5章　金思穎（2016）「日中のコミュニティにおける防災活動の実証的比較研究——「地区防災計画制度」と「防災模範社区制度」を例に」地区防災計画学会（専修大学大学院文学研究科修士論文改稿）．
第6章　林秀弥・金思穎・筒井智士・西澤雅道（2017）「事業継続計画（BCP）と事業継続マネジメント（BCM）——災害対策基本法改正を踏まえて」名古屋大学法政論集270号.
第7章　林秀弥・西澤雅道（2018）「生活協同組合等による地域コミュニティの防災力強化の在り方」『生協総研賞・第14回助成事業研究論文集』．
第8章　西澤雅道・金思穎・林秀弥（2017）「消費者安全法に関する一考察——コミュニティ防災と連携した「見守り」とICTの活用」名古屋大学法政論集274号.
第9章　書き下ろし

〈著 者〉

林　秀弥（はやし　しゅうや）
名古屋大学大学院法学研究科教授，同・アジア共創教育研究機構教授

金　思穎（きん　しえい）
専修大学大学院博士後期課程社会学専攻在学中
日本学術振興会特別研究員(DC2)・福岡大学法学部非常勤講師

西澤 雅道（にしざわ　まさみち）
内閣官房企画調整官（執筆時 福岡大学法学部准教授）

防災の法と社会
―― 熊本地震とその後 ――

2018(平成30)年7月30日　第1版第1刷発行

著者　林　秀弥
　　　金　思穎
　　　西澤 雅道
発行者　今井　貴
発行所　株式会社 信山社

〒113-0033 東京都文京区本郷6-2-9-102
Tel 03-3818-1019　Fax 03-3818-0344
info@shinzansha.co.jp

笠間才木支店　〒309-1611 茨城県笠間市笠間515-3
Tel0296-71-9081　Fax0296-71-9082
出版契約№ 6830-0-01011　Printed in Japan

ⓒ著者, 2018　印刷・製本／亜細亜印刷・渋谷文泉閣
ISBN978-4-7972-6830-0 C3332　¥3700E　分類323.936-a005　防災法
6830-01011：p240 012-035-005〈禁無断複写〉

JCOPY（社）出版者著作権管理機構　委託出版物
本書の無断複写は著作権法上での例外を除き禁じられています。複写される場合は，
そのつど事前に，（社）出版者著作権管理機構（電話 03-3513-6969, FAX03-3513-6979,
e-mailinfo@jcopy.or.jp）の許諾を得てください。

現代法哲学講義〔第2版〕 井上達夫 編著　2018.4 最新刊

〈執筆者〉井上達夫・高橋文彦・桜井徹・横濱竜也・郭舜・山田八千子・浅野有紀
鳥澤円・藤岡大助・石山文彦・池田弘乃・那須耕介・関良徳・奥田純一郎

生命科学と法の近未来　米村滋人 編

科学の不定性と社会 ― 現代の科学リテラシー
本堂毅・平田光司・尾内隆之・中島貴子 編集

法律学の森シリーズ
変化の激しい時代に向けた独創的体系書

豊永晋輔　原子力損害賠償法

芹田健太郎　国際人権法　2018.6 最新刊

戒能通厚　イギリス憲法

新　正幸　憲法訴訟論〔第2版〕

大村敦志　フランス民法

潮見佳男　新債権総論Ⅰ　民法改正対応

潮見佳男　新債権総論Ⅱ　民法改正対応

信山社

◆ 法律学の未来を拓く研究雑誌 ◆

憲法研究　辻村みよ子 責任編集
〔編集委員〕山元一／只野雅人／愛敬浩二／毛利透

行政法研究　宇賀克也 責任編集

民法研究 第2集　大村敦志 責任編集

民法研究　広中俊雄 責任編集

消費者法研究　河上正二 責任編集

環境法研究　大塚 直 責任編集

社会保障法研究　岩村正彦・菊池馨実 責任編集

法と社会研究　太田勝造・佐藤岩夫 責任編集

法と哲学　井上達夫 責任編集

国際法研究　岩沢雄司・中谷和弘 責任編集

ジェンダー法研究　浅倉むつ子 責任編集

法と経営研究　加賀山茂・金城亜紀 責任編集

ＥＵ法研究　中西優美子 責任編集

創刊第1号
◆国際協定にかかわる文脈でのEU司法裁判所によるEU法秩序の自律性維持〔中西優美子〕
◆各国憲法裁判所による欧州司法裁判所への先決問題付託―フランス憲法院の付託事例を中心に〔西連寺隆行〕
◆国際環境法・EU環境法のイギリスにおける国内実施〔木村ひとみ〕
◆EUにおける一人有限会社指令案について〔野田輝久〕
◆標準必須特許と競争法に関するEU司法裁判所判決〔林 秀弥〕

信山社

宇賀克也責任編集

行政法研究
★行政法学の未来を拓く研究雑誌★

【創刊第 20 号 特別企画】
特集 行政法の課題

【目 次】

はしがき〔宇賀克也〕
- ◆1 グローバル化の課題　〔原田　大樹〕
- ◆2 行政立法の課題　〔野口貴公美〕
- ◆3 行政手続の課題　〔大橋　洋一〕
- ◆4 情報法制の課題—情報三法の課題　〔藤原　靜雄〕
- ◆5 行政の実効性確保の課題　〔曽和　俊文〕
- ◆6 行政不服審査法の課題　〔碓井　光明〕
- ◆7 行政訴訟法の課題　〔山本　隆司〕
- ◆8 国家補償法の課題　〔宇賀　克也〕
- ◆9 行政組織法の課題　〔松戸　　浩〕
- ◆10 公務員法の課題—職務命令に対する服従義務について
　　〔下井　康史〕
- ◆11 公物法の課題　〔三浦　大介〕
- ◆12 地方自治の課題—自治体の組織編成，特に二元代表制をめぐって　〔斎藤　　誠〕
- ◆13 環境法の課題　〔北村　喜宣〕
- ◆14 社会保障における行政法の課題　〔前田　雅子〕
- ◆15 経済行政法の課題　〔友岡　史仁〕
- ◆16 消費者行政法の課題—行政法理論への 10 の挑戦
　　〔中川　丈久〕

信山社

地方自治法制の工夫 ― 一歩前進を！

まちづくりと法
　―都市計画、自動車、自転車、土地、地下水、住宅、借地借家

環境法総論と自然・海浜環境　環境法研究Ⅰ

廃棄物法制の研究　環境法研究Ⅱ

阿部泰隆

早くも改訂！

行政法再入門（第2版）上・下　阿部泰隆

行政法の解釈 (1) ～ (3)　阿部泰隆

ひと味違う法学入門　阿部泰隆

住民訴訟の理論と実務　阿部泰隆

◆行政訴訟第2次改革の論点　阿部泰隆・斎藤浩 編
◆市長「破産」― 法的リスクに対応する自治体法務顧問と司法の再生
　　　　　　　　　　　　　　　　　阿部泰隆（吾妻大龍（ペンネーム））
◆行政書士の業務―その拡大と限界　阿部泰隆
◆最高裁上告不受理事件の諸相 2　阿部泰隆
◆自治体の出訴権と住基ネット　兼子仁・阿部泰隆 編
◆内部告発［ホイッスルブロウァー］の法的設計　阿部泰隆
◆法政策学の試み　第1集～　神戸大学法政策研究会 編

信山社

◆ドイツの憲法判例〔第2版〕
　　ドイツ憲法判例研究会 編　栗城壽夫・戸波江二・根森健 編集代表
・ドイツ憲法判例研究会による、1990年頃までのドイツ憲法判例の研究成果94選を収録。ドイツの主要憲法判例の分析・解説、現代ドイツ公法学者系譜図などの参考資料を付し、ドイツ憲法を概観する。

◆ドイツの憲法判例Ⅱ〔第2版〕
　　ドイツ憲法判例研究会 編　栗城壽夫・戸波江二・石村修 編集代表
・1985～1995年の75にのぼるドイツ憲法重要判決の解説。好評を博した『ドイツの最新憲法判例』を加筆補正し、新規判例を多数追加。

◆ドイツの憲法判例Ⅲ
　　ドイツ憲法判例研究会 編　栗城壽夫・戸波江二・嶋崎健太郎 編集代表
・1996～2005年の重要判例86判例を取り上げ、ドイツ憲法解釈と憲法実務を学ぶ。新たに、基本用語集、連邦憲法裁判所関係文献、1～3通巻目次を掲載。

◆フランスの憲法判例
　　フランス憲法判例研究会 編　辻村みよ子編集代表
・フランス憲法院(1958～2001年)の重要判例67件を、体系的に整理・配列して理論的に解説。フランス憲法研究の基本文献として最適な一冊。

◆フランスの憲法判例Ⅱ
　　フランス憲法判例研究会 編　辻村みよ子編集代表
・政治的機関から裁判的機関へと揺れ動くフランス憲法院の代表的な判例を体系的に分類して収録。『フランスの憲法判例』刊行以降に出されたDC判決のみならず、2008年憲法改正により導入されたQPC(合憲性優先問題)判決をもあわせて掲載。

◆ヨーロッパ人権裁判所の判例
　　戸波江二・北村泰三・建石真公子・小畑郁・江島晶子 編集代表
・ボーダーレスな人権保障の理論と実際。解説判例80件に加え、概説・資料も充実。来たるべき国際人権法学の最先端。

◆ヨーロッパ人権裁判所の判例Ⅱ〔近刊〕
　　戸波江二・北村泰三・建石真公子・小畑郁・江島晶子 編集代表

信山社

◇民事紛争解決手続論／太田勝造著
◇環境保護と法／松本博之・西谷敏・佐藤岩夫編
◇民事紛争処理論／和田仁孝著
◇民事紛争交渉過程論／和田仁孝著
◇日本民法典資料集成Ⅰ　民法典編纂の新方針
　　　／広中俊雄編著　大村敦志・中村哲也・岡孝
◇民事訴訟の目的論からなにを学ぶか／新堂幸司著
◇新民事訴訟法論考／高橋宏志著
◇刑事訴訟法制定資料全集１～／井上正仁・渡辺咲子・田中開編著
◇民事訴訟審理構造論／山本和彦著
◇グローバル化と社会国家原則／高田昌宏・野田昌吾・守矢健一編
◇EUとは何か(第2版)／中村民雄著
◇法文化論の展開 ― 法主体のダイナミクス　千葉正士先生追悼
　　　／角田猛之・W. メンスキー・森正美・石田慎一郎編著
◇法過程のリアリティ／宮澤節生著
◇契約結合としてのネットワーク ― ヴァーチャル空間の企業, フランチャイズ,
　ジャスト・イン・タイムの社会科学的, および, 法的研究
　　　／グンター・トイブナー著　藤原正則訳
◇システム複合時代の法
　　　／グンター・トイブナー著　瀬川信久編・尾崎一郎、毛利康俊ほか
◇現代日本の法過程〔宮澤節生先生古稀記念〕上・下
　The Legal Process in Contemporary Japan: A Festschrift in Honor of Professor
　Setsuo Miyazawa's 70th Birthday
　　　上石圭一・大塚浩・武蔵勝宏・平山真理　編

信山社

福田徳三研究会 編

福田徳三著作集

全21巻
既刊全7巻

「経世済民の学」いま蘇る!!

〈編集担当〉

第1回配本／第10巻　**社会政策と階級闘争**　　　西沢　保・森　宜人
A5変・上製・420頁　ISBN978-4-7972-8090-6

第2回配本／第17巻　**復興経済の原理及若干問題**　　　清野幾久子
A5変・上製・316頁　ISBN978-4-7972-8097-5

第3回配本／第15巻　**黎　明　録**　　　武藤秀太郎
A5変・上製・632頁　ISBN978-4-7972-8095-1

第4回配本／第16巻　**暗　雲　録**　　　武藤秀太郎
A5変・上製・268頁　ISBN978-4-7972-8096-8

第5回配本／第3巻　**国民経済講話(1)**　　　江夏由樹・大月康弘
A5変・上製・474頁　ISBN978-4-7972-8083-8

第6回配本／第19巻　**厚生経済研究**　　　井上琢智
A5変・上製・730頁　ISBN978-4-7972-8099-9

第7回配本／第1巻　**経済学講義**　　　西沢　保
A5変・上製・640頁　ISBN978-4-7972-8081-4

信山社

防災行政と都市づくり ── 事前復興計画論の構想

三井 康壽 著

都市づくりから考える新しい防災対策。多数の貴重な資料に基づき、阪神・淡路復興対策本部での経験を本書に凝縮！大災害に強い防災都市づくりの提案、事前復興計画とは。

現代選書シリーズ
未来へ向けた、学際的な議論のために、
その土台となる共通知識を学ぶ

畠山武道 著　環境リスクと予防原則 I
　　　　　　　　 －リスク評価〔アメリカ環境法入門〕

中村民雄 著　EUとは何か（第2版）

森井裕一 著　現代ドイツの外交と政治

三井康壽 著　大地震から都市をまもる

三井康壽 著　首都直下大地震から会社をまもる

林 陽子 編著　女性差別撤廃条約と私たち

黒澤 満 著　核軍縮入門

森本正崇 著　武器輸出三原則入門

高 翔龍 著　韓国社会と法

加納雄大 著　環境外交

加納雄大 著　原子力外交

初川 満 編　国際テロリズム入門

初川 満 編　緊急事態の法的コントロール

森宏一郎 著　人にやさしい医療の経済学

石崎 浩 著　年金改革の基礎知識（第2版）

信山社

防災法　生田長人 著

都市法入門講義　生田長人 著

都市空間のガバナンスと法
　　吉田克己・角松生史 編

地方自治法改正史　小西敦 著

行政法講義　髙橋信隆 編著

プラクティス行政法（第2版）　木村琢麿 著

行政救済法（第2版）　神橋一彦 著

憲法の規範力と行政　ドイツ憲法判例研究会 編

所得支援給付法（増補版）　木村弘之亮 著

都市行政法精義 Ⅰ・Ⅱ　碓井光明 著

行政訴訟の回顧と展望—中東の笛備忘録　濱秀和 著

リスクと協働の行政法　山田洋 著

裁量統制の法理と展開—イギリス裁量統制論
　　　　　　　　　　　　深澤龍一郎 著

信山社